历史社会学文库

杨清媚　著

双重时间体系

一个滇缅边境社会的
历史与人类学研究

商务印书馆
The Commercial Press

本书的田野调查曾受

国家社科基金特别委托项目"西南边疆项目"

（项目编号：B1005）的子课题

"居处在文明碰撞地带——宗教-政治视野下的

西双版纳历史与变迁"资助

目 录

绪　言

　　历史上,西双版纳地区长期作为中缅之间的缓冲地带存在,既是中国的边疆,也是缅甸的近邻。由于身处中国和印度两大文明的碰撞地带,西双版纳社会同时受到中国和印度文明的影响,其社会结构、社会制度、文化风俗和观念都带有双方的色彩。从 16 世纪开始,西双版纳的最高土司车里宣慰使,需要明朝政府和缅甸王权的共同册封,此后车里宣慰使承袭例由中缅双方共同确认。一直到民国时期,中国的帝制时代已经终结,缅甸也早在 1885 年成为英国的殖民地,西双版纳土司仍旧在向双方寻求承袭册封的认可(陶云逵,2005)。这种双重封建的制度和心态,根据当地史志《泐史》所书,曾被形象地概括为"以天朝为父,缅朝为母"(李拂一,1983a:26)。它属于拉铁摩尔(Owen Lattimore)所说的"过渡地带"(拉铁摩尔,2005:156—159)的一种类型。

　　这一特殊的历史现象为民国时期的人类学家陶云逵所关注,他认为西双版纳在政治上朝向中国,而在文化上则以缅甸的南传上座部佛教文化为母体——后者源自印度,经缅甸和泰国传入西双版纳地区,可视为印度文明的产物。并且,陶云逵以西双版纳的历史和田野发现为个案,提出了自己的边政学研究思路,认为中国的西南边疆实际是由这些生存在中印文明体系之间的大大小小的社会所构成,它们在政治上朝向中国,而在文化上,则受到非华夏文明的吸引,其中一个主要因素便是佛教(陶云逵,1944)。

这种制度性的宗教不同于人类学研究中常讨论的所谓"原始宗教",它不仅有一整套关于世界的知识体系,也在数世纪传播过程中发展出了深入当地社会的组织形式和制度形式,同时它和华夏文明的道德伦理观念共同塑造了当地人的宇宙观和人生观。在从明到清的历史进程中,相对于明代对西南边疆仍着重区分属国和中原,清代尤其是"改土归流"以后则基本奠定了西南地区作为中华帝国无可置疑的领土地位。值得指出的是,清代的西南边疆治理虽然以军事力量为先锋和保障,却不是始终以军事强行统治的。相反,它对于西双版纳"以天朝为父,缅朝为母"的社会制度和心态有所认识,并基于这一特点,以土司制度和科举制度的相互配合来应对佛教及其教会影响下的当地社会。其治理举措本身并非像先前许多研究所揣测的那样,是要赋予当地社会一定的自治性,而是以限制王权为出发点,同时给社会本身的运行空间留下一定的余地,例如其对文化和宗教的态度并不强硬。我们过去对清代的边疆治理策略研究通常只落脚于关于土司制度的史料梳理,而对边疆社会的历史构成、组织结构、运行机制等方面的研究关注得不够。

西双版纳、缅甸以及整个从岭南到云南南部地带,在社会学意义上是东南亚的宗教-王权文明复合体的一部分,而在政治归属上是或曾是中国的一部分,这是一个复杂的历史与地缘政治过程的结果。这种情况在中国边疆广泛存在,其根源往往在于,过渡地带的政治归属是军事力量和文化策略双重作用的产物。过渡地带的政治和文化的复杂性使得当地人无法以单一社会文化的形态进入任何一个大政体，而倾向于选择文化策略更加宽松的一边。

20世纪50年代以来，我们受"民族"的概念和框架所限，没有真正把"民族"视为一个历史现象来考察，而是脱离其具体社会历史情境，只依赖抽象的文化特征来定义民族认同和民族身份问题。中国边疆地区的宗教问题通常被置于"民族"的框架之下进行讨论，并且对于宗教、社会和文化三者通常不予区分。用这种研究方式分析制度性宗教所笼罩的区域时，通常会发现宗教范围与民族范围不相吻合。陶云逵研究的启发在于指出宗教和文化都是突破民族单位，为区域所共享的；当宗教与具体社会结合在一起的时候，就会成为孕育某些文化精神的温床。但是囿于民族单位的内部视角以及出于建构"民族精神"之历史延续性的需要，研究者往往把宗教贬低为一种外来文化本地化之后的仪式和风俗，甚少考虑宗教自身在此地传播数个世纪的客观历史。

美国汉学家和人类学家在20世纪80年代曾根据西南地区的田野调查，提出了族群理论，由此引发与中国学界有关的"族群"和"民族"之争。其中美国汉学界的代表人物郝瑞（Stevan Harrell）提出了"文明化工程"（civilizing project）一词，试图将族群理论推广为对区域具有普遍解释力的模式。其显著特点是从殖民话语出发，将清代的边疆治理视为一种"内部殖民"，强调当地人群共同体的自我认同是在文明中心的霸权统治和地方策略性抵抗的互动中形成的。和主流的民族研究思路一样，族群理论也忽视了宗教自身的独立性，仅从权力角度来定义所谓文明和文明中心。它没有看到此前数个世纪之中，诸如藏传佛教、南传上座部佛教作为知识体系实际早于儒学开启了当地的文明化过程。因此它在强调当地社会的自我意识时，仍旧在用现代民族国家理论来批评民族国家建构的意识形态，而未触及历史事实的核心。

以南传上座部佛教为例，其在7世纪传入西双版纳地区，大约在13世纪，高僧阿雅坦孙洛在梵文字母的基础上创造了傣泐文（岩峰等，1995：394；张公谨，1986：40）。这些文字后来被民间的知识分子广泛使用，成为保存天文历法、占卜、医药、神话、法律等各种知识的主要手段。换言之，南传上座部佛教是"傣族文化"的知识源头之一。不仅如此，南传上座部佛教佛寺组织亦已深入西双版纳的社会结构之中，高级僧侣和封建贵族之间、佛寺与村寨生活之间莫不紧密连结在一起。因此从这个意义上说，西双版纳社会的形成离不开南传佛教的教会体系。国家以儒学教育和土司制度作为社会控制的手段所开启的"文明化"进程，一开始便是在与教会既竞争又合作的关系中展开的。

基于上述考虑，本书以西双版纳为个案，从人类学和社会学的进路切入，通过对西双版纳社会历史变迁的描述和分析，揭示国家、宗教和社会三者的互动关系如何形塑了西双版纳的文明进程。具体来说，本书将以西双版纳社会的"双重性"为焦点议题，分别从制度、社会结构、观念体系和生产体系来揭示这种双重性的特点，从中反映国家、宗教和社会三者的互动关系如何构成社会在这种双重性下摇摆的动力。本书试图通过这一个案提供一种可供理解中国边疆社会的模式。

同时，本研究也试图对宗教和民族的现实问题提出有益的建议。

其一,经济方面。西双版纳与缅甸、老挝和泰国等东南亚国家接壤或邻近,因文化和宗教的区域性分布的缘故,当地人们跨国境来往十分密切,尤其是当举办一些大型的宗教仪式活动时,境外大批朝圣者和僧侣常赴西双版纳,境内人员也会赶赴境外,伴随的相关消费数额惊人。迄今,这种以区域性的宗教-社会体系为基础的经济体系之特点还未得到充分探讨。

其二,政治方面。西双版纳的历史特点使它没有成为缅甸那样的独立王国,在后者那里,宗教与国家的关系非常紧密,军人政府取代王权掌握了国家政治,并增进了这一权力本身的暴力性质,佛教与之合作进而成为民族主义的同盟者(宋立道,2000:10—11)。而西双版纳并没有出现类似的冲突,应该说一方面得益于其政治上投向中国这一更高的权力中心,另一方面得益于它自身的社会形态得以保全并继续发挥宗教上的作用。西双版纳政治和文化上的双重性实际来自它与缅甸和中国所构成的等级关系。在帝制以至民国时代,中缅双方在边疆地区展开了多次等级竞争,不时表现为军事冲突,它们争夺的是等级制高点的控制权,而不是对西双版纳社会的文化纯粹化。也因此,这种等级制度和等级竞争,使得过渡地带的文化与社会获得了政治力量之外的发育空间。简言之,双重性是版纳社会的根本性质,一旦中缅中的一方试图强制取消这种双重性、实行纯化的文化政策,很可能会激发其强烈反抗,导致其倾向文化策略更宽松的另一方,蜕变为民族主义和宗教意识形态相结合的状态,这势必将严重破坏社会安定。

全书的主旨是要在宗教-政治双重视野中探察西双版纳历史变迁的关键线索,试图展示作为国家边疆的具体社会如何在多重文明力量的交汇和碰撞之中保全自身,并且也力图证明只有保持对多元文明的开放状态,边疆社会才能继续维持它的活力和凝聚力。

在第一章导论部分"以社会为界:模糊的边疆"中,为应对郝瑞"中国文明化工程论"提出的带有后殖民主义色彩的论点,我们首先回顾了傅斯年和顾颉刚的上古史研究,他们是最早一批有意识地开创中国国家学的奠基者。傅斯年和顾颉刚的讨论,有力地撇开了殖民主义的论调,通过上古史和边疆研究提出了前"文明化工程"潜在的精神结构。这是国家的内在精神,它通过神话、历史的书写传续下来,早期并不为儒家所独占。

其次,我们从柳诒徵、钱穆等人的文化史研究中得到启发,即在郝瑞的儒家为主导的"文明化工程"之前,历史上已经有过一次以佛教为主导的"文明化工程"。这次"文明化工程"的成果是在知识体系上打破了中国以儒家一端主导的文化体,使之转变为一个容纳多元知识体系的文明;在区域政治体系中酝酿出了许多环中国的大小国家或地区政权,例如西双版纳。如今作为中国边疆地带,这里依然保留着这次文明化工程的痕迹。关于这点,人类学家陶云逵曾通过西双版纳的田野研究予以揭示,这亦成为本书开展研究的一个重要依据。

受上述启发,本书主体部分以"国家""宗教"和"社会"三个维度的组合作为穿透历史迷雾、分析社会现象的透镜,分别用三章来呈现这三个维度在具体历史情境中的表现。

第二章"历史中的结构:西双版纳土司制度与地方心态的双重性"通过以史料揭示土司制度"双重封建"的特点,来理解国家在西双版纳曾经开拓的治理传统。

第三章"重建中的宗教与社会体系:清雍正时期'改土归流'以来的变化"通过描述南传上座部佛教的教会在历史和当今遇到的挑战和变化,来呈现这些佛寺组织如何与西双版纳社会紧密结合在一起、其结合的方式和特点是什么。从清雍正时期的改土归流开始,南传上座部佛教的教会体系遭遇了来自儒学、西学的冲击,20世纪50年代,受到国家政治斗争的压制,一直到20世纪80年代重新恢复。无论儒学还是西学都试图将佛教作为一种地方性知识来对待,以确立自己在多元知识体系中的主导地位。但是这种压力也激起了佛教自身的变革,促发了杨文会等人重振佛教的努力,南传上座部佛教教会借由它和地方社会的历史关联,获得重建组织的力量。

第四章"'双重时间体系':一个西双版纳社会的具体个案"通过西双版纳勐混镇的个案,从社会的角度呈现它对国家和教会关系的理解。我们能追溯的西双版纳社会的文明状态,是从明代双重封建制度之奠定开始的。而双重封建在地方社会的落实,在政权层面通过土司制度实现,在文化和社会层面则是通过双重宗教实现的。这里的双重宗教一种是南传上座部佛教,另一种是以勐神祭祀为核心的"巫"。两种宗教具有截然不同的时间观念,其对立和角力关系造成了社会年度仪式周期的"钟摆"。通过在仪式、神话、生产和社会组织几个层面,本章所呈现的双重时间体系其实也是西双版纳社会的通常状态——一个在整体主义的等级社会和个体主义的平权社会两极之间摆动的"社会",它作为观念是一个包含了历史中所有可能实现的中间状态的社会类型之集合,而这种"社会"模型在东南亚地区是普遍适用的。西双版纳的特殊之处在于,社会在两极之间的摇摆通过一次年度周期就能完成。

第五章"近现代历史变迁的挑战:双重性如何适应现代性"尝试从现代国家的角度入手展开分析,指出现代国家同样承认过渡地带的文化混杂性,而且能够提供文化与社会的发展空间历来是中国政治制度的核心精神。在民国时期,边疆开发被视为现代国家建构的主要议题。学者们的研究大体可以分为两种思路:一种主张加强国家的政治控制,另一种主张保留社会的独立性。通过前面章节的分析可以看到,西双版纳社会在历史和现代转折中的遭遇和应对特点昭示着,后一种主张可能更有利于缓和社会矛盾、增强社会向心力。

第六章"结论:多重宗教体系影响下的边疆社会"指出,西双版纳社会的"双重性"表明,在多重文明交汇地带,一个社会其实是多种文明的产物,其精神结构和自我认同其实也是多重的。这种多重性来自宗教、文化、意识形态等,它们各自对世界的存在和人的自我存在提出不同的假设和主张。因此在这个意义上,如果统统将它们视为不同的知识体系来对待,我们会看到在国家和社会两种社会性范畴之间,实际是多重知识体系之间的关系主导了两个范畴并接的现实表达。受费孝通的启发,我们由此尝试提出,知识分子作为不同社会相互理解的"中间人",对促进边疆社会的治理有积极意义。这意味着并非汉人知识分子到边疆去单向"支边",而是要承认本土社会的知识分子对内地同样具备理解能力和反思能力。

需要说明的是,本书的主体部分曾作为国家社科基金特别委托项目"西南边疆项目"子课题"居处在文明碰撞地带——宗教-政治视野下的西双版纳历史与变迁"中期成果,以研究论文的形式发表在核心期刊和重要学术刊物上,分别是:《从几种傣族研究看"双重时间体系"与"中间圈"的文明》,载《中国人类学评论》第 16 辑;《16 世纪车里宣慰使的婚礼——对西南边疆联姻与土司制度的历史人类学考察》,《云南师范大学学报》(哲学社会科学版)第 2 期;《从"双重宗教"看西双版纳社会的双重性——一项基于神话与仪式的宗教人类学考察》,《云南民族大学学报》(哲学社会科学版)第 4 期;《重建中的社会与宗教体系——一个西双版纳的历史人类学个案》,《宗教人类学》第 4 辑。

第一章　以社会为界：模糊的边疆

近代以前的中国边疆实际是一个模糊的地带，而不是如今地图上标示得清清楚楚的边界，这一点越来越得到国内外学界的认可。今天人们对这一地带投以越来越多的兴趣，其中一个重要原因便是它提示了国家的主权和边界，为我们对国家的整体想象提供了实实在在的根据。从这个方面来说，边疆地区的民族学、人类学调查常被认为具有情报价值，为国家和政府所重视。

20世纪30年代后期至今，美国汉学界提出了两种基于边疆地带来看整体中国的范式，一种是由拉铁摩尔提出的关于中国北部边疆或称"中国的亚洲内部边疆"地带研究，主要关注东北、内蒙古、新疆和西藏地区。他认为围绕长城形成了一种"过渡地带"，隔绝农耕文明和游牧文明的直接接触，最初政治上的考虑是既防止农耕文明受到游牧文明的掠夺，也防止农耕文明扩散到草原地区，是其自我保护的限制所在，诸如东北、内蒙古、新疆和西藏都有相当部分属于这些过渡地带。[①]"过渡地带"的特点在于它由一系

---

① 在《中国的亚洲内陆边疆》一书中，拉铁摩尔（2005:156—158）讨论的"过渡地带"主要指中国北部和西部边疆，以及用来作为对照的英国殖民印度设立的帝国边界。作为帝国边界，当然在历史中不断变动，但拉铁摩尔认为，过渡地带的意义不止于此，它意味着一个社会发展的最大限度，是指某一种帝国经济进入某些异族社会时，它伴随扩张而扩大积累的同向优势开始失去，甚至大幅收缩，在这里，主导经济模式不再能够支持 (转下页)

列不断变动的社会所组成,其生产方式是游牧农耕混合的;这种混合性有利于它作为亚洲内陆真正的游牧部落向南侵入的贮存地的处境,当那些社会组织简单、作战能力强悍的骑兵进入这些过渡地带的时候,因为各种宗教、农耕文明的汇合影响,开始产生半定居的生活方式并发展出高级的社会制度和政治制度,就会获得入主中原的军事能力和定居统治能力(拉铁摩尔,2005:163)。

另一种研究范式来自中国西南边疆,以郝瑞为代表,以"族性"(ethnicity)的讨论为核心,试图解构汉族中心论。

拉铁摩尔以"边疆"(frontiers)研究取代"边界"(boundary)研究的主张深刻地影响了美国汉学界的中国研究,继而以不同方式影响了中国人类学、民族学的民族研究。郝瑞在西南也沿用了"边疆"研究的说法,但是与拉铁摩尔不同的是,他没有在西南发现为另一道"长城"所隔绝的另一种强有力的文明;所以他找到非文明化的方式来看待西南,并基于这种假设论述西南在与国家遭遇中不断被"文明化"的过程。不仅如此,拉铁摩尔所说的"边疆"其实有严格的历史地理限定。郝瑞则认定无论统治者还是被统治者,都处在以儒家为主体的文明化工程当中,这是前资本主义的殖民过程。他所讨论的"边疆"更多是观念上的,基于文化中心主义来谈的中心-边缘(the center and the periphery)关系(Harrel,1995:7)。

正如拉铁摩尔所指出的那样,"在南方,无论怎样发展,汉族都

(接上页)其社会回报。比如汉人离开汉族集团,生存于非汉族的经济与社会秩序之下,必然会依附少数民族的统治者,改变其农耕式的经济生产方式,不再保持其政治优势。或者一个英国工业资本家在印度西北边疆的过渡地带投资英国工业,只会脱离印度帝国中心,对于中心帝国的政治发展和经济发展没有多少贡献。

不会与中国分离，而只能为中国增加新的土地，并逐渐同化吸收当地的居民。这个过程并没有结束，在云南、贵州等省，特殊民族仍然很多，他们的经济与社会表现出趋向汉化发展的不同阶段，但他们仍保持其固有的语言和某些独立的部落。所以，南方是一个开阔并有无限深度的边疆，而北方则是一个想要关闭却未能真正关闭的边疆"（拉铁摩尔，2005：135）。中国北部和西南边疆的经验如果说可以相互启发和参照，便在于西南边疆社会的中间状态提供了联结西藏和中原的走廊，后者被拉铁摩尔视为第三种边疆地区（拉铁摩尔，2005：135），实际是以佛教为文明特征的社会形态。位于西南边疆最南端的西双版纳，与东南亚地区共同处在南传佛教的笼罩之下，也是这一种佛教文明的一部分。

对西南这一特殊类型的"边疆"的研究能够在讨论中国的整体问题上提出何种有意义的理论模型？为回应这些理论问题，我们首先有必要重新检视已有的西南研究范式。

第一节　从西南看中国何以可能：
郝瑞的西南研究范式及其反思

郝瑞用"文明化工程"来形容某个文明中心向外进行文化同化或文化融合的扩张过程，在这个过程中不同人群发生互动，但是这种互动基于一种特殊的不平等来开展。他认为在中国，自清代以来中央政府对边疆民族的"文明化工程"至少开展过三次：儒家的、基督教的和共产主义的"文明化工程"（Harrel，1995：18）。郝瑞所说的"文明化工程"背后要有一个政治、经济、军事和文化意识形态上都强有力的国家作为推动,与"殖民"情境相关。他认为20世纪50年代以来的民族识别本质上也是一种国家意识形态对地方认同的重新塑造,其"文明化工程"通常有三种隐喻,分别是把边缘民族的形象妇女化、儿童化和古代化(Harrel,1995:10—17)。

郝瑞主编的文集 *Cultural Encounters on China's Ethnic Frontiers* 收录了一篇关于西双版纳傣族族性的研究,作者谢世忠(Hsieh Shih-chung)通过从历史上"傣泐"的称呼到新中国民族识别后创造的"傣族"的名称变化,揭示背后国家对地方民族的统治和同化。由于他的研究集中关注土司制度在本土社会与国家之间的勾连,辨析土司(召片领)作为傣泐王国的首领如何通过封建制度成为接受中央政府册封的非汉族首领,后来被视为一种负面的民族特征在民主改造中被消灭。郝瑞认为这项研究指出了傣族在"文明化工程"中被迫从一个原本独立的王国变为一个更大的政治体系中的一支族群。但是郝瑞并不了解,其实谢世忠并没有处理土司制度在西双版纳具体运作的问题,甚至没有关注到明清两朝车里宣慰使在国家官僚体系中的变化,只是将土司个人单列出来作为抽象的民族精神的象征,本身已经颠倒了事实。因为没有朝廷的封建关系,土司制度不可能存在,当地的政治结构以及召片领在其中所处的位置都不会是谢世忠所看到的那样。也就是说,所谓土司作为地方化的象征,很大程度上恰得益于中央政府对地方的封建。从这个角度而言,"文明化工程"本应该承认所谓"文明化"既试图造成一体化,又进一步推进了地方化。

郝瑞的"文明化工程"意在对民族国家的国家权力和意识形态

宰制进行批评和反思。不过他批评的角度同样是从权力出发。他所讨论的"文明化工程"是基于族群理论提出来的,其实是以某一族群的文化观念为政治主导的意识形态对其他族群进行统治和同化。

　　20世纪90年代,郝瑞根据他在西南彝族地区的研究发表了对族群问题的探讨。他关注的是族群认同与学术话语的关系,针对中国民族识别提出了质疑,认为对彝族的划分本质是国家主导、知识分子参与的外部建构过程(郝瑞、彭文斌,2009;王菊,2009)。事实上,郝瑞在90年代对国内民族学界的影响并不是主要通过他的论著,而是通过他在西南的田野及其与西南民族学者的密切互动实现的;直到2001年,他关于西南族群的专著《西南中国的族群之路》(*Ways of Being Ethnic in Southwest China*)才问世,国内也开始翻译他的文章。同年,他与民族学前辈李绍明先生就族群问题展开讨论,来回数篇商榷文章,族群理论一时颇受关注(李绍明,2002;郝瑞,2002)。在郝瑞有关"民族"与"族群"的比较中,"族群"被认为是与地方性文化联系在一起的、从被研究者主位出发的概念,而"民族"则是与国家权力联系的、作为研究者客位的概念(李绍明,2002;郝瑞,2002)。后来随着族群理论在西南的田野散布,涌现了一批国外的少数民族研究专家及论著,如缪格勒(Erik Mueggler)《野鬼的年代》(*The Age of Wild Ghosts Memory, Violence, and Place in Southwest China*)、郝斯特扒拉(Laura Hostetler)《清代殖民事业》(*Qing Colonial Enterprise: Ethnography and Cartography in Early Modern China*)、里钦格(Ralph Litzinger)《另一些中国》(*Other Chinas: The Yao and the Politics of National Belonging*）等，更积极地讨论地方社区如何想象国家，乃至超越国家想象世界体系（汤芸，2006）。

族群理论的前身是俄国人类学家史禄国（Sergei Mikhailovich Shirokogorov）有关 ethnos 的理论，其经验基础是东北和北方通古斯人研究，在 20 世纪 20 年代前后曾经影响过燕京学派的费孝通等人。但是自 20 世纪 80 年代以来，它与西南地区的经验密切关联，已经成为一个边疆研究的重要范式，被人类学、民族学、社会学和史学界广泛使用。重新进入中国的这种族群理论，大约在 20 世纪 50 年代后期至 60 年代初期经过英美人类学界"转手"，其兴起的背后并不仅仅是"文化"概念的复兴，而是带着弗洛伊德主义、政治经济学的糅合，对社会人类学的经典概念"社会"进行反思，并批评作为其概念基础之一的亲属制度研究（陈心林，2006）。20 世纪 90 年代，经由郝瑞，族群研究得以在西南民族学界传播，并在西南民族地区开辟出学术田野，反对的也是弗里德曼（Maurice Freedman）的宗族模式，但是面对中国存在"国家"（本质上是"文明"）这样一种"特殊情况"，却感到无力处理，因而一而再、再而三地跳入"国家-社会"两分法的窠臼。简要地说，族群理论过于热爱一种文化对文明的抵抗模式，记住了文明带来的痛苦，却忘记了当地人的文化成长通常与文明的启蒙过程联系在一起，这其中还是会有甜蜜的味道。

有意思的是，国内民族学、人类学界通过郝瑞接触到这种抵抗论，社会学界则是通过另一位更有名的人类学家兼政治学家斯科特（James Scott）了解的。斯科特的田野与中国西南很近，从越南中部高地到老挝，经中国云南、贵州、广西三省（区），再到泰国、缅甸,一直到印度东部,这个地带被称为"Zomia",意思是指"山区的人"(斯科特,2008:72—80)。他认为,这些山地人群出于对以国家为主要形态的"文明"的拒斥,选择了与谷地农业区不同的生产、社会组织和文化表达方式。斯科特所提示的文化对文明的疏离感确有启发,但是他容易忽略的是,这种自觉游离在外的文化群体与文明世界也会相互思考对方,文明世界也会将山野引以为社会内部神圣性的来源,而不只是征服和控制。

　　客观地说,族群理论在西南之所以获得成功,是因为预设了西南在儒家为主体的华夏文明进入之前处于一种更原始、更本土的状态,其民族成分复杂、王权势力弱小,与北美和非洲的殖民情境有某种暗合。这种潜在假设是国内学界不可接受的。郝瑞的"文明化工程"论确有助于我们进一步批评和反思文化中心主义和大民族中心主义——这在我们的民族研究和边疆研究中通常没有受到实质性的批评;但是因为过于强调权力关系,从而把知识、宗教和文化都看成权力关系的表达,用征服与被征服、同化与被同化这种强制性的暴力关系来看待西南的文明过程,其实扭曲了历史的原本面目。

　　综上所述,郝瑞的"文明化工程"论存在三重误解:一是对"文明中心"的理解有偏差,认为清代国家仍旧是以儒家为主导意识形态的华夏文明;二是对"边缘族群"的理解不够深入,未意识到西南边疆民族社会的多元性本身可能是多次文明化工程的结果;三是对"文明化工程"的理解过于单一,可能忽略了佛教在中国传播的重大历史意义。

第二节　重塑"国家"：基于历史和精神的
"文明化工程"论之启发

即便我们对族群理论有上述批评和反思，我们还是要承认，郝瑞重新提出了有价值的问题：如何从西南看待整体中国？该视角不是像传统民族学研究那样，以单一民族为研究单位，通过族源的追溯和构拟，天然地把每一个民族当作中华民族的一个组成部分来理解，而是从一个区域入手，通过其中民族关系的变化，寻找这些变化的内在机制和动力，以获得对中国国家观念的整体理解。郝瑞的"文明化工程"论针对民族国家所做的批评，其实可以视为其从反面表明中国的国家形态至今为止都不是一种典型的民族国家。

中国社会科学界早在 1939 年就针对边疆民族研究和国家观念进行过讨论。历史学家顾颉刚在《益世报》发表《中华民族是一个》的长文，认为"五大民族"一词是中国人自己作茧自缚，授帝国主义者以分裂我国的借口，所以我们应当正名，中华民族只能有一个，在中华民族之内不应再分析出什么民族（转引自费孝通，2000：29）。此文发表后，引起费孝通的关注，撰文回应顾颉刚，认为事实上中国境内不仅有五大民族，还有许多人数较少的民族，谋求政治的统一不一定要消除民族以及各经济集团间的界限；顾颉刚所说的民族是指同一政府之下，同一国家疆域之内，有共同利害，有团结情绪的一辈人民，实际并不能充分定义民族（周文玖、张锦鹏，

2007)。对此,顾颉刚连续回复两篇文章,表明自己并非主张强迫同化,而是认为民族的构成是精神的而非客观的,构成民族的主要条件只有一个"团结的情绪";一个民族里可以包含许多异语言、异文化、异体质的分子(如美国),而同语言、同文化、同体质的人们亦可以因政治及地域的关系而分作两个民族(如英、美)。历经朝代更迭、种族融合,汉人中已经包含满蒙回藏苗等多种族的血统,因此它是一个民族而非种族,更确当地说应该用"中华民族"指代之(周文玖、张锦鹏,2007)。

费孝通并不能充分理解顾颉刚,也对他"疑古"的动机感到不解。实际上顾颉刚所说的"中华民族"大约等于"中国人",构成一体的这种"团结的情绪"本身是一种精神,这种精神来自他所设想的作为一个道德共同体的国家观念。"疑古"本质上不是考证古人创作的伪历史,而是要说明贯穿这种伪历史的真实心态能够使中国人维系在一起。因此分歧的重点并不在于"民族"的划分或定义,而在于费孝通和顾颉刚设想的"国家"有所不同,此时费孝通所设想的"国家"主要来自他在现实经验中接触的边疆民族,其地理边疆和复杂的人文生态是清朝留下的帝国遗产。在他看来,这些部分在现代转化为"民族",而"一体"则更多近似一种国家制度的表述,他并没有进一步将其落实在心理同化层面(杨清媚,2009:184—185)。

费孝通和顾颉刚都意识到中国边疆社会的动荡不安。在近代中国的一系列国家社会变革中,一方面科举制度的废除使儒学在地方上的根基被大大动摇;而另一方面佛教所表现出来的在内地与边疆社会广泛的适应性,以及佛教内部改革对于现代化的积极回应①，客观上逐渐占据了地方社会的空间，造成了中央统治在边疆的被动局面。但是，佛教的快速发展亦反而推动该地区认识到中国现代性的宽容性。费孝通之所以不同意顾颉刚的观点，是因为他已经意识到，过渡地带的政治和文化的复杂性使得当地人无法以一种纯化的方式进入任何一个大政体，而只能选择文化策略更加宽松的一边。

时任中央研究院历史语言研究所所长的傅斯年在这场论战中旗帜鲜明地支持顾颉刚。他反对费孝通及其老师吴文藻在云南做边疆民族研究，认为他们的研究将会刺激国族分化，在当时救国图存之际容易导致政治上的不良后果（转引自王明珂，2007）。傅斯年在1933年所作的《夷夏东西说》一文中，考察《诗经》所记载"天命玄鸟，降而生商"的神话与东北满族流行的佛库伦食朱果而生满族始祖布库里的神话，认为这两个相似的神话背后预示着殷商与后来的满族存在历史关联。他通过对各东夷地望和迁移的历史考察来论证这一点（傅斯年，2004：211—221）。傅斯年的研究论证了清朝对中国的统治合法性，也为民国接受帝制中国的全部遗产提供了合法性，尤其是针对当时敏感的蒙古和西藏问题，表明中国在向现代国家转型之时仍可以有效地继承原有的国家基础。

顾颉刚和傅斯年都通过上古史和边疆研究来接续国家传统，实际是从历史的角度提出了一种前"文明化工程"的精神基础或"文明化工程"潜在的精神结构。作为国家的这种内在精神，通过神话、历史的书写传续下来。不过，顾颉刚和傅斯年所探讨的这种

① 比如由杨文会、太虚等人领导的佛教革新运动，推动了后来佛教对人世间俗家事务的投入，并积极使僧伽建设面向现代性。参见维慈（2006：42—43）。

精神并非被儒家独占,但他们没有进一步讨论这一精神结构与这些主持文明化工程的知识体系之间是怎么在历史中实现接触和沟通的。

在这个问题上,另一个重要的启发来自文化史研究。20 世纪20 年代前后,柳诒徵在其名著《中国文化史》中提出对中国国家和文明历史的新理解,认为从中国文化吐故纳新的创造力来看,中国历史应分为三期:(1)从上古到两汉,是本土文化发育的时期,中国由部落建设成国家,形成一个独立的文化;(2)从东汉至明代,是印度文化输入中国,与本土文化互相抵牾而融合的时期;(3)从明代至今,是中印两种文化均已衰落,而西方学术、思想、宗教、政法依次输入,相激相荡而卒相合的时期。"此三期者,初无截然划分之界限,特就其蝉联蜕化之际,略分畛畔,以便寻绎……第二、三期吸收印欧之文化,初非尽弃所有,且有相得益彰者。"(柳诒徵,2007:4)

柳诒徵指出,第二期是中国国家形态转变的关键,从这个时期开始,因为印度文化的输入,中国形成一种多元文化体系的关系格局,此亦成为一种文明的性格。而且重要的是,这一时期的中国文化已经不是一种以儒家为主导的知识结构,而是吸纳了佛教的知识体系,使正在衰竭的中国本土文化重新迸发出创造力(柳诒徵,2007:351)。也就是说,这一时期"文明化工程"的特点是由宗教带来的文化变革。这种变革的意义在于,形成了以文化为依托的文化精神或民族精神作为中国文明的内核。由于以多元文化格局为基础,这种文化精神并不是单一的、恒常不变的,而是在不同知识体系的关系中流动,在不同历史条件下显示出不同的主导知识体系。

柳诒徵的研究后来被钱穆继续发挥。钱穆1948年在其《中国文化史导论》中,再度肯定了柳诒徵的中国历史三期分法,并提出自己的分期,更详细地讨论第一期和第二期不同的特点。

钱穆认为,中国的雏形是以东西两大文化体为基础的,西部的文化体是夏及后来继承夏的周人,大约在今天的陕西一带;东部的文化体则是商人,他们定居在黄河的几字弯东部,即今天河南至东部渤海湾的地带。这两个文化体很早便相互接触,它们各自影响的区域渐渐扩及长江、汉、淮流域。一旦进入这个局面,就使中国文明展开了不同于古代埃及、巴比伦的发展格局,即文化形态上的多元性(钱穆,1994:1—12)。中国人关于"民族"和"国家"的思考,都是偏重文化意义上的,"民族融合"与"国家凝成"的两大趋势始终是中国历史的主流(钱穆,1994:23—24)。这种思考方向,在西周封建体系下就奠定了。在西周初年,封建制度是周部族的一种武装移民垦殖与政治统治,后来通过对殷人的征战与周室分封诸侯,逐渐形成了中央共主势力。经周武王、成王两世,封建制度在完善的同时具备了另一重使命,它保存了夏与商的后裔,给予他们封地,允许他们保留各自的宗教信仰和政治习惯,这是政治意义之外更为重要的方面。因此,西周封建实际包含两个系统和两种意义,一个是家族系统的政治意义,一个是历史系统的文化意义,前者属于空间上的拓展,后者关系的是时间的绵延,此后中国文化的团结力,就根植在家族与历史两大系统上(钱穆,1994:30)。

钱穆所说的"历史系统的文化意义",实际指的是"民族精神",在周代,这种精神具体表现为天子与诸侯间的种种礼仪,例如朝觐、聘问、盟会、联姻等。但是这时属于文化第一期,社会和国家形态初具雏形,这种精神还未有充分成长的空间。经过秦汉、魏晋南北朝至唐,国家在政治上有分裂动荡,但是文化的生命力却保持欣欣向荣。在东汉末年,文化内部开始有新的要求,即对宗教超越性的向往,佛教适逢其时传入,但是并没有完全取代原来儒家的影响,相反,在南北朝时,它在北方试图经营一种神权政治模式遭到失败,而在南方经过知识分子的改造,转化为挽救儒学危机的禅宗,引起了对文学和艺术的美学启蒙(钱穆,1994:144—176)。这是文化第二期。以下宋元明清便是第三期,钱穆认为相比第二期逊色很多,故而并未将重心放在上面。

简单说,钱穆要讲的"中国文化精神"和柳诒徵相同,都是一种理解历史并吐故纳新的思想能力,它大概能使我们面对文明的冲突或断裂时,依然能够使历史延续下去。但是他比柳诒徵走得更远,他更重视从第一期中延续下来的文化精神。在钱穆的思考中,"文化"似乎是个不会死亡的生命体,不断吸收和消化外来压力,到后来就变得完全可以独立于文明而存在;历史展演的是文化基于文明而超越文明的过程。这种"文化本位主义"自然与钱穆对"民族精神"的坚持有关,但是这种"民族精神"也在某种程度上遮蔽了历史学家的眼睛。他对周代封建评价如此之高,却对清代尤其是乾隆后期的政治文化评价如此之低,简直有些自相矛盾。对此问题,当代史学家何伟亚(James L. Hevia)针对马戛尔尼访华事件的研究已经侧面揭示了,清代朝廷实际非常清楚其统治区域中何者是最主要的,清朝皇帝对"宾礼"之外的蒙藏区域的重视程度要远比这次中英会晤高得多,并且朝廷对这些地方的文化"教化"并不是依赖孔教,而是依赖诸如藏传佛教、回教等来实现的;可以说清朝对蒙藏区域的文化"教化"实则忠实地执行了双重封建的精神(何伟亚,2002:11—30)。

在顾颉刚、傅斯年对"国家"的讨论中,历史是变化的,精神是恒常的;钱穆虽然承认文化精神自身的变化,但他坚持其主体结构是由儒家所奠定,且这个主体是不变的;唯有柳诒徵比较特殊,从宗教与国家的关系提出了精神自身是不同知识关系的呈现,因而其结构本身也存在变化。

相比于史学界在历史与精神的辩证关系下对"国家"观念的条理,社会科学界也出现了大量关注此问题的经验研究。由于这一时期大批学术机构和研究人员随国民政府迁居西南,云南、四川等西南地区也随之成为热门的田野调查地点。其中真正从区域历史与民族关系的角度开拓了西南研究的是人类学家陶云逵。

1938年陶云逵曾根据在云南的实地调查,从文化史的角度概述,云南境内近代形成的文化格局和族团关系格局如何滋养了不同社会。这对思考西南内部的文化多元性和流动性有所启发。陶云逵认为,云南海拔从高到低的民族分布情况为:藏缅语系、蒙克穆语系和掸语系。影响这三大语系分布的自然原因包括:云南山地高且多,高山集中在滇西北,滇东北为平原,滇南为低地和盆地;同时不同地理条件下的气候也不同,西北部高地气候较寒冷且夏季凉爽,南部及西南低地较热,但也有较冷的季节。由于高度不同而产生的气候变化,以及由此而生的其他现象如动植物分布、农作方法不能一概而论,这些都是促成云南各民族的分布在垂直方向上有分别的原因。

在这三大语系中,民家属于蒙克穆语系,摆夷属于掸语系,傈僳、麽些、曲子、怒子属于藏缅语系。这些族群并非单一族群,其中有的是比较明显的文化混合族群。例如民家受摆夷、汉人和罗罗同化,虽还可划在蒙克穆语系下,但是其蒙克穆语系的标记已经很不明显。陶云逵谈到,他所调查的民族中,垂直分布界限最明显的,是摆夷和藏缅语系人群,以及藏缅语系人群与其汉化的部分之间。总体上说,他认为三大语系之间的关系犹如地层堆叠,依据历史由远至近,最下一层是蒙克穆语系,中间是掸语系,最上一层是藏缅语族。

造成这种"地层堆叠"的历史原因是多样的。藏缅语族之所以住在高山,是因为他们的故土在青藏高原,采用的是刀耕火种的生产方式,当他们从西北部迁来时,总是从一个山头到另一个山头,不愿意下山定居。陶云逵举了一个例子,澜沧江附近有一部分受汉化影响的傈僳族,他们的田地在江边,村落在山头,但是宁愿每天上下数千尺地来回跑,也不愿意住在江边。摆夷(傣族)住在平原,他们很早便有发达的农耕技术,用水牛犁地,采用人工灌溉和集中耕作的方式,因此能够在一地久居,不会和藏缅语族去争山坡。摆夷原来所居之处应该是凉爽的平原,但是由于后来同样采取农耕生活方式的汉人进入,他们被迫迁徙,南边的平原低地虽然湿热,但是至少还能保持农耕的条件。这一族群挤压造成的流动大概从汉武帝时就开始了。

陶云逵注意到汉化的趋势沿着山脚往上延伸。不同于住在山顶的傈僳族,同属藏缅语系的麽些已经采用汉人的农耕方式,他们原本住在山坡上,因此开始在山坡开垦农田,而这些地方原来是傈傈族刀耕火种之地。在此趋势下，一部分傈僳族开始汉化，有的已迁到江边居住。陶云逵认为这一趋势并不见得是好事，他担心不久以后当地的文化多样性会消失，这些民族可能全都变成单一的文化形态。那将是文化的灾难，也将是生态的灾难。

综合上述情况可知，无论哪个语系的族群，他们在迁徙中总是尽可能保持自己原来的文化形态，尤其是其中最核心的部分。一种文化往往不为某一民族所单独占有，而是为一个语系所共享，在与另一种文化接触的时候，它们的交叠会在具体族群的社会表现出来。从这篇文章的思路来看，陶云逵更关心不同语族之间推挤的历史过程，对他而言，思考一个区域中文化图式的多样性及其与族团之间的历史关系才是重点。

两位学者同样关注"文化遭遇"（culture encounter）问题，陶云逵却提供了一种与郝瑞不同的解释道路。在郝瑞那里，文化往往遭到文明的强制和压迫；而在陶云逵这里，在共享文化区域内，文化经过与不同社会的结合，总能找到与文明相处的不同方式。从陶云逵对云南的区域研究，我们可以这样来理解中国西南：西南作为华夏文明和印度文明之间的过渡地带，其内部并非均质划一的，而是充满各种文化层叠，或可以被划分为不同的文化区域，在其内部不同的历史地理作用下发育出大大小小政治类型、组织规模不同的社会。

在后期研究中，陶云逵又将兴趣集中在宗教与社会关系的研究上。其中西双版纳正是他落实上述视角的具体个案。1943年，在《车里摆夷生命环》一文中，陶云逵根据他1936年在西双版纳地区的田野调查，描述了西双版纳社会在制度和心态上的双重性特点；这种双重性来自印度教、佛教、儒教等多重宗教和知识体系的进入造成的文化层叠，实际是华夏文明和印度文明两个文明板块的挤压和相互抗衡所致（陶云逵，2005：206）。如陶云逵所说，文章的主旨是"叙述摆夷自生至死，一生中生活的各方面，即所谓'生命环'。以生命环为经，以生活的各方面为纬。因为摆夷社会有贵族与平民两个阶级，两者在生活上有很大的差异。故所以在叙述本题之先，把他们的社会体系，如阶级、政制等，加以阐明"，但由于经济等方面的材料不足，该文尚不能说是对其社会体系全面的研究，而是一个"ideal type"（陶云逵，2005：207—269）。陶云逵分别从贵族与平民的角度来描写他们各自的生命环，也就是看文化如何决定个人的生活方式。其中，有的仪式和礼仪固然是贵族和平民共有的，但有的仪式是以贵族为主的。在他之前以及同时期，也有不少学者研究过西双版纳的宗教与社会问题，但陶云逵第一个明确指出这种双重性既有宗教上的含义，也有国家治理制度上的表现，还是社会组织本身的特点（杨清媚，2010）。

陶云逵关于西双版纳的经验研究与柳诒徵形成了某种互补：（1）柳诒徵讨论的是历史上佛教的进入改变了国家的观念结构；陶云逵关注的是现实中以佛教为主导的社会，在中缅两种国家力量之间维持自身。正是由于柳诒徵指出了在儒家的文明化工程之前，中国曾经有过一个佛教的"文明化工程"，陶云逵所研究的西双版纳才不会脱离"中国"而存在。（2）陶云逵的研究初步提供了将宗教、社会和国家放在一起思考的经验基础，使得社会科学研究面对柳诒徵提出的问题时有了自身的地位和空间。只是由于他将西南各种宗教统统放在文化下面来讨论，对制度性宗教的特征还没有形成足够清晰的认识，对宗教和社会关系的讨论也还不够深入。(3) 如果说西南中国的经验能对我们基于中国来思考国家理论和现实问题有所帮助，应该看到，在这些地方存在的制度性宗教体系、社会体系和国家制度三者的关系所形成的特殊的区域社会组织模式，本身已经突破了简单的"国家-社会"关系结构，为我们提供了深度理解边疆社会的可能，也为进一步促进社会发展打下基础。

综上所述，本书将立足上述启发和思考，借助田野调查和档案文献丰富并延伸陶云逵有关西双版纳的研究，同时检视和深化柳诒徵的问题。

第三节　研究视角与资料储备

本书是一项历史人类学的研究，历史文献和有关地方仪式、神话的资料是本书不可缺少的组成部分。但是，本书并不停留于此，而是努力纳入对社会组织和社会结构的描述分析。试图由此搭建一个从宏观的国家制度到区域共享的宇宙观，再到微观的地方社会组织结构和生产方式的三层结构，既呈现上下勾连国家对地方治理的渠道，又兼顾边疆地区的区域社会相互关联的纽带，来勾勒一种以社会为屏障的国家边境的历史动态过程。

在具体研究方法上，本书将历史人类学和宗教人类学结合起来，将对宗教史、制度史和精神史的考察并置，观察它们之间的对话、吸引和排斥，从中探索历史自身的结构趋势。

一、以社会结构转型为焦点

关于历史人类学的讨论近年来一直是热点话题,国内学界聚讼纷纭,至今也没有对"历史人类学"这个词的含义提出某种算得上共识的说法。张小军在其《史学的人类学化和人类学的历史化》一文中,比较了在 20 世纪 60 年代社会科学自我反思的潮流下,历史学和人类学各自对"历史"的重新发现,主张撇开学科的界分,而将历史人类学视为一种独特的研究方法和视角,既不是点缀了历史的人类学,也不是点缀了人类学的历史,认为历史人类学应该在历史问题的研究中,不断形成一套结合人类学、社会学,甚至语言学、经济学等人文社会科学研究的理论积累(张小军,2003)。

笔者亦赞同历史人类学作为一种研究方法和视角的意义,要远远超过给它划定学科界限的急迫性。不过需要注意的是,当我们质疑大历史、精英史、正史的合法性时,转向平民史、日常生活史和所谓当地人的想法其实并不是一个百试百灵的妙方。这种区分很可能是在反思"二分法"——例如传统与现代、国家与社会等等——的时候又创造出另一套二分法,这个困境可能永远不会消失(赫兹菲尔德,2005:95)。实际上在中国研究中,预设上的"国家-社会"二分法,往往随着经验研究的深度拓展而被消解,并不会构成真正的理论障碍。在田野中,当地人表述的想法不一定就是当地历史,而很可能是关于皇帝或朝廷的;在当地碑帖上书写的,也不一定是地方传统——众所周知,地方志本来就是文化精英所撰写的帝国志,何来一套不同于官方的"真实的"民间历史呢? 如果写下来的不可信,难道口述的就真实吗? 又焉知口述不是来自文字记录的辗转流传呢？也许这些问题并不是"历史"本身带来的，而是社会科学将"历史"视为政治工具、权力统治话语带来的特有的偏见。

本书所采用的历史人类学视角，其焦点并不在于"历史"，而在于社会本身；实际是要通过社会结构转型的关键历史节点所发生的事件、特定的文化和政治实践现象，来理解具体社会在面对现代性时的反应、选择及影响其选择的条件。当然，这也有很可能招致批评，因为在后现代史学看来，社会结构恰好是一种宏观、空洞、无当的话语建构，里边没有"活生生"的人。笔者认为，社会结构和个体，在方法论上并不属于同一个层次。在基础的经济活动中，总有一些社会事实是个体无法逾越的，比如需要组织的集体性劳动生产、社会性分工、市场等，因此个体的解释力及其指向的理论追求是有限的。社会中存在各种组织团体，为了某种目的而将个体以不同方式组织起来，社会结构实为这些团体关系的综合，所以社会结构一开始就是集体性的活动逻辑。这并不意味着对活生生个体的吞噬，集体生活同样也有活生生的内容，属于活生生人性的正常属性。

在面对一个复杂、繁琐和庞大无比的具体社会之时，历史人类学对各种文献的分析工作至少应该提供两个方面的信息：一方面是确定一项研究能够溯及的历史长度，并在此基础上与田野调查发现做相互观照，以甄别各自的可信程度，并加深对客观现象的解释。例如本书中，我们借助前人大量的历史学研究判断，清雍正朝鄂尔泰改土归流对西南政治文化格局影响极大，很可能奠定了之后整个西南在中国的地位和角色。以这个历史尺度来衡量西双版纳勐混的社会史过程,我们就能注意到勐混土司大约在这时候才有了官方身份,这大大晚于当地社会的形成。这样我们便能理解当地王权神话所描述的社会结构在此前已经成型,本土王权世系以此确立了自身的合法性,因此后来派任当地的土司代办便成为外来的陌生人。这两种王统的冲突使勐混成为近代整个西双版纳逐杀土司最多的版纳(张寒光等,1983:97—98)。

另一方面历史人类学可能提供帮助的是,对宏观历史的把握将为田野调查中的社会建构提供模具。所有的社会现象表面都是支离破碎的,尤其在"常人"视角下更为平淡,并没有太多"规律"可循。社会科学的长处是通过概念工具和范畴从中建构出一套将其串联起来的线索。历史人类学对宏观历史的断代、转折、制度变化、区域流布和时代精神的判断,将直接影响我们在田野中搭建的这套精巧的社会结构。从这个角度而言,历史人类学不能过于微观,而应有合适的长时段眼光。

宗教人类学之所以成为本书借鉴的另一种研究视角,是由本书的主题所决定的。在这方面,费孝通早年对宗教的一些简短评述、韦伯(Max Weber)关于印度教与佛教教会的研究、特勒尔奇(Ernst Troeltsch)关于基督教社会思想史的研究都很有启发。

在给田汝康《芒市边民的摆》一书作序时,费孝通曾经隐约流露过一个想法,即从曼海姆(Karl Mannheim)的知识社会学出发来看宗教,把宗教视为一种知识体系,考察它与社会的关系(费孝通,2008)。将这个进路与韦伯、特勒尔奇的研究综合起来,可以打开我们对宗教史的理解,不再局限于一种静态的宗教与社会关系,而是在知识史和社会史之间寻找它们相互作用的具体表现。更确切地说,这将有助于我们考察作为精神世界的宗教对世俗世界的历史产生可见的作用以及反向的情况。而将宗教自身历史化,这和历史人类学的追求实则不谋而合。

基于上述理解,在进入经验研究之前需要对本书的关键概念作出说明。

本书所运用的三个关键概念:"国家""教会"和"社会",都不是抽象的广义的概念,而是在历史时空中具体指涉的状态。例如在明清时期,"国家"在西双版纳的经验呈现主要是土司制度,而明朝的土司制度和清朝鄂尔泰改土归流后的土司制度又大为不同,其制度精神和历史作用差别很大,这无疑影响着"国家"形象的表达。"教会"和"社会"也是如此。

相比概念本身内涵与外延的精确程度,笔者认为,在本书所呈现的客观社会历史事实面前,三个概念之间的关系实际更为重要。尽管如此,为避免陷入对概念自身历史和理论的无穷考证,仍需对三者做简要和狭义的限定。借鉴德国著名史学家、神学家和社会学家特勒尔奇的相关探讨,本书所使用的"国家"指的是以政治性为主要特点的社会组织;"社会"指的是从经济现象产生出来的社会关系,本质是以劳动分工为基础的经济结构。在这个意义上,无论"国家"还是"社会"都是社会性的、相互关联的社会组合,但它们任何一方都不能完全代表直观的社会性的全体。相对于前二者,"教会"指的是宗教组织在维护宗教自身独立性的同时发展出来的与这些世俗世界中最强大的社会势力之间的关系总和(特勒尔奇,1991:11)。

简单说来,当我们要考察具体时代"国家"对西双版纳的治理时,将侧重从中心政权、政治制度的渠道来理解"国家";在考察"社会"时,侧重从与生产、消费有关的经济结构来理解,更强调社会结构的属性;在考察"教会"时,则需要从宗教组织如何实现它对现实世界的政治、经济、文化层面的各种影响来考察,不仅涉及道德伦理层面,还指向联姻制度、继嗣制度、仪式、神话等这些"国家"与"社会"两种社会性组合之间的各种渠道。需要不断强调的是,这三类范畴并非各自独立,而是相互关联的组合,只是为了分析的方便,需要"移步换景"从不同侧面来描述而已。

二、历史档案文献

随着清末民初国家对西双版纳的开发,大批汉地知识分子进入此地,或者经商,或者从政,或者从事教育活动,对西双版纳历史与社会的研究也在此时兴起。20 世纪 20 到 40 年代,西双版纳成为人类学家、民族学家和历史学家频频关注的地方。1948 年由李拂一①编译出版的《泐史》②标志着从傣文历史文献译为汉文的重大突破,提供了一条从这个具有悠久文明历史的地方社会内部对之进行理解的道路。20 世纪 50 年代以来,社会科学界和地方文史界在各自路线上做出了许多杰出的研究,大量的傣文文献被重新发掘翻译,其中包括非常丰富的民间口传历史和神话。此外,还有一批田野调查作品问世。因此,呈现在笔者面前的是一个极为

---

① 李拂一是普洱人,他的岳父柯树勋是清末民初驻西双版纳时间最长的汉官,治理西双版纳 15 年间可谓功绩斐然,进行垦荒、开市、修路、兴学、提倡婚姻自由等一系列社会建设。李拂一长任其秘书,为傣文文献整理与汉译工作之奠基者。
② 《泐史》意即"西双版纳的历史",主要记载的是从 1180 年至 1943 年的七百多年车里宣慰使王系的历史。

宏富的文献宝库。

根据本书的主题,从政治和宗教的结构关系来讨论西双版纳的历史与变迁,需要结合历史档案文献、民族志材料和前人已有的研究成果。因此,本书涉及的档案文献主要有以下几种:

1. 正史文献:方国瑜主编《云南史料丛刊》(云南大学出版社,2001)共 13 卷;赵尔巽、柯劭忞等撰《清史稿》(中华书局,1998);刀永明辑《中国傣族史料辑要》(云南民族出版社,1989);余定邦等编《中国古籍有关缅甸资料汇编》(中华书局,2002);李谋等译注《琉璃宫史》(商务印书馆,2007);潘光旦编著《中国民族史料汇编》(天津古籍出版社,2005)、其编著《中国民族史料汇编·明史》(天津古籍出版社,2007)。

2. 地方史志文献:李拂一编译《泐史》、《车里宣慰世系考订稿》(台北复仁书屋,1983);《勐海县志》1 本;《勐海文史资料》7 辑;《勐海乡镇年鉴(2007)》;《西双版纳傣族自治州志》1 套;《西双版纳年鉴(2010)》;勐马寨人编著《勐马档案》(文物出版社,2008);铁锋、岩温胆主编《西双版纳秘史》(云南民族出版社,2006);岩温胆主编《西双版纳历史溯源》(西双版纳报社印刷厂,2003);刀永明等翻译整理《厘傣·傣族英雄史诗》(云南民族出版社,1987);占达混洪《景谷土司世系》(云南民族出版社,1990);宋子皋《勐勐土司世系》(云南民族出版社,1990);云南省少数民族古籍整理规划办公室编《孟连宣抚史》(云南民族出版社,1987);刀永明等翻译整理《孟连宣抚司法规》(云南民族出版社,1986);岩林等翻译整理《傣族风俗歌》(云南民族出版社,1988);征鹏《从领主到公仆》(云南美术出版社,2003);征鹏主编《西双版纳传说集萃》(云南美术出版社,2004);岩香主编《傣族民间故事》(云南人民出版社,2009);岩叠等整理《召树屯》(云南人民出版社,2009);刀安禄等编著《刀安仁传略》(云南民族出版社,2000);黄金有编著《召景哈的春天》(云南民族出版社,2007);刀国栋《傣渺》(云南美术出版社,2007)。

3. 档案共 1259 页:

(1)西双版纳州藏民国档案(卷宗)共 498 页。其中保甲 4 页;仓储管理委员会 5 页;军民参议会 24 页;县长王宇鹅与土司互控案宗 22 页;夷民控告马维忠县长 7 页;县长就任卸职交接文书 9 页;车里乡长议员名单 10 页;车里小学修建情况 6 页;车里小学校务会议记录 8 页;小学筹办经过 10 页;小学经费筹措 15 页;小学学生家境清贫证明书 7 页;边地公私立学校概况调查表 4 页;耕牛死亡 2 页;减租减免军粮 11 页;土地、图表 28 页;车里县长江应樑建议废除土司制度 5 页;区划 4 页;水灾、农产量 11 页;土司官印 78 页;土司提出改革建议 33 页;修志 9 页;1945 年车里边疆工作计划 24 页;云南省民政厅各县寺庙及寺庙财产调查(1929—1932年)14 页(实际只见文书和六顺县的登记表);民国以来大事记 122 页;其他 26 页。

(2)1952—1984 年统战部卷宗目录 15 页。

(3)1952 年统战部民族上中下层干部安置 14 页。

(4)1954 年统战部卷宗(民族上层思想情况的综合报告、关于民族上层排队及安排的初步意见、上中下头人今后出路的安排意见、州代表分配数、州政协家属情况、景洪政府委员名单)共 76 页。

(5)1956 年统战部卷宗(西双版纳和平协商土地改革的经验、土地改革条例、上层生产生活费定期补助花名单、版纳十三个地区职养统计表、版纳十三个地区纯养统计表、州政协委员生活费调整花名册、景洪上层需给予补养表、西双版纳七个地区纯养统计表、八个地区给予补养表、全版纳叭级以上头人统计表、全州十一个地区宗教人员生产生活统计表[实际未见])共 87 页。

（6）1956 年统战部佛协会（佛教概况、佛教传入西双版纳的传说、佛牙史略、全区宗教综合情况、西双版纳宗教情况、西双版纳宗教材料、中缅沿边的宗教情况、州佛协会二次扩大会议登记表）共 201 页。

（7）1958 年统战部卷宗（州政协委员第四次扩大会议总结、州政协成立专门工作组的意见、西双版纳佛协会第二次扩大会议总结、第三次佛协会补充调查名单、政协工作一年来简述报告、民族上层变化情况统计表、民族上层生活补助花名册）共 80 页。

（8）1961 年统战部卷宗（州人民委员政协委员安排名单的请示、召存信州长政府工作报告、州民族上层宗教上层生活补助情况表、1961 年统战工作总结、宗教上层会议总结、政协扩大会议总结报告、1960 和 1961 年统战工作的几点意见、关于猛龙区宗教问题的调查）共 63 页。

（9）1979 年人大政协会议报告共 89 页。

（10）1980 年政协佛协会议共 105 页。

（11）1981 年政协佛协会议（工作报告、简报［宗教］）共 31 页。

4. 对史料进行研究的成果：哈威（G. E. Harvey）《缅甸史》（商务印书馆，1973）；岩峰等《傣族文学史》（云南民族出版社，1995）；黎道纲《泰境古国的演变与室利佛逝之兴起》（中华书局，2007）；张公谨《傣族文化》（吉林教育出版社，1986）；江应樑《傣族史》(四川民族出版社,1984);陈序经《〈渤史〉漫笔——西双版纳历史补释》(中山大学出版社,1994);赛代斯(G. Cœdès)《东南亚的印度化国家》(商务印书馆,2008)。

5. 田野调查研究成果:姚荷生《水摆夷风土记》(云南人民出版社,2003);田汝康《芒市边民的摆》(云南人民出版社,2008);陶云逵《车里摆夷之生命环》(1941);"民族问题五种丛书"云南省编辑委员会编《傣族社会历史调查》(云南民族出版社,1985);马曜、缪鸾和《西双版纳份地制与西周井田制比较研究》(云南人民出版社,1989);郭家骥《西双版纳傣族的稻作文化研究》(云南大学出版社,1998);宋迈·宾吉、安布雷·多雷《泰国兰那十二个月习俗研究》(云南民族出版社,2002);岩香宰主编《说煞道佛——西双版纳傣族宗教研究》(云南人民出版社,2006);高立士《西双版纳傣族传统灌溉与环保研究》(云南民族出版社,1999)。此外,国外人类学家对于西双版纳的实地调查并不常见,与本书主题有关的则是关于泰国、缅甸和斯里兰卡地区的研究,较常被引用的是坦拜雅(S. J. Tambiah)《世界征服者与遁世修行者——针对历史情境中泰国佛教与政治的研究》(*World Conqueror and World Renouncer：A Study of Buddhism and Polity in Thailand and Against a History Background*, Cambridge University Press, 1976), 基斯(Charles Keyes)《因缘:一个人类学探讨》(*Karma：An Anthropological Inquiry*, Bangkok Christian College, 1965),英格索尔(Jasper Ingersoll)《泰国村庄中的功德与自我认同》("Merit and Identity in Village Thailand, Melford Spiro Buddhism and Economic Action in Burma", in *Ametican Anthropologist*, 1966, vol. 68),以及利奇(Edmund Leach)《缅甸高地诸政治体系——对克钦社会结构的一项研究》(商务印书馆,2010)。

三、民族志资料

围绕本书主题,笔者在2009年至2012年间,对西双版纳开展了两次田野调查,走遍了景洪市、勐海县和勐混镇的大小街道。在勐混镇,笔者受到勐混末代土司召贺怀之女玉叫海女士的热情款待,并居住她家中,与其家人结下了深厚的友谊,并因她帮助获得不少调查便利。勐混镇统战办公室的岩吨主任是我两次田野调查最主要的报导人和翻译。他特别热爱本职工作,对勐混镇的佛寺和僧侣情况非常熟悉,经他介绍和带路,笔者认识并访谈了勐混镇各主要宗教带头人,走访足迹到达过布朗山、勐混最远的坝子头村寨。具体的调查情况如下:

2009年10—11月到西双版纳勐海县勐混镇进行第一次田野调查,主要查阅地方文献,访谈当地重要的宗教人员,并参与观察、记录当时当地发生的重大仪式。

2012年1月到西双版纳州以及西双版纳勐海县勐混镇进行第二次田野调查,主要查阅民国至今的档案、方志,访谈当地负责管理宗教事务的人员、僧人、佛学院教师、佛寺慈善组织的工作人员、政府工作人员等。

在田野中积累和搜集的相关材料除了前述的地方史志文献,还包括:(1)田野日志11篇,共2万字;(2)由当地宗教头人撰述的地方文献笔记、地方宗教管理文件和材料共20份;(3)访谈23次共35段录音,照片、影像记录共200张、段;(4)民国时期的民族织锦1片、民族传统生活用具2件。

　　遗憾的是，由于笔者不懂傣文和傣语，田野调查中与老年人的交流全依赖翻译，更无法读懂地方知识分子用老傣文创作和记录的文献，这部分材料也就无法充分利用。所幸20世纪80年代以来不少傣文资料已经被译成汉文，2010年由西双版纳州政府主持的《中国贝叶经全集》出版完毕，在大型图书馆和地方志档案馆中可以方便地查阅相关内容，并且当地知识分子用汉文写作的出版物已经越来越丰富，因此多少能够弥补笔者的遗憾。

第二章 历史中的结构:西双版纳土司制度与地方心态的双重性

1938年姚荷生在其《水摆夷风土记》中首次对西双版纳历史进行分期研究。他以颇类历史人类学家的眼光,根据李拂一编纂的地方史志《泐史》以及对当地僧侣、土司和知识分子的访谈,记录了西双版纳社会的政治、经济、宗教和文化情形。他认为,西双版纳历史可以分为三个时代:(1) 传说时代:自上古至元初征服车里(—1234年)。这一时期摆夷①也许初由中亚迁移到中国境内,接踵而至的汉族势力扩展,迫使其向南方逃避,散居滇黔桂诸省。他们在不断南迁的过程中并没有组织成一个强有力的国家;其中一支逐渐迁到了车里。直到12世纪,由一位能干的和尚领导,把土著的蒙克木人驱赶到山上,夺取了十二版纳的统治权。13世纪初元世祖遣兀良合台征交趾,顺道灭车里,车里一名才正式见于中国史籍。(2) 羁縻时代:自元初至清末(1234—1911年)。至元中置车里军民总管府领六甸,以车里的大土司为总管,赐姓刀,从

---

① "摆夷"即为现在所说的"傣族",但是由于"民族"概念引起学界诸多讨论,"傣族"名称本身具有时代特点和政治含义,为尊重作者当时的原意,本书中均采用作者原来的称谓,不做统一。另外,民国时期学者沿袭土司制度的称呼"车里",其指称大约为今西双版纳州境内,由于"车里"本身亦有特殊的历史意涵,故也遵从原著原文,不做统一。

此车里便永为中国的藩属。自元代开始,历代宣慰使承袭和世袭有了明确记载。元末车里总管屡起叛乱,明初沐英平定云南,车里才又诚心降服。洪武中改总管府为车里宣慰司,以车里大土司为宣慰使,嘉靖时宣慰使受缅甸的压迫,又依附缅甸,而析东境为小车里使应明朝。明朝鞭长莫及只能随之。清兵入关之后,宣慰使遣人朝贡,清朝仍赐他原来封号。(3)归流时代:民国以后。这是十二版纳正式归入中国版图、分县设治的时代,期间柯树勋的治理进一步推动了西双版纳与汉地的交流(姚荷生,2003:70—73)。

姚荷生大体上是按照土司制度的设置和兴废过程来划分历史时期的,分别对应着土司制度设立之前,设立之后历经的元明清三代,以及民国时期随着国家体制的变化、对边疆社会开始进行社会改造这三个阶段。不过需要指出的是,改土归流并不是民国才开始的,而是随着土司制度设立就并设了流官,并且明清两代一直没有停止改流的努力,尤其以清雍正年间鄂尔泰在西南的改土归流为高峰(李世愉,1998)。姚荷生其实也指出,自车里宣慰使设立以后,宣慰使的辖地实际是越来越小,清雍正七年(1729年)设置普洱府,未几又增设思茅厅,移攸乐同知到此,使得普思两县完全成为汉人的世界(姚荷生,2003:72)。因此,他说的"归流"更准确的含义是土司制度的终结。

正如姚荷生指出的,明朝时期西双版纳社会清晰地感受到同时来自中央政府和缅甸的军事和政治压力,承受着双方在这一地区的争夺和对峙,毕竟明朝皇帝已不再像蒙古人那样令整个西南慑服。大概从这个时候开始,西双版纳社会意识到自身作为中间地带谋求生存所面对的挑战。作为一个社会,它发展出了一种双重性的制度和心态,这种自保策略并不等同于政治家的政治谋略,而是在政治制度、社会结构和意识形态上,充分结合与平衡中央政权和缅甸双方的影响。《泐史》上载,16世纪车里宣慰使刀应猛迎娶缅甸嬢呵钪公主的事件,正式确立了"天朝为父,缅朝为母"的封建制度。我们将通过对这一事件的分析,来揭示背后的历史结构。

第一节　"天朝为父,缅朝为母":西双版纳双重封建

明隆庆三年(1569年),车里宣慰使刀应猛迎娶缅甸嬢呵钪公主,在明朝官员和缅甸官员的见证下,正式确立了车里接受以"天朝为父,缅朝为母"的双重封建的身份(李拂一,1983:26)。[①] 此后直到1950年当地土司制度消亡的三百多年内,车里宣慰使的委任要由中缅双方共同确认。

这场婚礼对西双版纳的宗教-政治结构影响深远。首先,它给西双版纳带来了短暂的三十多年和平,缅甸暂停了之前对澜沧江以西的版纳的侵扰,与车里宣慰使维持了史上不多见的"蜜月"关系。这段甜蜜的回忆大概成为后来历任车里宣慰使均想努力重归的一个历史起点。其次,缅甸和车里一样,同属明朝政府敕封的云

---

① 陶云逵(1944:42)则考证认为,这次通婚发生在明万历十六年(1588年)。两者相差十几年之多。陈序经(1994)支持李拂一的看法,认为刀应猛在位时间为1569—1581年。本文采用李拂一和陈序经说。

南六大宣慰司之一(沈德符,1998:189—192)[1],在这场婚礼中,明朝政府首次正式承认缅甸对车里土司的任命权,并允许其治下的两者之间朝贡女子和方物。这与我们过去对土司朝贡制度的认识——仅仅是当地土司向中央王朝进献女子和礼物,或大小土司之间的交换——不同,历史上真实的情形是在中央王朝在场监管下的双重朝贡。

这种双重朝贡之所以可能,客观上固然是当时云南的政治、军事形势使然。因为从万历时期开始,缅甸逐渐兴盛,成为"六慰"之中实力最强者,不断袭扰周边其他土司,明朝政府认可双重朝贡,包含了以车里作为缓冲地带,以防止缅甸进一步越过澜沧江,威胁到滇中的意图。明朝后期采取的这一策略,后来在清朝被继续沿用,清政权同时亦对缅甸施以强硬的态度。乾隆之时,先后以伊犁大将军明瑞、大学士傅恒率军征缅甸,但均未能一举解决缅甸内附常叛的问题(周裕,2001;王昶,2001)。光绪十二年(1886年)左右,据缅英军向清朝政府动议中缅边境划界事宜。清朝明了英国人欲从缅北通藏的意图,坚持对诸如南掌、车里这些掸人土司地的主权,以之作为缓冲地带遏止和牵制英属缅甸的扩张(赵尔巽,2001:608—609)。

正如当地史书《泐史》所总结的那样,面对数百年来在中缅之间的生存境遇,车里对其历史和自身亦存在一种"天朝为父,缅朝

---

① "六慰"指的是:"云南徼外土官,以永乐二年给铜铸信符,又给勘合如外国,盖例外得之者仅六宣慰司:曰车里,曰木邦,曰缅甸,曰麓川平缅,曰八百大甸,曰老挝,视他宣慰加重。初,四夷馆通事仅译外国,惟缅甸亦设数名,其后八百亦如之,盖二司于六慰中又加重焉。"(沈德符,1998:192)

为母"的思考。正是这种心态,长久地维护了当地社会的独立性和完整性。

明隆庆三年(1569年)大约春夏之交,新就任的车里宣慰使刀应猛率十二版纳官员,在景洪城郊外焦急而喜悦地等待他的缅甸新娘——嬢呵钪公主的嫁妆队伍。这是一场受到众人瞩目的盛大婚礼,明朝政府和缅甸政府都派遣高级官员全程观礼祝贺。

婚礼全程大概分为五个步骤:宣慰使亲迎、官员观礼、宣慰使及夫人加冕、接诏及会盟、回赠中缅使团。

对于这次婚礼,《泐史》中载:"事闻于天朝,由猛些(昆明)长官,饬令宁洱、思茅两地长官至景永。天缅双方,皆极融洽。宣慰使感激恩遇,于是敬以天朝为父,缅朝为母。"(李拂一,1983:26)有学者提到,这里的长官是普洱府杨大人(陶云逵,1944:43)。但这个说法甚不准确,因为普洱置府已经是公元清雍正七年(1729年)的事情。据《明实录》(1998:31),明洪武时设云南布政司,以下依次设置府、州县。所设52个府、63个州中并没有普洱府之称,倒是有车里军民府,摄任知府一职的是土司刀坎(大概是刀更孟从父辈往前数第8代祖宗[李拂一,1983a])。由于土司分为文职、武职两类,军民府、土州、土县属于文职,属于王朝中央吏部系统,在省隶属布政司;宣慰使、宣抚使、安抚使、长官司长官为武职,属于王朝中央兵部系统,在省隶属都司宣慰使是第二级武职土司,为从三品,土知府是最高一级文职土司,为正四品,也就是说土司在武职系统中通常比在文职系统里能够获得更高品秩。(龚荫,1992:65—67)不过,实际上宣慰使辖领司内军民之政,已属文武兼职。作为新郎的刀应猛本身是宣慰使一级的官员,那么这位代表明朝政府在场的杨大人或者来自云南布政司,或者来自云南都司,虽然不清楚其职位高低,但是他代表的部门级别无疑是高于宣慰司的。既然如此,也就同样高于同为宣慰司的缅甸方面派来观礼的官员。也就是说,在婚礼仪式开始之时,在场的三方政治势力——中华帝国、缅甸和车里,在中华帝国的封建体系内存在着等级高低之分,并且这种等级之分为三方所公认。

尽管如此,这种制度上规定的三方关系却不一定确保三者心态一致。从缅甸一方来说,在嫁缅甸公主给刀应猛之前,缅王以刀应猛臣服缅甸,特诏授其为"左碑国大自主福禄至善王",赐给象牙印一颗,印宽三指,中刻须弥神山,周围环绕金山七重,其下有海,有三柱,有鳌鱼一对,其上有浮图,有日月。而刀应猛此前受明朝敕封为宣慰使,照惯例要接受诰敕、印章和冠带,其中正三品以上官员为银印,从三品及以下为铜印。(龚荫,1992:68)缅甸仿照明朝政府敕封刀应猛,同样授予车里宣慰使敕封诏书、印章和冠带。在公主携带的嫁妆中,就有一整套宣慰使礼服、宝座和仪仗装饰。(李拂一,1983:24—25)

公主所带嫁妆甚为贵重,除了两对大象之外,其余器物大多非金即银,一些生活用具如盘、瓶、罐、匙、壶、伞、牌匾、手杖、小屋、床、毯、冠、礼服、鞋等一应金制。其中,又以各种礼器最引人注目,例如大象一对,各种形制长刀共12把,矛32杆,单重伞盖一对,伞12把,仪仗和拂尘各一对,鼓、箫、舞杖若干;另外,还有一座贴金的宝座,座前有两座护法的雕像分侍两角(李拂一,1983:25)。

从缅甸精心筹备的礼物中,我们可以看到缅甸对于明朝政府有微妙的竞争之意,既要仿其形制,又要处处显出自己的排场。它所赠送的嫁妆，早超过明朝政府对车里宣慰使行赏的礼制，其隆重程度大概不亚于它的国礼。遗憾的是，现有的史料中缺乏明朝对此次婚礼的贺礼的记载，我们难以得知明朝政府如何通过礼物表达它对缅甸的态度。

不过，车里宣慰使对中缅双方的态度是十分明确的。在他的加冕典礼上，明朝官员扶其左手，缅方使臣扶其右手，共同扶其登上宝座，行加冕典礼，共举为宣慰使；随后又加冕嬢苏挽纳霸督玛王妃，并晋封号曰嬢摩诃苏挽纳霸督玛阿夏摩些嬉王妃（伟大的金莲第一王妃）。（李拂一，1983：26）这就是"天朝为父，缅朝为母"的仪式展演。[1] 这个仪式奠定了后来车里宣慰使承袭需要向中缅双方请示的惯例。直到英国侵略缅甸，缅甸王国已经灭亡的情况下，当时的车里宣慰使仍向缅甸讨封（陶云逵，2005：212）。

接下来，加冕后的车里宣慰使准备郑重地迎接缅王的诏书，完成他从中缅双方获得王位合法性的最后一步。在接诏仪式上，礼官准备好一张荸荠席，红白布各一幅，腊条八对，饮水壶一个，九成银一槐；将诏书接来后，令人守护。到吉日当天，把诏书放在一个金碗里，用红布盖上，再把金碗放在银笾器[2]上，由书记官捧入土司官衙大礼堂中宣读。诏书宣读完毕，宣慰使偕同夫人、十二版纳各部正副长官、缅甸使臣等往诣佛寺，面对佛像、佛经及住持这三

---

[1]　陶云逵（1944：43）曾谈到他在当地看到一个风俗，摆夷老翁有不少人右耳戴一只耳环，左耳不戴；对此，他推测说此风俗大概源自刀应猛承袭宣慰使的这个仪式，左耳象征着明朝政府，右耳象征着缅甸。陶云逵这个推测不一定准确，毕竟从一个三百多年前的仪式到今天的风俗之间存在诸多缺环，很难断定哪个是先在的，或者两者之间有无关联。但是陶云逵尝试把社会日常生活与重大历史事件联系在一起，表明他明确意识到这一事件是理解当地历史的一个关键，这对我们的思考有所启发。

[2]　大概是托盘类的器皿。

宝进行宣誓(李拂一,1983a:26)。陶云逵在解释这一段史料时认为,同往佛寺的还有中方来观礼的官员,车里宣慰使的宣誓是与中缅双方的盟誓(陶云逵,1944:43)。但是这个说法暂时未见有史料支撑。

如从《泐史》所记,中方官员可能并未参与佛寺宣誓,对中方来说,不太可能承认缅甸与自己具有同等地位,也就是说,这个宣誓仪式不宜被简单解释为一种现代国家意义的三方盟约。明洪武十六年(1383 年)太祖加兵云南就开始与缅甸对战,缅甸数次反叛但也数次臣服,作为中国的藩属履行朝贡的义务(包见捷,1998:630)。邻近缅甸的孟养、孟密、孟艮、木邦等大小土司与缅甸之间长年战争。在明万历九年(1581 年)以后,缅甸已经先后经过莽瑞体、莽应龙的征伐,一举统一了上卞缅甸,进入缅族统治的东吁王朝强盛时期,对明朝边境威胁日益加剧(哈威,1973b:287—321)。明朝政府虽然对此有所警惕和重视,奈何国势衰落,东北又告警,未能专事西南(方国瑜,2001a:322—339)。丽江和大理大概是明朝政府节制缅甸等诸蛮的两个重要地带,明朝攻打缅甸通常会从这两处调兵。车里因为处在缅甸与这重要节制地带之间,常首当其冲。缅甸势大,车里会随之征战其他土司地,例如这一次刀应猛迎娶缅甸公主,其前因即是其父刀糯猛在位时,车里被缅王莽应龙攻占,刀糯猛投降,随后听从莽应龙调度一同攻打阿踰陀、景迈,获得缅王信任[①];随后缅王返回缅甸途径车里,刀应猛派扈从护送,

_____

① 阿踰陀或翻译成阿约提亚(Ayodhyā)为印度古阿踰陀国都城,位于北方邦法扎巴德县(Faizabad district)境内。景迈为今云南思茅市境内。由于缅甸、车里屡经战火,史料大多佚失,缅甸的史料、车里傣文史料和中文史料年代多无法相互对应。例如《泐 (转下页)

颇得缅王嘉许，这才获得加封和联姻。明朝政府意识到缅甸扩张的意图，但苦于无力处理，它想调集的当地其他土司的兵力多不堪用，即使是地方的屯军不少也疏于职守，边防懈怠①。1569年婚礼发生时，缅甸正处在缅人土司势力膨胀的上升时期。这场婚礼自然不乏明朝政府用以作为政治协商之手段的意味。但是，如果仅是作为一项临时策略的结果，它的效果并不可能持续那么久：即使历经明清朝代更迭，这种"天朝为父，缅朝为母"的三方关系依然保存下来，甚至三百多年后缅甸王朝灭亡了，清朝也灭亡了，车里土司依旧梦想着要维持这种关系。

　　车里对明朝和缅甸的依赖，不仅仅是现实政治下的策略选择，还是基于历史的长久的文化实践指导的结果。这次联姻虽然表现出诸多历史的偶然，但是它集中传达了车里自身的双重认同感，既

（接上页）史》中写到刀糯猛随同征战的缅王是莽应龙，如按哈威《缅甸史》所载，1530年刀糯猛投降，当时在位的缅王为莽瑞体（哈威，1973b：287）。但是，征伐阿瑜陀和景迈却是莽应龙所为。故此处从《泐史》。历史上莽瑞体执政在先，莽应龙为莽瑞体乳母之子，为莽瑞体得力臂膀，继莽瑞体之后一统上下缅甸，继续扩张势力至掸人地区。

① 明天启七年（1627年），云南巡抚闵洪学在一封奏折里讲得明白："夫阿瓦、车里之构祸也，起于万历四十四年，方车里被兵，曾未一字请救，瓦兵一至，弃寨而奔，至泥首受缚。盖车里在嘉靖间，兵败于缅，已，折而入缅，故有大、小车里之号，以大车里应缅，小车里应汉。夫缅初固称宾服之夷，敢于擅兵凭陵，似不容不兴师问罪，但去滇八千余里，今兹之役，正未易言，然竟置诸度外，则缅势日炽，滇患日殷，将来亦有不可知者。遐考洪武时既定云南，我太祖锡名号以示羁縻，其大者为三宣，为六慰，今三宣无恙，而六慰安在哉？以六慰言：其一缅甸宣慰司，即缅也；其一车里宣慰司，又一曰八百，一曰木邦，一曰孟养，一曰老挝，尔时地丑力齐，各自雄长，犹犬牙相制也。……其缅灭木邦而不能有也，以思礼食其地；灭蛮莫而亦不能有也，以思线食其地；所用仍中朝原颁印信。夫灭之而不有之，非心不欲，势不及也。今缅掳车里之酋，未遽能有其地，必将更置其酋长，立所爱者而去之，而车里人情未必帖也。"（方国瑜，2001a：338—339）其中，明万历四十四年（1616年），因为缅甸攻打木邦宣慰司，明朝驻军未去救援导致木邦被缅甸吞并，这件事情被上奏之后，朝廷为此罢免了镇守副总兵陈寅，禁锢终身，同时罢免游击将军刘素。这样重的处罚在之前是很少见的。

脱离不了"天朝为父"的臂膀，也脱离不了"缅朝为母"的怀抱。无论是缅甸还是中国，都意识到车里之所以为车里，全因为这个特点，因此后来即使双方在这个地带屡次展开争夺，却没有想过将此地一裂为二、分疆统治。

刀应猛之后，不乏有土司试图挣脱这个束缚。清嘉庆五年（1800年），车里宣慰使刀太和在等候缅甸委任状的时候突然病故，其子刀绳武年仅5岁，不能任事。十二版纳便商量请刀太和的堂兄刀永和承袭。刀永和的父亲维屏曾任车里宣慰使，但是因为私慕缅甸，想偷偷潜逃至缅境而被清朝政府捉拿并废黜；清朝政府记得此事，不同意任命刀永和。刀永和便向缅方请袭得到允许。后来刀永和因杀了堂兄弟诏摩诃捧，引发当地土司反叛，自己被迫逃亡缅甸，他请求缅王助己返回十二版纳，愿意献出江西六版纳于缅，以江东六版纳仍归清朝，结果缅王以向无此例，刀永和此举意在挑拨战争为由，将其下狱后流放。中缅双方最终仍以刀绳武为宣慰使（李拂一，1983a：42）。从明末刀应猛的婚礼到清后期刀永和分割十二版纳的失败，期间二百多年缅甸、中国都各自经历了许多变化，但是车里以"天朝为父，缅朝为母"的观念格局，已然深入三方的内心。

清朝从康熙后期开始思考加快推进"改土归流"，雍正年间鄂尔泰在西南的改土归流将此进程推至顶点。鄂尔泰也曾考虑十二版纳作为中缅之间过渡地带的特殊性，他的改流措施是对澜沧江东这些靠近中国内陆的版纳地区的土司大兵加之，同时增加很多小土司——他们多是随清朝征伐版纳有功的土司或头人。鄂尔泰仍以车里宣慰使统辖十二版纳，只是在江东版纳改流的基础上设置普洱府,下设思茅通判、攸乐同知,车里宣慰使亦归普洱府管辖(魏源,2001:458—465)。通过土流并治,一方面车里宣慰使的职官地位已经大大降低,另一方面仍旧维持了车里十二版纳的完整性。同时由于增加了一批握有兵权的非本土产生的小土司,清朝对江东版纳地区的控制实际加强了。

对于清朝而言,保留车里十二版纳的格局比拆散它更为有利。因为在清朝看来,西南边疆不是一条明确的边界,而是一个个诸如车里这样社会组成的缓冲地带。只有维护这些社会的完整性,才可能发挥出它的缓冲作用。这在近代首先表现为军事政治上的急迫问题。至清光绪十七年(1891年),英国已经占领缅甸,要和清政府商讨中缅重新划界。出使大臣薛福成主张要把界限划在南掌(即今老挝)、八募之外,其意是要将环卫缅甸的诸掸邦都纳入己方版图,仍将缅甸作为中英之间的缓冲地带,扼守住大金沙江,以此才能守住小金沙江即长江上源由藏入滇的这条通道(方国瑜,2001b:608—609)。只是实际上后来清朝并没有收回南掌,只收回车里的孟连土司属地,尽管如此,在车里宣慰使名义下,仍旧尽力维持十二版纳的整体性。

这样一种三方制衡的政治格局长期得以保全的原因是什么?或者说,是否存在一种同时为三方所接受的观念结构,潜在地影响着现实中三方的政治实践? 婚礼本身或许能给我们提供思考这个问题的更多线索。

婚礼的最后一步是由车里宣慰使向前来观礼的中缅官员使团赠送礼物。根据《泐史》中的记载,我们对中缅双方所获赠的礼物进行了归纳。可以看到,中缅双方的使团构成以及所收受的礼物

均有等级差别,显示出明朝官员的等级要比缅方官员高一级:

表 2-1　明缅官员等级对照表

	大使	副使	三等使	四等使	一等随员(中) 象奴随从 兵丁(缅)	二等 随员 (中)
中方	银一板一槐①	银一板	银八槐	银六槐	银一槐	五拔
缅方	银一板	银八槐	银六槐	银四槐	银一槐	

那么,结合前述亲迎时中缅双方的使节团等级,值得思考的是,这种"天朝为父,缅朝为母"的关系是否在中华帝国的封建体系内已经可以得到充分解释? 换言之,中华帝国—缅甸—车里构成了从高到低的等级,是否车里尊"天朝为父"为最高等级,而尊"缅朝为母"为次高等级? 实际情况并不这么简单。这次联姻表现出中华帝国在等级竞争中占据了优势,但并不意味着这种等级关系就一直维持下去不再改变。它当然受到中缅双方政治和军事力量对比的影响,而其中还有一个容易被人忽略的重要因素,就是这套等级制度并不同时以文化纯粹化为其目标,相反,更高等级的政治体要获得承认,往往意味着承诺更大的文化宽容。因为过渡地带的社会更倾向于选择文化策略更为宽松的一边作为自己的政治归属。

婚后第二年,金莲王妃在景洪西部建造了大佛寺,傣语称"瓦

---

① 板、槐、拔均为版纳傣民的计量单位,分属于三种计量制度,均采用十进制。其中"板"比较基本,大概可视为傣民的"斤",1 板折合汉制约为 2 斤 1 两;"槐"折合汉制约为 2 两;又,4"拔"为 1 甲,10 甲为 1 硫,1 硫折合汉制约为 3 两 3 钱,1 甲合 3 钱 3 分,1 拔合 8 分 2 厘 5 毫(李拂一,1983a:75)。

波钪",意为"金莲寺";佛寺内有佛像一尊,面朝缅甸东吁王朝的阿瓦城(李拂一,1983a:27)。[1] 在此之前,车里宣慰使已有自己的官佛寺——车里与缅甸的宣誓仪式就是在当地佛寺里进行的。金莲寺的建立强调了缅甸王权对车里王权的控制,这种控制并不简单是政治层面的,而是同时借助了宗教的形式。而当地已有的佛寺表明,缅甸之所以能够借助南传佛教对当地王权进行控制,是因为此前当地经历了相应的宗教史过程。更确切地说,缅甸对车里进行封建的方式之特点,在于南传佛教所奠定的基础。这场婚姻一开始就是"三人行",因为缅甸送来了女人和宗教——随着金莲王妃"嫁"到车里的还有南传佛教的象征:佛法和教会的最高首领"佛爷"。这是缅甸对车里进行封建的根本特点。从中华帝国的角度来说,允许这些异国情调的官方大寺的存在,本身就体现了自己在支配体系以及国家道德和荣誉上更高的等级。

"天朝为父,缅朝为母"意味着两套封建体系的关系在起作用,它不仅是政治的关系体系,更是宗教的关系体系。中缅双方争夺的是对等级制高点的控制,而不是地方社会文化的纯粹化。也恰恰是这种等级制度给西双版纳这样一个过渡地带的文化与社会留下了政治之外的发育空间。

---

[1] 此城向为上缅甸之重要大都,在明嘉靖六年(1527年)被孟养土司思伦集合木邦宣慰使罕烈所破,掳走其宣慰使莽纪岁并其妻子,并瓜分其地,大肆残杀缅族僧侣,连当时掌管发放土司金牌信符的千户曹仪也被杀。缅甸遣通使讣告明政府,明政府派永昌知府严时泰、卫指挥王训前往,但诸夷不听,又正逢麓川有变,明政府遂不及顾(包见捷,1998:631)。后来由缅族首领莽瑞体攻占此城,一举征服上下缅甸,史称东吁王朝。实际明代上缅甸诸土司的战争主要是缅人和掸人土司之争,诸如木邦、孟养和缅甸土司几乎为世仇。

第二节　双重封建如何可能:
西双版纳社会的政治-宗教结构

　　学界对于南传佛教何时传入傣族地区有两种看法:(1)1世纪至3世纪前后。其根据有两个,一是2—3世纪南传上座部佛教已经传入今天的越南、泰国和缅甸地区,由此可推断佛教可能在同时期进入西双版纳;二是傣文经书《满嘎腊沙萨纳竜》记载,佛历224年即公元前2世纪左右佛教已经传入西双版纳(岩峰等,1995:389—393)。(2)7世纪。南传上座部佛教于5世纪传至缅甸,继而向泰国传播,于7世纪流行开来;因此位于这条路线中间的西双版纳最晚也于7世纪受到佛教影响(杨学政等,1993:55)。

　　前一种说法较难证实,2—3世纪为中国汉朝时期,史书记载当时西双版纳地区居民的社会多为部落形态,土司制度也未具形制,很难据此判断这一时期与明清以来西双版纳王权的形成之间有何具体关联,这么长时段的历史本书暂时无法处理。后一种说法相对比较可靠,但是7—11世纪,佛教在西双版纳的影响还相当有限(杨学政等,1993:56)。当时进入的佛教并不积极介入世俗社会,而是选择在山林居住,类似隐士(岩香宰,2006:173—174)。佛教开始在上缅甸地区确立其教会并形成一股强大的宗教力量,与11—12世纪缅甸蒲甘王朝的阿奴律陀王(梵文 Anawrahta,巴利文 Anuruddha)将其立为国教有关(哈威,1973a:71—74)。彼时有阿罗汉(Shin Arahan)为直通①婆罗门之子者到蒲甘传教。阿罗汉为南传佛教都罗婆陀(Theravada)派弟子,欲使上缅甸原本崇信"异教"之地改奉佛教——这个"异教"其实主要是密教化的大乘佛教——阿吒力教(Ari,或称阿利),于是隐居在山野之中。阿奴律陀请其助力摧毁阿吒力教的势力(哈威,1973a:67—68)。

7—11世纪,控制云南大部分地区的是南诏国,作为一个强有力的政治中心,它的影响力远至缅甸,上缅甸地区曾臣服于南诏。南诏以阿吒力教为国教,这种宗教最初是从藏边地区传入的佛教密宗(哈威,1973a:40—43)。11世纪时阿吒力盛行于上缅甸,使其地教徒倡导祭竜之风,并祀佛陀与其释帝(Sakti)诸妻之神像(哈威,1973a:43)。阿吒力与当时蒲甘王朝的婆罗门教纠缠在一起,比如都强调僧侣的"初夜权"。原先国王加冕举行的是婆罗门教吠陀仪式,后来由于佛教的介入,将加冕时的涂油礼改成了圣水洗礼(哈威,1973a:138)。

为统一蒲甘王朝的意识形态,阿奴律陀派使臣向直通求取佛经《三藏》(*Tripitaka*),直通不予,遂引发阿奴律陀的怒火,起兵灭了直通,其摩奴诃王(Manuha)投降,蒲甘王朝获得大量佛经、僧侣和珍宝,威慑附近的掸邦首领。自此以后,南传佛教奠定其与王权联合的基础,逐渐取代大乘佛教的统治地位。与此同时巴利文逐渐替代梵文成为书写经书使用的正式文字,缅人有了自己的文字(哈威,1973a:71)。阿奴律陀还意欲向南诏进军,取南诏国宝佛牙,但为南诏所拒。不过经此事后,蒲甘王国在掸邦中的影响大大增强,诸掸

———————

① 直通,下缅甸金地国之城,为孟族所建。

邦首领纷纷来朝并进献女人和礼物(哈威，1973a：71—72)。随着蒲甘王朝的数次征战和势力扩张，南传佛教得以在东南亚广泛传播。南传佛教的地位在傣族地区的最终确立应该是在 12 世纪之后了。

与缅甸阿奴律陀王时期的情况相似，南传佛教自进入西双版纳开始，即遭到当地以阿吒力教为核心的原有宗教的强烈抵抗。如前文所述，缅甸至车里这片区域至少有三种宗教层叠：阿吒力教、印度教和南传佛教，并且这三种宗教均为有完整教会系统支持的制度化宗教。今天我们在西双版纳地区看到的"祭竜"仪式，其实是以阿吒力教为主的大乘佛教在与南传佛教的斗争中产生的结果。祭竜所祭祀的神为"勐神"，通常被认为是开辟当地的最早的王死后所化；在祭祀仪式中要由专职的巫官在专门的场所杀牛献祭(陶云逵，2005：262)。我们可以看到，祭祀勐神的杀牛献祭更接近印度教吠陀仪式(伊利亚德，2004：219—223)；主持祭祀的人员为巫官，受到宣慰使册封，有封地并且官职世袭(陶云逵，2005：214)。这表明，在阿吒力教与南传佛教的斗争中，阿吒力的神灵崇拜被本土化，原来的祭祀仪式的核心要素——山野、以恶魔和混沌力量为显现的神祇以及杀牲献祭被保留下来，成为勐神崇拜的核心。这一核心很可能又在后来中华帝国的封建过程中转化为祖先崇拜，衍生出一系列与土地有关的祭祀体系，例如谷神祭祀、寨心祭祀等。因此，本文更倾向于认为勐神崇拜是多重制度化宗教积淀的结果，而非此前多数研究者所认为的是一种本土内生的原始宗教。[1] 无论是勐神崇拜还是南传佛教，都与中华帝国和缅甸对

---

① 　目前关于西双版纳宗教研究多数持此观点，如岩香宰(2006：119—153)、陶云逵(2005：216)。

车里的双重封建密切关联在一起;两种宗教均是车里王权实现其政治意图的方式和证明权力神圣性的依据。

中国的封建所贯彻的核心原则就是确保土司世系的绵延,一方面通过祖先祭祀保证土司与土地的血脉相连,另一方面通过嫡长子继承制保证土司世系的社会再生产。而对缅甸的封建来说,控制这些异族的掸邦土司主要通过南传佛教来实现。在后者那里,要承认佛教教主的至高无上的地位,王权与佛教的关系就会成为核心问题。

我们在下文中将从土司制度本身以及这种双重宗教构成的观念结构来具体思考土司身份的双重性。①

先说土司制度的"汉制"与"土制"。

对一地的政治而言,最核心的通常是当地的王。在西双版纳,这些王即大大小小的土司。车里贵族在当地称为"召",意为"人君",实际范围包括土司及其九世以内的宗亲(陶云逵,2005:210)。车里宣慰使是车里最高等级的土司,他即车里社会整体的化身。如陶云逵所说,土司是世俗生活中地位最高者,"在一般人民眼中颇有点神圣化。人民敬之如神明。他们相信,惟有有福的人,才能享受这崇高的地位,当宣慰使是命里注定,前世修的"(陶云逵,2005:216)。

有学者曾将车里土司制度分为"汉制"和"土制"两类,所谓"汉

---

① 有意思的是,据传刀应猛在应金莲公主请求建造金莲寺之后,又在宣慰使司官署东面的山上建造了一座庄莫塔,这座白塔座落在今天景洪县的曼勒坝子。如今缅寺已不存,但白塔和传说仍在。这座曾与金莲寺遥相呼应的白塔至少表明,刀应猛对妻子的臣服并不是彻底的,车里王权仍旧强调自身的独立性,而这种独立性又恰恰来自它内在的双重性。

制"是指明以来明确纳入中华帝国官僚体系的职官,从高到低依次为宣慰使、宣抚使、安抚使等(陶云逵,2005:211—212)。清雍正开始改土归流,民国时云南仅存的宣慰使级别的土官就是车里宣慰使,宣抚使尚有孟连、耿马等(陶云逵,2005:260)。所谓"土制"是指摆夷当地的职官设置。在清光绪十二年(1886年)英并缅甸以前,车里各官职是由中国与缅甸双方委任的,袭自缅甸的职官名称与仪式常用缅文表述,因傣泐文与缅文同源,故转述其意并不困难。

在刀应猛时期,明朝的皇权对土地的封建到府级而止,这是皇权自上而下的纵贯轨道;而在车里军民府之内,宣慰使与其下众贵族头人之间除了纵向的等级关系,还存在一种区域内部的横向联盟关系。

首先,宣慰使以其属地分封给亲族,犹如古代诸侯,均世袭,为外官;而另设议事庭为具体行政系统,其官员有薪俸,如古代之卿相部员,官职非世袭,则为内官;这套内外官体系可以在各小土司处复制(陶云逵,1944)。[①]

议事庭傣语名为"勒司廊",也有内外之分。外议事庭称为"司廊诺",内议事庭称为"司廊乃"。外议事庭是西双版纳宣慰使之下行使行政权力的最高机构。外议事庭庭长相传最初由各勐推选,后来随历史推移,任此职者不仅要得到召片领的认可,而且必须要和召片领同属"孟"级的人才能担任,到民国时期多数任职者是宣

---

① "卡真"为议事庭官职统称,意为丞相或大臣;"波郎"是各勐土司常驻宣慰街的代表,也是执政之官,"波"是父,"郎"是牵牛鼻的绳子,"波郎"意为牧人之父,引申为牧民之官(马曜,1983:35—36)。

慰使的弟弟或叔叔。不过"各勐推选"之说始终保留,庭长召景哈不能世袭(刀国栋,1983a:83)。每年开门节和关门节,各勐土司或者他们的特派代表,都要来到宣慰街向召片领行"苏玛嘎啦瓦"(祈福赎罪)之礼,一则来朝拜召片领,一则来参加议事。所以西双版纳全区乃至全勐重大事项,由议事庭例行在每年开门节和关门节作会商、决议。

内议事庭由宣慰使直接参与组成,其下是"召孟乌巴扎拉",意为"副王",可代行宣慰使职权,这个职位有时也会空缺。内议事庭设置副庭长二人,即召竜帕萨和召竜纳扁,平时的一般政务问题就由他们负责解决。"帕萨"指的是宣慰使的宫廷,召竜帕萨就是为宣慰使管理宫廷内务和财政的总管。如图 2-1 所示:

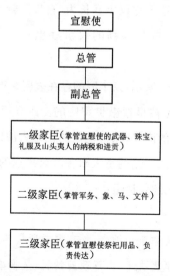

图 2-1　车里宣慰使内议事庭组织

内外官系统虽是两套,但行政人员均有交错,通常内官员总管和副总管由土司之叔或弟充任，凡是内官或外官对宣慰使有所陈述或呈报，均须先与此两人接洽，待传达宣慰使后，宣慰使才核准批复，再交由两人办理。同时，一级家臣也多由外官或是有封地的贵族兼任。

内外议事庭之间的关系很微妙。从两者和召片领的亲疏关系来说，是内议事庭为亲，其组成人员都是直接服务于宣慰使宫廷的亲近家臣。内议事庭的官员可以参加外议事庭的会议，反之却不可。而从两者官员的"田官等级"来看，内议事庭又低于外议事庭。外议事庭庭长召景哈是由属于"纳怀郎"（四大卡真），而且限定由和宣慰使同属"孟"级的贵族才能担任，比实际主管内议事庭的召竜帕萨要高。在西双版纳各勐土司都设有议事庭，称为"贯"。较大的勐如勐海、勐遮等称议事庭长为"召贯"，较小的勐称"叭贯"，副庭长称"叭诰"，这些各勐的议事庭也有内外之分（刀国栋，1983a：85）。

其次，如图 2-2 所示，议事庭的存在表明车里军民府内部的政治关系并不仅仅是被皇权纵贯到底的。西双版纳各勐的大小土司，犹如各个封国的诸侯，派遣他们的代理人波郎常驻宣慰街，组成议事庭，决议十二版纳的重大事务。议事庭的权威甚至超过了宣慰使本人。陶云逵曾谈道：

> 政事凡关系全司地者，如宣慰司所属各地之赋贡增减，剿匪及对外军事之决定，向汉政府纳税，呈报事务，袭职（以前尚有进贡）等等，均由宣慰司议事庭诸官员商议，然后将议决案呈请宣慰使核准，分发有关官员施行。……议事庭会议原由

内官与外官或外官代表合组而成。内官大半为宣慰使亲信，
尤其主要人物如总管与副总管，例由宣慰使之弟或叔充任。
议案及议决，宣慰使于事先非毫不与闻，亦未尝不暗示意向。
所怕的就是总管或副总管与宣慰使不睦，怀异志。或属下小
土司中有二心。苟因不批准而起冲突，鲜有宣慰使能安于其
位而不被逐或被杀者。（陶云逵，2005：215）

图 2-2　车里宣慰使内议事庭组织

图 2-2 中的"卡真"相当于丞相或大臣的称呼；"波郎"意为"牧
民之官"，是领主家臣职官的统称。宣慰街的"波郎"多是贵族出
身，凡担任大二十田级和小二十田级的官员，都称"波郎"。较大的
"波郎"如四大卡真，都参加议事庭。议事庭就是通过大大小小的
波郎去统治各个村社和山区的。波郎分为四种：（1）"波郎勐"，表
示勐级的波郎，代表各勐领主参加宣慰使议事庭的会议；（2）"波
郎竜"，分管景洪三竜的波郎，他们是召景哈、召竜纳花和召竜帕
萨；（3）"波郎曼"，管寨子的"波郎"；（4）"波郎纳"，因领种"波郎
田"而隶属于田主，专为其收租的人，其中有管养象的、养鬼的、专
业劳役的等（马曜，1983：42）。

西双版纳的行政体系与其贵族制度紧密联系在一起。整个社
会大致分为领主与农民两大等级，其中贵族阶级又细分为若干等
级，其来源和继承方式都不尽相同。

一是"孟"级。凡是宣慰使的后代,都称为孟。"孟"的意思是头上的"天庭骨",意喻至高无上的人。孟级的人一生下来就是召,男性称为召孟,女性称为召婻。二是"武翁",宣慰使的家臣(大小"波郎"),不是"孟"级的外勐"召勐""召贯""叭诰"等多是"武翁"级。"孟"和"武翁"一般都不与"卡派"即百姓通婚。三是"鲁郎道叭""召庄""鲁昆"。前者指的是宣慰街的"武翁"级的远亲子孙,后两者指的是外勐"召勐"分支较远的后裔。他们与卡派通婚是不合法的。"鲁郎道叭"这一等级因为分支较远,多自行建立寨子,在十二版纳的财政供养系统之外。他们对被分予的土地有自由买卖的权力,类似自由农民。四是"道昆",这是领主在村社中的代理人,包括"召火西""叭""鲊""先"等各级头人。他们接受任命而非世袭,多数有头人田以及其他各种剥削特权,税役负担得到部分或全部免除,一般不脱离农业生产(马曜,1983:43—44)。

在内外官系统之外,还有一类特殊的宗教司职人员,他们被称为"巫官"(Buomong)。巫官专司祭祀勐神,为世袭,有封地,但他们通常不属于宣慰使的宗亲,也不属于地方诸侯派驻宣慰街的内官代表(陶云逵,2005:214)。巫官平日见到土司必须参拜,但是在祭祀勐神仪式中却有超越土司的地位。巫官作为勐神的祭司,实际上是附属于勐神崇拜的制度。由于勐神祭祀仪式禁止僧侣参加,巫官构成了与佛寺并立的另一重宗教体系。在这一宗教体系中,对上而言,宣慰使祭祀的勐神对应着组成车里军民府的十二版纳整片土地之祭祀;对下而言,宣慰使所祭祀的勐神祖先通常要与其周边具有强大实力的土司竞争,因为每一个勐都有自己的勐神,土司之间的斗争通常也通过勐神的战争神话表达出来。

另一方面,"土制"并不是在"汉制"之外另设一套职官体制,而是加诸同一官职等级上的不同文化含义,比如宣慰使在汉制为土司最高武职,而实际上是文武集于一身的最高土职,因为宣慰使在当地被称为 Chao Pien Ling 或 Sumdiet pat ging Chao,意为"天王"(陶云逵,2005:214)。[①] 这一称呼很可能是受佛教影响,中土汉人并无此观念,并且在宋淳熙七年(1180 年)第一任受封于中原王朝的宣慰使司叭真即号称"景眬金殿国至尊佛主"(李拂一,1983a:1),表明当时佛教影响已经进入西双版纳的政治体系中。在 16 世纪刀应猛执政时期,佛教的影响随着缅甸势力的强大进一步增强。缅王莽应龙授刀应猛为"左碑国大自主福禄至善王"(李拂一,1983a:27)。

古正美认为,公元前 3 世纪印度孔雀王朝的阿育王(Ashoka)奠定了佛教作为国家意识形态的基础,其后出现了以佛教"转轮王"或"法王"(dharmarājika)的面貌统治印度的王权形态,可称为"佛教转轮王传统"或"佛教教化传统"。这个传统在其后的发展中,尤其是大乘密教化(esotericized)之后,在中国历史上衍生出了两种形态——天王传统(the Devarāja tradition)和佛王传统(the Buddharāja tradition)(古正美,2003:10—11)。其中佛王传统主要出现在中国北方,而在中国西南东南亚则主要为天王传统和转轮王传统。天王与转轮王的区别在于前者是神,后者是人——或者说,转轮王作为佛的供养者,王是世界之主却不是宗教上至高无上的存在(古正美,2003:73)。在 9 至 12 世纪,柬埔寨出现过天王与

---

① 　Chao Pien Ling 为傣语,现今较为常用,译写为"召片领",Chao 意为"主人";Sumdiet pat ging Chao 为傣语的另一种称呼,疑其较古,或含有巴利文的影响。

转轮王合一的王权形态,而大约同期,南诏、大理出现的是由转轮王传统演化出的佛王传统,该传统主要崇拜观音(古正美,2003:450)。这个传统的特点是王以佛的形象统治世界,以"灌顶"的仪式登上王位,是一种政教合一的形态(古正美,2003:445)。

那么缅王莽应龙授予车里土司刀应猛的称号应视为何种佛教意识形态传统?

从宣慰使与佛寺僧侣的关系来看,宣慰使虽然号称全勐之主,却要向僧侣低头。关于官寺的最高僧侣"长老"即全司僧侣的领袖,陶云逵在田野中看到:"在阶级上,土司与一司之长老列为同等。但因长老之神圣性较土司高出一等,长老是一种'活佛',所以土司见长老,须向长老膜拜。"(陶云逵,2005:217)他还注意到在摆夷社会中最重要的几个节日如汉人旧历新年、傣历新年、出雨季节的关门节和出雨季节的开门节,土司都必须率众礼佛,拜谒长老,并为寺庙布施。也就是说,刀应猛并非人神合一的佛主,也并非天王,而是佛的供养人。"左碑国大自主福禄至善王"应被视为一种转轮王传统下的封号。

缅甸对车里的封建实际依赖佛教自身的教会组织来完成,刀应猛供养的官寺犹如缅甸佛国下的一个"教区",莽应龙给刀应猛的封号确认了后者供养人的合法身份。如果我们将讨论推及缅甸,莽应龙是否也在转轮王传统之中呢?

莽应龙自称为"王中之王",在其亲治的白古、得楞以及所征服的掸邦耗费巨资建造浮屠和佛寺,印发经典,供养僧众(哈威,1973b:311)。而刀应猛以十二版纳为贡礼单位,分别采集一定质量的金瓶、银瓶、绸缎等朝贡给缅王。贡表称:

敝国景永左碑国大自主福禄至善王,敬谨贡献于至福气
大王殿下:主为世界万国之主;主为白象之主;主为赤象、良
象、良驹之主;主为金山、银山万国之主;主为琉璃宝山之主;
主为舶渡之主;主有七宝;主为世界最大之支柱;主为琼楼玉
宇之主,如太阳一样光亮而美丽;主为美丽的月,黄金的莲花
百卉,金光灿烂无可比拟者。主拥有五种传国宝器;主为佛教
之大护法,有佛教戒律;主有前世带来之福泽,有全智全能。
主有王家十箴,有七德(勇、耻、廉、礼、信、智、义);主足以统治
世界各国。敬谨进贡金花银花,金瓶银瓶,缎、绸等,后亦永循
此例。特命敝国十二版纳各首长,派遣代表使臣,敬具腊条,
一同呈送大王殿下。敝国敬奉大王殿下为主,十二版纳愿为
臣属,负担任何税赋及力役。敬祝五谷丰登,事事如意,仰祈
睿鉴。(李拂一,1983a:30)

莽应龙在各处建造佛塔以示统治天下,以及表中所说的"十
箴"即"十戒",都带有阿育王的"转轮王传统"之特点(古正美,
2003:16—17)。并且,缅王收到礼物之后,又回赠宣慰使金银
绣品等礼物若干,并依据等级回赠各土司或议事庭成员礼物
若干:

锦帷二幅,金缕布一幅,帷幔四袭,幞四疋(每疋长二十分
者),帛四幅,黄布四段,浦编布四段,紫檀香二板,白檀香二
板,黑药二板,阿魏二板,胡椒二板,柊楜子二板,白糖二板。
赐诏猛扁(勐腊土司):帷幔一袭,幞一段,紫檀香一板,白檀香

一板,帝二幅,黄布二段,湳编布二段,白糖一板,柊橘子一板。

赐总理叭先景哈:帝一幅,……(李拂一,1983a:32—33)

缅王回礼更说明,缅甸王权也是在转轮王传统之中。因为如果是天王传统,十二版纳敬献给缅王的礼物相当于直接献给神,是不需要回礼的。缅王也是佛的供养人,他所接受的朝贡礼物最终要献给佛祖,而他回赠十二版纳的礼物,同样最终也要经过土司奉献到佛面前。

缅甸的封建要求在车里建立一套教权至上的政治系统,正如杜梅齐尔(Gorge Dumézil)指出的印欧社会"三重功能结构"模型:王权—精力—丰产,对应于祭司—武士—生产者(Dumézil,1970)。而中华帝国的封建允许缅甸封建形式的存在,但它似乎并不鼓励宣慰使去争夺这个至高无上的教主的位置。相反,它鼓励宣慰使在缅甸的封建压力下发展出自己的另外一套祭祀体系来与之抗衡,即勐神崇拜。在祭祀勐神之时,巫官获得超越世俗王权的神圣地位,通过祖先和土地的关联,保证王权对本地的长久统治。也就是说,中华帝国的封建不仅允许南传佛教对本土王权的超越,也允许其他宗教对王权的超越,可以说中、缅两重封建的关系因此表现出一种类似包含关系的等级,前者要高于后者。这就在宗教层面再次回到前述"天朝为父,缅朝为母"的结构。

接下来,我们分析宣慰使的承袭问题。

刀应猛与金莲王妃的婚礼所体现的双重封建关系,还涉及中缅双方都十分关心的另一个重大问题,即宣慰使的承袭。而这个问题早在刀应猛的婚礼之前就曾造成过中缅关系的紧张。

明永乐十一年(1413年)第十四任宣慰使刀更孟去世后,三子争夺王位,最后由幼子三宝历代登位。对于这次王位争夺,中方十分不满,史载"帝以三宝历代虽刀更孟之子,乃庶孽夺嫡,谋害刀霸羡,致板雅忠借兵攻杀,不当袭,但蛮民推立,始从众愿,命袭宣慰使"。(陈序经,1994:81—82)从12世纪开始车里宣慰使接受中央政权的册封,册封原则是嫡长子继承制,但是兄终弟及制在当地现实承袭中同样合法(陈序经,1994:78—82)。前者是父系继嗣的原则,后者是母系继嗣的原则。两种承袭制度的并行是西双版纳长期上演王位争夺战的直接原因。

婚姻原本就涉及两个家族的关系,刀应猛与缅甸联姻同样要处理这个问题,更甚者,由于车里的双重封建背后是两个庞大的文明体系——中国和印度的碰撞,地方社会的历史过程就受到了更为深刻的影响。

这种争斗的历史在当地史志中衍生为对勐神的神话叙述。根据西双版纳许多地方传说,在12世纪第一代入主勐泐(即西双版纳最早的王国)的王——叭真之前,成为勐神的通常是在攻伐斗争中死去的王或魔鬼,这些王的死去通常意味着一个旧的统治世系中断或结束(铁锋、岩温胆,2006)。在叭真之后,《泐史》记载中出现了被血亲篡位可以成为勐神者——勐泐的第三位王匋平杀死了谋反的弟弟岩依乓,后者变成"披勐"(勐神)(刀国栋、吴宇涛,1983)。而《泐史》中出现的最后一位勐神,则是15世纪初期第十四任宣慰使刀更孟(李拂一,1983a:30)。此后,明清两代均无新的勐神祭祀的记载。

由于西双版纳傣文的出现是伴随南传佛教而来,不会早于11

世纪蒲甘王朝发明缅文。根据史料推断,西双版纳的傣泐文大概在元代形成,在明代已比较成熟,属于四夷馆中的翻译语种(江应樑,1983:348—349)。因此《泐史》的写作大概不会早于明代,当然其中记叙的历史可能来自此前口传的故事,但是对土司世系的构拟其实往往根据的是当时的历史处境,勐神神话未必是对明代以前真实历史的描绘,而应视为对有明一代地方历史的象征性总结。勐神在地方历史叙述中的起伏出现表明明代是一个转折期,而明代恰恰是对父系继嗣制度特别强调和加以确认的时期。勐神的"创造"集中在明以前,这说明宣慰使的世系需要不断追溯到明之前才能确立自身的合法性。

事实上,自明开始才一别元代的土官制度,设立区别于流官的土司职衔,并对土司承袭办法做了严格规定,进行制度化的管理,努力将土司纳入地方流官体系的管辖之中(李世愉,1998:13—16)。例如明洪武三十年(1397年),改以府、州、县等官隶吏部验封司,宣慰、招讨等官隶兵部武选司,规定土司"袭替必奉朝命,虽在万里外,皆赴阙受职",在新土司承袭过程中,规定应袭者必须年满15岁,未及者必须暂令"协同流官管事",准备袭职者,必须先"申报抚按勘明",必须有同族保结,待该管衙门查明情况属实后,再由布政司代为奏请;批准后,应袭者还要赴京受职,换取号纸。弘治年间又规定:"以后土官应袭子弟悉令入学,渐染风化,以格顽冥。如不入学者,不准承袭"。在洪武、永乐、洪熙时,经常由皇帝在土司请袭文书上亲自批示"姑准任事""准袭,不世袭""不世袭,若不守法度时拿了废了"。在《土官底簿》中记载的云南151家土司中,有90家有如上批示记载,而明确"准世袭"者不多,出现了一些土司虽然是世袭但请示袭职的时候要声称并非世袭的情况（李世愉，1998：14—15）。可见明代对土司的控制其实相当严格，至少在制度设计上严密监控边境土司。

一方面，车里宣慰使作为官方承认、许可承袭的土司，其职位既高，受到的监控也就颇为严密；前述三宝历代夺袭之争便是例证。另一方面，由于缅甸势大，明政府需要一个在边境与之抗衡的势力。车里宣慰司等级高，所辖范围广，并且历史上与缅甸各土司联系紧密、势力交错，但又不会同化于缅甸人，正适合这个角色。如前所述，明朝政府对土地的封建到府级而止，这是皇权自上而下的纵贯轨道，其根据是明朝政府对车里宣慰使世系和承袭的严格规定，以父系继嗣为原则；在车里军民府之内，还存在宣慰使与其下各大小头人的关系体系，后者是以横向关系为主导，以联姻网络组织而成。也就是说，明朝政府通过封建体系和官僚制度努力将西双版纳纳入纵向的皇权笼罩下的网络中，而这一区域性的社会组织保留了其横向的关系网络，后者在佛教进入之后逐渐被教会所加强和利用。

这一时期，佛教作为外来宗教进入西双版纳，直到今天成为当地社会的主导宗教，当时它必然也要面对上述世袭之争。根据1955年西双版纳的社会历史调查，最高一级的佛爷"阿嘎门里"只有召片领的血亲——孟级的人才能担任，次一级的"松领"也只有宣慰使的儿子才能担任（刀国栋等，1983b：102—103）。佛教与上层政治的紧密结合曾造成一种比较普遍的看法，即西双版纳是政教合一的社会（马曜，1983：48）。但是容易被人忽略的一点是，"孟"级是由母系决定的，凡娶"孟"级之女为妻，本人等级不变，但其妻所生子女属于"孟"级（马曜，1983：43）。当然，能娶得起孟级贵族女子的人，大多出身贵族；理论上平民如果出得起数量惊人的礼金，也能为其后嗣"购买"到这种贵族的身份，但是这种身份只能传承三代，之后又恢复平民身份，唯多了一个"翁"的称号，所以这种情况毕竟是很少的（陶云逵，2005：210）。可见，政权和教权都掌握在贵族手中，但土司掌握着政权，而其兄弟往往掌握着教权。正如我们前文所述，最高等级的僧侣并未与国王合一，表明佛教在调合两种继嗣制度的矛盾，它容纳了被继嗣制度排除在外的王储。

姚荷生1938年在西双版纳游访调查的时候，曾描述过当地普遍存在着入赘婚和从母居制度，并且由女性占有土地和房屋，其余的动产如各人的生产工具则是属于个人的（姚荷生，2003：104—107），这种情况在西南相当普遍。若与前述土司和贵族的双系继嗣情况相比较，我们可以看到平民中所通行的制度不同于贵族。在土司那里，确立的是父系世系对土地的占有；而在平民那里，则由女性占有的房屋和土地使用权。土司制度无疑是造成这种不同的一个原因。

中华帝国坚持的嫡长子继承制客观上抑制了当地佛教转化为"天王传统"以实现最高的宗教和政治合一的倾向。因为佛教一旦承认教权也随王权世系的父系传递，就等于让教权依附特定的血统，发展方向大致类似种姓制度，而即使在种姓制度下，作为教权顶点的王却仍旧不得不与世俗王权分离，因为他代表了佛教对普世的追求，本质上要否定他作为本土社会的化身。简言之，作为一种主张普遍性的宗教，佛教不可能彻底本土化，不过它通过教会组织促进当地社会的发育，使自己"外来者"的身份最终能深深植根到本土社会中。这样,佛教与联姻双方中侧重母系的一方联合起来,勐神则与宣慰使的父系家族联合在一起,构成了一个两种文明共同参与的"家庭"结构。

作为这个"家庭"的主心骨,宣慰使在生命史开端便已经面对这种双重性,并且要包含这种双重性,才可能形成一个整体的车里社会。西双版纳当地的男孩通常在 10 岁便要进入佛寺当小和尚,在那里接受教育,学习文字、佛经、算学、宇宙观和礼仪等(陶云逵,2005:249)。进入佛寺当小和尚需要经过入寺礼。宣慰使的入寺礼有一个特殊之处,即在由佛爷为其正式换上袈裟之前,需要先穿着王室正式的礼服接受众人朝贺。这两套衣服传达了特殊的意义:贵族的礼服表明宣慰使在进入寺庙时,并没有完全捐弃其世俗身份,他本人即是双重性的,更明确地说,他是一个双生子的隐喻。一方面他代表世俗王权,另一方面他也代表着他的兄弟们将来要占据的位置——神圣的宗教权力。由于这个文化隐喻的存在,给社会的再生产留下了空间。这个仪式在如今的西双版纳社会普遍流行,其实是贵族阶级灭亡之后,其风尚逐渐"下移"成为平民社会中的风俗所致,因为历史上西双版纳等级制度鲜明,平民不能使用贵族的礼仪和文化符号。这种风尚下移的现象表明仪式本身竭力保持的内在精神并没有随土司制度的终结而终结。从宇宙观上说,这一贵族仪式中原本包含了双重封建的精神,既为社会生产保留了位置,又为宗教生活预留了神圣的空间,当它走向平民的时候,原本专属于土司的仪式当中一个不起眼的小环节——穿上土司的礼服,就变成了一个极有意义的象征。由于这个象征的存在继续发挥双重封建的精神,西双版纳的男孩们在寺庙中呆到 18

岁,才有还俗的道路可以选,因为世俗的那一面从一开始并没有完全被佛教超越世俗的特性所消解。

第三节　制度与心态的双重性

刀应猛与缅甸公主的婚礼集中展现了这种双重性是如何在社会内部构建起来的。来自外部的两个文明的压力,或者说中缅双方的政治压力之关系,构成了他组成家庭的方式。我们将其总结为下图:

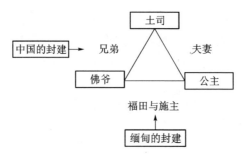

图 2-3　婚礼中的三者关系图示

如上图所示,土司作为本土王权如何面对缅甸送来的女人和佛爷——实际上也意味着财富与知识,成为当地社会观念的一个重要问题。同时,本土王权也需要确立自身对当地土地的统治合法性,这使它需要中华帝国的封建承认。通过以上分析,我们可以看到当地社会通过亲属关系来调节和平衡这些内外力量,这套观念图式和政治实践的配合相当精巧。但是这种复杂的内外关系在过去的土司制度研究中并没有得到太多重视。过去我们对土司制度的研究，习惯于在以中华为中心的国家框架下展开，通常遵循单一的上下线索，而忽视上下内外的多重关系。

土司制度源自中央王朝对周边少数民族地区的羁縻政策，原本由中央政府敕封地方集团首领以示恩威，元代始有制度化的雏形，设宣慰、宣抚、安抚、招讨、长官诸司，后一直为明清两代沿用（龚荫，1992：1—23）。至明代，全国 13 行省中有 7 个设置土司制度，同时中央政府对土司制度的方略、等级、承袭、地方治理的监察和文化教育方面的推广有较为全面的考虑；此时土司制度也臻于成熟（龚荫，1992：57—109）。关于这些问题，龚荫在《中国土司制度》一书中所做的细致整理堪称开创性的工作。他从制度史演变的角度对明清土司制度研究做了大量史料开掘和整理工作，对不同时期的土司官职等级、职能、军事、朝觐等都有所讨论（龚荫，1992）。不过，这项研究在奠基之余也给我们留下许多疑问，例如相较元代的粗疏，明代土司制度几乎突然出现了质的飞跃，最初从湖广开始设置土司，到后来在整个西南遍置土司并及西北，与卫所屯兵制度一起构筑了一个较为紧密的边疆防线，其背后已有一种类似近代国家观念支撑（葛兆光，2011：41—65）。[1] 但是，如果仅从制度史方面的线索来看，我们很难进入具体社会中理解社会自身对制度的思考与实践，也就难以理解这种观念内在的复杂性。

---

[1]　葛兆光把这种近代民族国家观念在中国的源流推至宋代，指出北宋时的知识分子在面对历史上遗留的华夷观念和现实政治格局的差异时，产生了紧张的心态，一方面不愿意放弃自为文明中心的天下观，另一方面又意识到宋朝只是万国之一，开始思考较为明确的民族和国家的边界。根据葛论，我们可以进一步思考的是，这种紧张的心态很快遭遇元代少数民族政权入主中原的巨大历史变革，并在明代得到了强化，这一点可以通过土司制度的完善反映出来。

崔明德在《中国古代和亲史》中从通史的角度考察了历史上中原王朝与周边民族政权的和亲事件,认为和亲本质上与两个政治集团之间的政治、军事和经济交往一样,都是基于国际形势的政治策略。尽管这些策略也会使用文化教化的方式,但其实质仍基于利益的判断(崔明德,2005)。以下这种观点比较普遍,即认为土司或藩部向中华帝国的皇帝朝贡女人以表示臣服和效忠。在这种情形下,接受女人的一方要高于朝贡女人的一方。

但是刀应猛与缅甸公主的婚礼明显不属于这种情况。首先,车里和缅甸都属于中华帝国分封的土司属地;其次,在此基础上缅甸再次册封车里,并且双方进行联姻。而送出女人的缅甸,地位明显高于接受女人的车里。各方关系不仅仅有中华帝国对车里的封建,还包括中华帝国对缅甸、车里分别封建,以及中华帝国和缅甸对车里的共同封建,后者基于前者实现。也就是说,中央与地方土司的关系不仅仅是单向的和单一的封建-朝贡模式,而是在纵向的制度贯通之中包含着地方之间的横向关联。中缅双方的压力通过西双版纳政治-宗教的观念结构投射到当地土司制度的具体运作之中,也就是说,当地社会的制度与心态都是双重性的。

20世纪40年代,中国社会科学界围绕西双版纳傣族社会曾有一批相当集中的讨论,参与讨论的学者如方国瑜、田汝康、江应樑、陶云逵等,都是当时的学界翘楚。受时政影响,讨论的核心问题集中在边疆与国家的政治思考,土司制度即首要问题。对车里土司制度的研究产生了两种不同观点,一种认为土司制度是由中央政府设置并推行的一整套治理地方的体制,本身属于中国政体的有机组成部分,其性质是单一的;另一种认为只有把土司制度放在整体的社会中观察，才能发觉地方社会的政治实践受到多重文化、宗教和政治关系的影响，制度本身的意义是多重的。

持前一种观点的有江应樑、方国瑜。江应樑主张废除土司制度、建设疆界明确的民族国家。他试图通过傣族族源的构拟，强调傣族作为中华民族的一员在历史上有文化和政治的纽带，实际是基于国家来造就一个统一的民族精神（江应樑，1983）。方国瑜则以官修史志对勘土司家谱，讨论封建制与官僚科层制的结合对地方政治实践的影响（方国瑜，2008）。在他看来，地方有其对国家的政治想象，地方原本与帝国一体。随着中华帝国时代的结束，这种想象可以通过历史书写重新焕发出来，但是恰恰不应与民族国家的现实改造相悖，民族国家应该尊重这种地方性。他的思考大体基于历史的断裂而展开，认为民族国家对边地的改造其实不需要历史依据。大体上，这一路线的国家观念与吴文藻接近，后者提出"政治的国家，文化的民族"（吴文藻，1990：35—36），是以民族为出发点，强调以国家制约民族和文化。

持另一种观点的有陶云逵，他认为一个国家恰要允许这种制度和心态的双重性才是合理和现实的。1942年他在田野中看到，中英划界以来，民族国家的主权意识逐渐推广，民国政府开始着手在车里推行保甲制度、进行社会改革。而另一方面，缅甸的政治影响力虽然大大减弱，但是文化的影响力反而突显，主要表现在宗教和语言上。车里尽管政治上被认为隶属中国，但是其上层的土司对缅甸仍有亲近感，下层的民众对境外的掸邦也有认同。当时最南端的磨沙至元江的摆夷村对泰国已有羡慕之思，而思茅也有摆夷自设的傣语新式学校，陶云逵对此颇为担忧（南开大学校史研究室,2004a:492)。车里"天朝为父,缅朝为母"的双重性,使当地社会在中缅之间能保持独立。但是,随着近代以来边疆的收缩和固定化,民国政府在边疆地区推行保甲制度等强力控制,在这种压力和破坏下,车里社会的抵抗表现为文化上对泰化以及"回归母体"的渴望。

这种双重性的社会的意义在于,它们既是文明或帝国向外扩张的最前沿,但同时也由于要保存自身,在客观上限制了这些文明拓展的范围。要真正突破界限分明的民族国家,不仅应承认这些多重的社会才是构成"边疆"的主体;而且更进一步地说,这样的社会也许才是人类社会的常态。

如图2-3所示,我们看到明代所奠定的中央王朝对民族边疆的治理方式,其实包含了对于纵向及横向关系的考量。在西双版纳,土司制度纵贯的轨道要与缅甸传来的知识和财富观念体系相接轨。而这种知识与财富体系在现实中的组织形态是以佛寺体系为核心的教会。福田与施主关系需要通过教会来实现,而教会作为中介,提供了另一种将国家与社会勾连起来的方式,这不同于王权以权力统治的方式来整合封建制度下贵族和平民的分隔对立。关于此问题下一章将详细展开。

第三章　重建中的宗教与社会体系：清雍正时期"改土归流"以来的变化

　　自明隆庆三年(1569年)车里宣慰使刀应猛迎娶缅甸嬢呵钪公主给西双版纳带来了缅甸的官方宗教——南传上座部佛教之后，佛教在西双版纳官方的正统地位才真正确立下来。虽然有不少研究指出，南传佛教在德宏和西双版纳地区此前已有数世纪流传的长期历史，但是更确切的考证认为，南传佛教进入云南的时间应在13至14世纪，而且早期传入规模不大；直到15世纪以后，南传上座部佛教才大规模传入云南，并开始对傣族等边疆民族的社会、政治、经济、文化产生较大的影响(云南省社会科学院宗教研究所，1999：191)。较早传入西双版纳等地并且至今为人们所信奉的是润派，其名称源自以清迈为中心的泰国北部地区，那里的佛教兴盛期间特别推崇斯里兰卡的"村居派"。润派后来分为林居派(傣语称为"摆坝")和田园派(傣语称为"摆孙")，前者最初将佛寺盖在山林中，后来才逐渐往村寨中迁移，既无寺奴也无寺田。僧侣托钵乞食为生，日食一餐，过午不食，不吃荤不杀生。后者的佛寺一开始即盖在村寨中，通常有寺奴和寺田，僧侣个人可养马经商，接受群众布施的财物。田园派从缅甸景栋传入西双版纳的勐笼、景洪、勐腊、勐捧、易武、勐养和勐旺等地区；林居派主要传到西定和布朗山的布朗族地区,景真、勐混、勐海、勐遮和勐阿的傣族地区(云南省社会科学院宗教研究所,1999:192—193)。从地图上可以看到,田园派主要分布在西双版纳东部,大概为史上所称"江东版纳"地区,与老挝接壤;林居派集中在西双版纳西部,为"江西版纳"地区,与缅甸接壤。实际上,最初传入时林居派和田园派虽然泾渭分明,但后来由于相互往来传播,分布上混杂起来,出现了相互融合的趋势(云南省社会科学院宗教研究所,1999:197)。

因迎娶孃呵钪公主所建造的金莲寺,是车里宣慰司的官方佛寺,这表明南传佛教在西双版纳的传播结束了其民间身份,获得了官方地位。同时,这座佛寺虽然是车里宣慰使应公主所求而建,但它并不仅是单独的寺院建筑,还意味着公主母国缅甸的国教——佛教教会体系在版纳的延伸。在后来的历史发展中,基于西双版纳自身特点和际遇,南传佛教在当地发展出了不同于缅甸的教会组织形态。

经过从明到清的朝代更迭再到清朝统治逐渐稳固,中华帝国针对西南的"文明化工程"也发生了变化。在清初的几十年中,清政府承明旧制,对西南土司以安抚为主;直到乾隆初,获得清政府承认的云南土司共有90家,其中88家是原来明代承认的土司(李世愉,1998:25)。据李拂一考订西双版纳《泐史》中记载,第二十五任宣慰使刀穆祷在明崇祯十五年(1642年)继承宣慰使,在他任职期间,明朝败亡,清朝继立,刀穆祷献金归顺。顺治十八年(1661年)清朝颁给刀穆祷印信卦封照纸,委任其为宣慰使,其领域扩展至元江(李拂一,1983a:35)。与此同时,对西南局部地区的土司改流也开始了,其中影响最大的是康熙三年(1664年)贵州水西、乌撒土司反叛，清政府平叛后在二土司地置大定、黔西、平远、威宁四府；其余在云南广南土府、广西镇安土府、四川东川土府都开始改流（李世愉，1998：37）。在此期间，车里宣慰使大多寿命不长，更迭频繁，大部分受职的宣慰使都安分守己，顺服于清朝。而从雍正年间开始，车里宣慰使承袭问题引发的中、缅、车里三方冲突骤然增多，清政府对那些心向缅甸的土司不予承认，并屡次拒绝承认缅甸册封。这一时期清政府对西南边疆地区进行的大规模改土归流，成为土司制度发生根本变化的转折点，对西南区域的政治、社会、文化和经济都造成了深远影响（李世愉，1998：41）。可以说，雍正时期的改土归流一举奠定了近世西南的族群格局和文化面貌，开启了清代对西南边疆"文明化工程"的新时期。

在这样的变化作用下，西双版纳的南传佛教教会与当地王权的关系结构也受到影响，并连带影响着教会在地方社区的地位和作用。

在进入具体的描述和分析之前，我们首先有必要对佛教的"教会"概念做出解释。马克斯·韦伯（Max Weber）在对佛教的研究中指出，在公元前4世纪孔雀王朝的阿育王推动下，原始佛教从以城市贵族——刹帝利阶层和富裕商人家族为主体的僧团，变为一个国际性的世界宗教。在这个深刻的转化中，一个世俗的君主有权介入教团的内部事务，特别是在正统的小乘佛教地区，衍生出关于佛教君主独特的神权政治观念，形成了佛教治国意识形态，由君主来任命或认可意味佛教地方教会的"长老"通常是一个卡里斯玛声誉卓著的僧院的院长（韦伯，2005：332—333）。小乘佛教的直接创建是在锡兰的教会实现的，其僧院组织是一种僧院领主制，与君主制度的官僚体制相互支持,构成对当地社会的支配(韦伯,2005:361—362)。韦伯所说的佛教的"教会",指的是作为世界性宗教的佛教发展起来后,其僧院组织实现与地方的政治、经济、宇宙观和意识形态等关系构建的具体组织和制度。本书将沿用韦伯的表达,用"教会"来称呼西双版纳南传佛教在世俗世界的组织和制度形态,在下文的分析中,我们将看到,这种教会以佛寺体系和王权的结合关系为基础来整合当地社会。

第一节　政教并举:"改土归流"之后西双版纳知识格局的变化

清雍正四年(1726年),鄂尔泰巡抚云南兼总督事宜,陆续上疏奏请对黔、桂、川、滇、粤等西南地区进行改土归流(魏源,2001:460—462)。在雍正皇帝授意下,从四川开始,将原隶四川的乌蒙、东川、镇雄三府革土知府职改置流官,以其地归云南管辖;继而推向滇边地区,后治黔桂(魏源,2001:466—476)。针对这些地区所用的改流手段不尽相同,但都是以大兵加之,武力推进。在滇边地区的改土归流采用先革土司、后剿倮夷的方法,从西往东推进。其土司改流者,例如霑益土司安于蕃,镇沅土司刁浣,者乐甸长官土司,威远州,广南府各土目,先后劾黜,而以同知刘洪度权知镇沅府(魏源,2001:470)。除了霑益土司位于川滇交界之外,其余这些土司所在地均分布于今天思茅市的景谷傣族彝族自治县、景东彝族自治县和镇沅彝族哈尼族拉祜族自治县,正是大理以南,至最南端的西双版纳车里宣慰使之间的地带。可以想见，所谓"后剿倮夷"所针对的是这些彝人大量杂居的地区。

在剿清这一地区的彝人势力之后，鄂尔泰又进剿澜沧江内孟养、茶山土夷，以 12 万人踏进这"自古汉兵所未至"之地（魏源，2001:470）。孟养、茶山和里麻土司原隶属腾越州（即今腾冲）管辖，所在属地跨在腾冲与西藏之间的中缅边界北段，也是现代中缅北段边界划界问题所涉地区（也称"江心坡"）。由于地跨中缅，历史上中央朝廷征服这些地方时，经常遇到地方势力兵至遁缅、兵退还巢的情况，自明以来无善策以对。因此鄂尔泰进剿时，以车里土兵截堵在澜沧江以西，着投降的夷民向导带路，深入数千里搜寻村寨，所获极大。其结果升普洱为府，移元江协副将驻之；于思茅、橄榄坝各设官戍兵，以扼蒙、缅、老挝门户，一时，缅甸镇焉（魏源，2001:471）。而对于最南端的西双版纳，则以澜沧江以西即江外版纳归车里土司，以东江内版纳部分改土归流，还增设了不少小土司，他们大都是随军征战有功的军官（魏源，2001:465）。

经此，西双版纳"改流"结果至少有四个方面：第一，车里宣慰使归普洱府统辖。第二，车里宣慰使所属各勐领主，因随军征战有功，授给土守备（正五品）职者 2 人，土千总（正六品）职者 6 人，土把总（正七品）职者 5 人，土便委、土目（均未入流）各若干人，均是及身而止，后嗣降等承袭。这虽然对原有的分封制度有所沿袭，但实权已大打折扣，后来不少因嗣绝或被诛革职的，就彻底废土为流了（江应樑，1983:418—425）。第三，影响了十二版纳的重新划分界定。鄂尔泰将思茅、普藤、整董、猛乌和橄榄坝称为江内各版纳，在此基础上实行改土归流，实际上这些地方只是江内四个版纳的一部分,各自都不能称为版纳。到乾隆五十年(1785年),车里宣慰使的议事庭会议决定重新划分版纳,已然承认除了思茅和六顺、猛乌和猛得仍旧合为一大版纳之外,整董、普藤、橄榄坝都是独立的大版纳了(魏源,2001:464—465)。可见各贵族领主的统治已经受到流官统治的深刻影响,其领地范围逐渐趋同于流官治下的区划。第四,新设之普洱府,成立学校,于元江府学调训导一员,董率启迪,入学额数照滇省小学例,取进8名,其从前附入元江府各生,俱拨归普洱府学(江应樑,1983:370)。

因此,西双版纳的改土归流并不像有的学者(如尤中、刘本军,参见魏源,2001:465)认为的那样,其内部原有的政治经济结构仍保留未变,根基未受到触动;仅是在土司制度的基础上,重新加入了流官制的制度设计。实际上整个车里宣慰使实权进一步削弱,其下贵族领主降等承袭也意味着车里土司政治地位的下降。同时,普洱府的设置将儒学带到了土司们的家门口,从此以后,土司贵族子弟必须读汉人书、习汉人礼,不能有任何懈怠。可以说,西双版纳自明朝土司制度成型,改土归流亦已开始(江应樑,1983:356)。这一过程持续不断,直到鄂尔泰之时达到高峰(江应樑,1983:360)。

雍正朝改土归流的目的,在总体上是要进一步加强对边疆社会的直接控制,具体来说表现为以下四个方面:第一,政治上消除或削弱地方割据势力,稳定地方,巩固专制主义的中央集权。第二,军事上,争取战略要地,进而控制西南地区,巩固国防。第三,经济上,清统治者要从西南各省获得更多利益,尽管清政府对土司"额以赋役",但往往是土司取于土民者甚多,而交于政府者甚微。

第四，在思想文化上，清统治者要以内地的传统观念影响西南各民族，达到"以汉化夷"。这是清政府为了便于更好地控制西南各民族而迫切需要的。通过改土归流，办学校、办义学，使西南少数民族知"君臣上下之礼"，"明于顺逆之义"，雍正一再强调对西南各民族要"化其顽梗，期其善良"，使其"各遵王化"（李世愉，1998：50—52）。

在武力推进改土归流之后，清政府开始对边疆地区进行开发，恢复和发展当地的生产。主要措施有：第一，垦荒。各地对那些由于土司抢劫或战争造成荒芜的"有主荒田"，允许原主人认领，并限期开垦。对于招徕者还给予一定的优惠，或配给牛种，或分给房屋，或给予银两。例如东川府划归云南之后，鄂尔泰捐发三千两，买水牛一百头，盖房六百间，配给招徕者。同时清政府还从内地选派有经验的农民到当地传授农业经验和技术。第二，兴修水利。根据各地不同情况，针对江河湖泊进行治理，或对原有水利工程进行维护保养。根据乾隆《云南通志》卷13"水利"条记载，雍正朝云南全省疏通河流、开凿渠道、修筑堤坝、建造水闸和修护水坝等各项水利工程将近70项。第三，开路。既有开凿水路也有开辟陆路交通。水路如从贵州都匀府至湖南黔阳县的清江都江开浚工程，陆路如开辟连接滇黔的盘江庚戌桥，打通了云南和贵州的通道。第四，办学校。改流之后，清政府广设学校。凡是条件好的地方，均建学校，规定录取名额；而在条件尚不成熟的地方，则令入学者到附近府州县学应试，并且对少数民族入学放宽标准（李世愉，1998：84—86）。

府州县学，针对的首先是土司和贵族的教育。自元朝开始，西双版纳设立车里军民总管府，为土司制度之始（江应樑，1983：209；宋立道，2000：70）。元朝在此设立土司政权后，在大小车里设立儒学和蒙古教授,实行以文教化。后因土司经常反叛难驯,并且天气炎热、瘴疬流行,派来的官员不服水土,许多人中瘴而死,元朝不得已将儒学和蒙古教授撤离。明代虽未在车里设立学塾,但对土司继承人的教育十分重视,规定土司子弟免试进入国子监学习。弘治十六年(1503年)又明文规定:"以后土官应袭子弟,悉令入学,渐染风化,以格顽冥。如不入学者,不准承袭。"

清代对土司地区采取"文教为先"之策,提倡让土司子弟入学习礼。顺治十八年(1661年)"令滇省土官子弟就近各学,立课教诲"。雍正改土归流之后,学校大大增设,仅雍正一朝在改土归流之后云南地区建设的学校可从下表(李世愉,1998:87)探知:

表3-1　雍正"改流"后云南童生入学情况

省	地	时间	建学情况	所据史料
云南	威远	三年四月	准附元江府应试,取进2名	《实录》卷31,雍正三年四月乙未
	东川府	五年七月	设教授1员,取进文武童生各10名	《实录》卷59,雍正五年七月辛巳
	乌蒙府	六年二月	设教授1员,取进文武童生各10名	《实录》卷66,雍正六年二月戊戌
	永善县	六年二月	设教谕1员,取进文武童生各10名	
	镇雄州	六年二月	设学正1员,取进文武童生各10名	
	普洱府	七年闰七月	设府学,移元江府训导驻其地,取进童生8名	《实录》卷84,雍正七年闰七月丁酉

（续表）

省	地	时间	建学情况	所据史料
云南	宣威州	八年十月	设学正 1 员,取进文武童生各 8 名	《实录》卷 99,雍正八年十月壬子
	镇沅府	十年十月	设教授 1 员,取进童生 8 名,分定土著、寄籍各 4 名	《实录》卷 124,雍正十年十月戊午
	恩乐县	十年十月	设教谕 1 员,取进童生 8 名,分定土著、寄籍各 4 名	

由上表可见,鄂尔泰改土归流之后所设置的普洱府,立即取得 8 名童生入学的名额,并且自设府学,可见清政府对教化一事的重视。在云南这 9 个改土归流的地区增设的学校其实连成了一片儒学教化的前沿地带,使国家的文明化工程深入前所未有的边疆内部。除此之外,清政府还在各地广设义学,推动鸿蒙教育,由州县择选老成谨慎、文品兼优的生员充任义学之师,并规定:如果训迪有方,义学日盛,该生员准作贡生;各族子弟如果能通晓文理即准应试,斟酌录取入学(李世愉,1998:89)。这意味着给服务边疆的基层教师以社会进阶的福利,从而刺激他们的积极性,保证边疆教育的师源;同时降低民族子弟应科考的门槛,以吸引更多民族子弟入学。在西南诸改土归流地区,云南是设立义学最为突出的省,改流之后增建了 148 处,约占雍正朝所建 463 处的三分之一(李世愉,1998:89)。

清乾隆二年(1737 年),在车里、倚邦、勐遮三地各建立义学馆

1所,至乾隆五十三年(1788年),因无人就读而并入思茅玉屏书院。清光绪十八年(1892年)后,倚邦、易武设私塾1堂。以后私塾有所发展。清宣统二年(1901年),各地私塾经改良后设公学,易武、老街、旧庙等地先后设公学6所。(西双版纳傣族自治州地方志编纂委员会,2001b:1)

与此相适,科举制同时在西南地区开放。康熙二十二年(1682年),已题准云南土官族属子弟及土人科考应试,附于云南等府,三年一次,共考取二十五名,附于各府学册后,解部察核。雍正元年(1723年)开始,随着改土归流的推进,西南遍设学府,按一定名额取进童生,俟人文渐盛,再议加额以及选拔贡生,其规模增长很快,出贡的年限也不断缩短(昆冈等,2001:250—251)。并且,到了光绪年间,已不仅限于土司后裔入学应试,而是强调科考本地考生用卷和客籍考生用卷分开,规定严格审查考生籍贯、要求在当地居住纳税二十年以上,以免冒籍,可见改流之后云南科考情况已有大幅改善。

科举制的重大意义在于通过教育把土司转化为儒家官僚,而不再是边远的化外之民。因为儒学作为正统意识形态的输入,原来西双版纳的南传上座部佛教被降低为一种地方性知识来对待,成为儒教以礼化俗的对象。对于此点,早在鄂尔泰改土归流之前,康熙朝曾任云贵总督的蔡毓荣在《筹滇十疏》中已指出,制土人需要从教育入手移风易俗:

> 请以钦颁六谕,发诸土司,令郡邑教官,月朔率生儒耆老齐赴土官衙门,传集土人讲解开导,务令豁然以悟,翻然以改,

将见移风易俗,即为久安长治之机,此其一也。……臣请著为
定例去,嗣后土官应袭者,年十三以上,令赴儒学习礼,即由儒
学起送承袭,其族属子弟有志上进者,准就郡邑一体应试,俾
得观光上国,以鼓舞于功名之途。古帝"舜敷文德,以格有
苗",由此志也。其土官于岁终,开列所行事实申报督抚察核
具题,不肖者降革有差,贤者增其秩或赐之袍服,以示优异,使
知以朝命为荣辱,自不以私心为向背,此又其一也。(蔡毓荣,
2001:426—427)

意思是土司及其所治土民缺乏礼教,其民俗鄙陋,应灌输儒学
教化其道德人心。自鄂尔泰改流之后,西双版纳的南传上座部佛
教承受的压力陡增。政治上本土王权进一步衰落,其对教会的庇
护和支持也相应衰落,而更重要的挑战来自儒学的推进——书院
和科举制度是国家参与地方社会建设的举措,同时也意味着一种
新的社会上升通道。

不同于苗瑶等西南其他民族地区,西双版纳自 13 世纪以来
便有自己成熟的文字、经典和知识分子,许多历史、法律、地理、天
文、水利、医药、军事、文学等方面的知识都有经典流传,通过佛寺
教育得以传承(张公谨,1986:52—64)。并且,这些老傣文并不只
限于西双版纳傣族使用,而是中南半岛曾通用的梵文变体,与泰
国、缅甸、老挝的文字同源,实际都基于同一种区域性的文字所
产生,只要掌握字母形式的替换规律,就很容易相互通用(张公
谨,1986:43—51)。佛寺体系的存在有力地抵制了儒学在西双
版纳民间社会的影响。一般知识分子对于儒学更多持中间态

度,并不特别热心。这两个因素造成了有清一代车里学府门庭冷落的境况。

不过,由于改土归流进一步分割和限制了王权的统治,教会的影响也更多局限于地方。回到前述教会制度与封建体系的结构关系,我们看到这种地方性教会紧紧依附地方要甚于依附王权。随着教会向下延伸,它离王权中心越远,两者之间的关系越是象征性的;它与横向的区域的关系也会随之加强,如和缅甸、泰国等其他南传佛教中心存在诸多学术和宗教事务上的交流。清代毕竟在车里维持了土司制度而不是推行了彻底的流官制,因此维持了对这些教会社会的控制。只是在清代,这套儒学教化的思路并没有收到预料中的成效,却为后来民国时期的民族国家建设预先铺设了轨道。

总之,改土归流使西双版纳的知识格局发生了一个重要变化,即佛教开始面对一种倚身于国家意志的知识体系,这种知识体系意图将佛教当作一种地方性的文化风俗来对待。不过儒学和地方佛教的竞争,其实仍旧是等级竞争的延续,儒学虽然号称开化,但并没有其他强制手段可以完全打压民间的佛教实践。佛教本身则清楚地意识到这种知识格局改变的意义,后来民国时期所出现的佛教复兴,开始以一种超越国家的视野建构自己在世界性的知识格局之中的地位——当然,在某种意义上也超越了它与儒学的竞争。我们将在下文看到,在西双版纳,这种超越国家的知识视野强化了区域社会的横向关联,事实上也突破了民族国家的意识形态和疆界。

第二节　曲折与重建：教会与社会互动的过程

清末宣统年间，勐遮土司图谋叛乱，并欲进攻车里，当时在位的车里宣慰使刀宗良派人到普洱府求援。省方得报，命思茅同知设法制止勐遮土司叛乱。思茅同知遣使劝诫数次未果，便领兵进剿，但忽染疾病死亡。于是云南总督急调驻守云南河口的统领柯树勋增援车里。柯树勋连战连捷，最后在佛海和勐遮之间的顶真与勐遮土司决战，大获全胜，俘杀了勐遮土司，乱事始平（姚荷生，2003：73）。柯树勋获胜之后，便长期屯兵在西双版纳，并且起草了开发车里的计划，献给省政当局，大蒙赏识。不久武昌起义，云南光复，省府将十二版纳划为普思沿边行政区，在车里设行政总局，以柯树勋为总办，隶属于普洱道。柯树勋又将十二版纳分为八个行政区——车里、五福、佛海、临江、镇越、象明、普文、芦山，每区有行政委员及书记各一人处理一切政务。

柯树勋在统治西双版纳十余年间，大力推行汉化政策，不仅有力压制了土司之间的矛盾争斗，还把云南货币介绍进来，使车里圈入了中国的经济体系中（姚荷生，2003：74）。从此时开始，汉人移入车里者日多，尤其是一些富有的商人。不少土司开始经营茶庄，从事贸易，频繁游历于中缅边境。据李拂一考证，现在所谓"普洱茶"其实并非产自普洱，而是产自十二版纳，在清代都集中到普洱制造。十二版纳中又以佛海一县产区最广，产量最多，吸引了众多茶商到此设厂，到20世纪30年代，佛海已经成为十二版纳的茶叶中心。来此经营的茶商,大部分是闽粤两省籍的华侨(李拂一,1990:100—111)。他们到西双版纳来经商并长期居住在此地,有力推动了西双版纳的现代教育。在他们的支持下,修建了图书馆、学校、医院、发电公司、桥梁等,因此这些绅商实际是西双版纳近代"文明化工程"的另一支主力(周海丽,2007:223—224)。

与此同时,民国政府所执行的大力开发边疆的政策也使国家的权力伴随着现代化的意识进入西双版纳。边疆社会建设的主题吸引了国家、汉地绅商和知识分子共同的热情,使之投入其中。教育作为一个显著的议题,再度成为这一波"文明化工程"的核心。在科举制度终结之后,国家通过土司制度和科举制度对西南社会的控制已经松弛,现代教育的引进固然脱离不了其作为国家汉化策略的一个替代选项的地位,但不仅仅如此,它还与汉人大规模进入西南并逐渐形成定居社区有关。学校本身发挥着组织汉人社会的作用,当这套制度被移入西双版纳社会中时,它首先遇到佛教教会的抵抗便可想而知了。

张丕昌曾自述创办省立车里小学的经过。1936年他本受教育厅厅长龚自知的委托欲创办省立宁江小学,因途中遇匪警,特绕道车里,遇到当时热心边疆教育的县长徐晓寒以及宣慰使刀栋樑、土司刀栋材等人,聚谈数日,彼此相谈甚欢,即蒙对方挽留在车里筹备设立小学。校舍承蒙地方官绅帮助,拨给已故普思沿边行政总局局长柯树勋的祠堂和武庙使用。张丕昌注意到车里办学的困难不仅在于钱款筹措,更主要还在于招生困难,他归因于"佛寺教育的成功":

　　车里的落伍，不言而喻，则教育之推进，自是较他县为难。人民素质视读书为畏途，系人人皆知。我到车里之后，每到乡村设学，人民闻风就将学龄儿童完全送入佛寺为僧，入寺以后，不论你用什么方法，都把他弄不出来入校。如果你要以政令强迫的话，那么逼成民变的事实是难免的。为此我曾绞尽脑汁，费尽心思，将职司沿边佛寺教育的总大佛爷刀栋臣（宣慰使八弟）周旋一年之久，才做到借佛寺为校舍，以小和尚为学生，大佛爷、二佛爷为管理员，现在寺寺可以设学，个个可以为小学生。如果有款有师资，在车里甚至沿边各地，凡有佛寺之村寨，都可设学，这是我敢足呈担保而夸口的，也是我远跑边地地区于公无愧，于私足以告慰的成功。（张丕昌，2021：25）①

　　可见，直到民国时期，佛寺仍旧被视为国家推行教育的一个障碍。但情况毕竟已经发生了变化。自清代陆续有汉人深入南荒，到民国时期，车里附近的六顺、宁江、镇越、佛海、南峤等县已经有大批汉人，土民能说汉话者至少三分之一。抗战以后，泰国、缅甸一带排斥华侨，致使大批华侨迁回佛海、南峤开垦，只有车里没有人来（张丕昌，2021：26—27）。相对于汉人地区，这无异于一个"文化孤岛"。但对于缅甸，则"可以打成一体，合成一片，出关以后，直达缅属景栋，如不询问，简直分不出中地缅地、中民缅民，所以在这些夷族人的脑海中，只知他们的沿边广大，人口众多，外国的建设新奇，威权可畏，'中华民国'四字，少有印象，最多只知道勐货（汉

---

① 　这里说的"车里"是指车里县城，以景洪为中心的原车里宣慰使和议事庭驻地，而非西双版纳全境。

人在地)而已,这样毫无国家观念的民族,尤其是处在国防要线上,我们对于宣传方面,应该特别努力"(张丕昌,2021:29)。张丕昌的话道出了民国时期绝大多数致力于边政事业的知识分子的心声。久在边地经营的茶商、车里土司等亦在推广学校方面大为出力;在这种趋势之下,车里佛教教会亦不能不做出改变,除了张丕昌所说的接纳新式教育进入佛寺之外,还允许在大佛寺中成立短期的师资培训班,挑选十五岁左右、具备一定傣文水平的大和尚为培训对象。培训班暂定两年,不收取学生学费;书籍、文具用品都由教育局无偿供给。这些培训班的学员在结业之后,到乡村当教师,做到学用结合(刘献廷,2007:163—165)。

实际上,不只在西双版纳,内地佛教寺庙同样遇到政府和提倡新式教育的留学归国知识分子的压力,后者提倡要将大小寺院寺产充公以兴办教育(维慈,2006:33—37)。这是一种在全国范围内对宗教进行清理的意图。也正是在这一段时期,由杨文会和太虚和尚发起,屡次试图建立一个全国性进而是世界性的佛教佛寺组织,这些努力本身统统失败了,但是留下了许多重要的痕迹,包括对僧伽提供现代教育,佛教会实施社会的、弘法的以及慈济工作等(维慈,2006:26—27);并且在太虚身后一个全球性佛教组织经由其友人马拉拉色克拉博士在锡兰最终得以实现(维慈,2006:52)。在这一阶段,内地还出现了以居士为主导的佛教中兴运动,以他们为主体的地方佛教会具有不同于以僧侣主持的全国性佛教组织的特点,即佛寺和佛教会被视为积累功德的地方,因此更注意推行各种社会慈善服务(维慈,2006:61—68)。但真正的大寺庙修复和新寺庙兴建通常不是居士所能为,而仰赖于高僧的毅力和勇气(维慈,2006:79)。

这两种振兴方式同样为西双版纳佛教教会的重振提供了基础。尤其是在土司制度终结之后,经过1958年至20世纪80年代因政治原因造成的对西双版纳佛教的破坏,南传上座部佛教依然能够迅速恢复正有赖于这一基础。对此,我们将在后文讨论。

西双版纳佛教所遇到的一段时期的曲折,是在20世纪50年代后期开始的。根据档案,云南全省的宗教工作大体可以分为三个时期:

1. "文革"前的17年。这一时期又可细分为三个阶段:第一个阶段是1957年前,结合社会镇反和土改,清理和打击利用宗教进行反革命活动的分子,驱逐了教会内的帝国主义分子。各民族的宗教信仰、宗教用品、寺庙教堂以及和宗教有关的风俗习惯一直受到尊重和保护。第二个阶段是1957年的"反右"斗争到1963年。1961年后调整关系,部分地纠正了"反右扩大化"的问题,在此期间,先后选送了约50名教徒到全国佛学院、神学院培养深造。1963年6月,召开了两教的全省代表会议,分别成立了省基督教爱国会和省佛教协会。两教省级宗教团体在反帝、爱国、守法等方面做了不少工作。第三个阶段是1964年到1966年"文化大革命"前,这段时间一些"左"的做法和思想开始抬头。1965年后,由于受到所谓"教会是地主党、别动队"说法的影响,云南省佛教和基督教的宗教人士和信教群众也受到不同程度的影响。其中基督教受到的影响大一些。

2. "文革"十年。消灭宗教,宗教已经进了历史博物馆。

3. 粉碎"四人帮"以后,恢复宗教活动。(1)平反冤假错案;

(2)安排宗教界爱国人士重新主持教务;(3)开展宗教房产的清理工作;(4)两教省级的爱国组织先后恢复了活动,省佛协组织和接待了边疆四县的佛教徒300余人共5个参观团自费到昆明拜佛、参观;(5)在省政府统一安排下,参加宗教方面的接待工作。(杨一堂,1981)

其中1958年"大跃进"可以视为党对宗教态度的转折点。在"大跃进"中,国家一改之前对待宗教温和谨慎的态度,采取劳动改造、收回寺产、节制宗教活动的方式,极大地削弱了佛教的僧团组织和社会基础。例如在勐海县,据1960年统计,"大跃进"前后共有佛寺259所,到1960年余180所;大跃进时有祜巴以上佛爷19人、大二佛爷399人,其中除病死5人、外逃6人外,其余还俗参加生产达178人。1960年祜巴以上佛爷只有16人,大二佛爷213人(当年新增1人)。大小和尚也在逐步减少,"大跃进"前有1814人,除病死1人、外逃16人外大量还俗回家生产,计1959年到1960年还俗812人,仅余大小和尚982人,包括1960年新增的24人;全县总计还有佛爷和尚1211人。这些和尚白天上学读书,回家吃饭,晚上进寺睡觉,有些也不进佛寺睡觉,实际上成了挂名和尚。在农村贯彻按劳取酬的分配原则之后,有的家长自动把自己孩子接回家放牛、放马或领弟妹,以便自己出去劳动挣工分(中共勐海县委统战部,1961)。不仅如此,为了保证1961年持续跃进,稳定各阶层思想,减少外逃,又对宗教界开展一般科学、技术、文化知识教育,经常组织他们座谈。对边沿的布朗山、勐混区打洛、巴达、西定等地还未组织合作社的村寨大力开展群众教育;对已经垮台的佛寺不再恢复和修理。(中共勐海县委统战部,1961)

　　相比宗教问题,民族上层问题是党更关心的。从 1953 年成立西双版纳傣族自治州开始,车里宣慰使的土司政权被废除,各勐的封建领主统治相继濒于崩溃。1954 年农民掀起"反官租"运动,波郎以上的大小领主被迫相继放弃各种劳役和实物官租的剥削(马曜、缪鸾和,2001:248)。1956 年进行土改,彻底废除封建土地所有制,此前已经开始将民族上层按照上中下三层分类安置,排除了一大批原来官僚体制最低层的领主代理人(马曜、缪鸾和,2001:244—245)。根据 1958 年统计,西双版纳全州民族上层共有土司 23 人、总叭叭竜 565 人、老鲊 1039 人、老先 1090 人、其他 33 人,共计 2850 人。人大政协安置 184 人。一年后安置的变化情况为:州政协死 6 人、逮捕 4 人、外逃 5 人。州人委死 3 人、逮捕 3 人。县人委外逃 2 人、劳改 1 人、一般干部中外逃□(原文有缺)人、逮捕 2人。以上除掉死、捕、逃 36 人,实际安置 148 人(中共西双版纳州傣族自治州统战部,1958—1959)。实际上能够得到政府安置的人员比例其实不高,大部分人被划入富农,成为劳动阶级的一部分。

　　可以看到,至 20 世纪 60 年代,西双版纳原有的教会制度和封建体系绞合在一起的宗教政治结构已经解体,维系在中心佛寺和封建领主之间的关系链条松开了。不过与此同时,出现了一些替代性的组织将教会与社会重新关联在一起。尽管 1958 年以后受"大跃进"影响,西双版纳赕佛活动被限制,但是缅甸的"塔竜庄永"因宣布佛教为国教后就更加活跃起来,年年都大搞"赕塔",吸引了不少境内群众。受这一刺激,不少村寨暗地里重新组织赕佛活动,因此组织了社管会(公社管理委员会)或社干会(公社干部管理委员会)管理佛寺,有的地方组织几个守戒老人管理,有的由社干、老人、青年、妇女头子、波章等组织起来管理,联系公社每个生产队,组织大赕(中共西双版纳州傣族自治州统战部,1956a)。这些社管会或社干会后来就成为村落管理佛寺的常设组织,部分替代了封建贵族和头人对寺庙的监管功能。

但是,中心佛寺的地位下降也成为不可遏制的事实。如果说仪式规模缩水、僧团减少、高级僧侣外逃等都是外在因素,那么内在的原因其实是封建土地所有制的终结,将原来服役于中心佛寺的寨子解放出来,佛寺失去了服役的寺奴、宗教田和服役寨,其供养来源大幅缩减。佛寺供养的渠道仅剩社区供养一途。随着这一时期缅甸、斯里兰卡佛教复兴运动兴起,这些地方的佛寺影响力大大增强,对僧侣和信众形成强烈的吸引力。由于这场复兴带着由教会与政党的联合所主导的民族主义运动的强烈色彩,宣布在意识形态上"抵制共产主义的危害性"(宋立道,2000:10—12),它也注定成为中国官方抵制的对象。因此整个20世纪50年代西双版纳所谓"宗教外向"也成为中国官方努力解决的焦点问题,只是如前所述,种种措施依然难以切断教会在区域之间的横向联系,这一时期对教会的破坏总会被社会以替代性的方式进行修补。

20世纪80年代被认为是中国宗教恢复的重要时期,高级僧侣成为这场运动的核心人物。作为中国佛教协会副会长、云南省佛协副会长、云南省政协委员、西双版纳政协副主席、西双版纳州佛协会会长的祜巴龙庄勐,和一些主要的"施主"——原来的土司和贵族一起参与了这项工作。祜巴龙庄勐从各勐的中心佛寺中寻找到一些不错的和尚苗子,通过他的私人关系将他们送到缅甸、斯里兰卡的大佛寺或佛学中心学习。时任西双版纳总佛寺二佛爷、州佛协会副会长的都罕听即当年第一批被送出去留学回国的人才。直到今日，已经有三批学成回国的青年僧侣，他们有的担任佛学院的教师，也有的到地方上的中心佛寺任住持或二佛爷，后者其实也是地方佛寺的教师。

祜巴龙庄勐的个人影响还有力地推动了西双版纳总佛寺的重建。这所总佛寺本是车里宣慰使的官寺，由周边特定的寨子供奉。1989年开始重建时，由西双版纳州人民政府和云南省佛教协会共同出资。1990年建成时举行了隆重的开光法会，泰国佛像安奉团也前来参加安奉仪式和朝拜活动。从这时开始，西双版纳总佛寺几乎每年都接待境内外僧团或王室的拜访。这与主持祜巴龙庄勐的对外联络密切相关。到2006年，总佛寺已有僧侣110名，其一日三餐均靠佛寺香火和信众布施，资金非常困难。根据记录，大宗的布施实际来自泰国、缅甸的王室和僧团，也偶有来自内地大佛寺的布施（康朗叫，2012）。① 西双版纳总佛寺在东南亚地区的地位得以恢复也许不完全是祜巴龙庄勐的功劳，一部分原因也在于它与车里宣慰使的历史关系。但是寺庙得以重建并声望日隆，却必然离不开祜巴龙庄勐的推动。

另一方面，2003年在还俗弟子的积极活动下，依托总佛寺成立了一个"佛光之家"的民间防艾组织。总佛寺从自己有限的香火钱中每年拨出一部分作为这个组织维持基本运作的资金。"佛光之家"参与了国际艾滋病联盟在中国的网络，但其活动经费的筹集依然十分困难。国际相关基金和项目通常对民间组织申请经费设

① 据说从2012年开始，云南省政府适当给予佛寺僧侣生活补贴，这一动向表明国家宗教政策的进一步调整。

置较高的门槛,而市民宗局等单位的国家项目通常多依靠其行政系统执行,不愿意相信民间组织。尽管如此,"佛光之家"仍然开展了不少工作。他们组织佛爷一起到寨子里宣传防艾知识,通过佛爷向人们开示"五戒",将远离毒品和艾滋病与戒律联系起来;还组织歌手录制防艾歌曲,有趣的是,歌词也和佛教戒律结合在一起。从2003年开始,"佛光之家"正式接触感染者,并试图重建这些被家庭和社区抛弃的感染者与社会的关系。但是当年的活动组织成效甚微,只有一位感染者留下来,与"佛光之家"保持接触。经过几年努力,目前"佛光之家"已经接纳了100多位感染者,并为他们做心理辅导(岩罕恩,2011)。

可以说"佛光之家"的工作逐渐获得了一定的社会影响,引起政府关注。从2007年起,州政府每年拨给他们8000元的活动经费,不过这些经费并不足以支持"佛光之家"到各村寨的联络和宣传活动,主要的资金来源还是依赖总佛寺的功德箱。然而这些经费仍旧不足以支持"佛光之家"的工作人员获得更多培训机会来学习更多已有的国外民间防艾组织经验,更好地留住和维系感染者与社区的关系。

除了"佛光之家"这一类由佛寺主导的慈善组织之外,地方政府也想到运用佛教的地方影响力来开展各种现代观念的普及活动,例如选择在某些重要的佛教集会场合开展送法下乡、禁毒宣传等。

这些僧团重建和佛教世俗化的做法,和早年杨文会等人的佛教改革一脉相承。从这方面而言,西双版纳的佛教复兴并不仅仅是一种地方性的民间信仰的回潮,还具备超地方的知识体系传承的特点。

上述这些现象表明20世纪80年代以来西双版纳佛教活动日益活跃,地方上更是村村建寺、寨寨修塔,俨然是佛教复兴的明显讯号,但其实不然。这些现象并不能充分表明佛教复兴。因为即使到今日,僧团的整体知识水平并没有超出20世纪50年代很多,整个版纳依然没有一个能够完整背诵《三藏经》的僧人。佛寺重建所表现的艺术风格,也只是重复延续了几百年的重檐式坡屋面和覆钵式的笋塔(贝波再,2001),很多雕花和壁画都是从内地做好再运来的,并且泰式、傣式、缅式已渐趋一致。村寨寺庙修建的浪潮至少表明,在地方经济发展的刺激下,地方社会要开拓更多的积累功德的渠道,因此也对教会和僧团提出了需求。但是面对这样一个扩张良机,教会却遇到了困境——由于一个世纪以来国家的不懈努力,新式教育的推广造成了如下结果:一是本土社会已经产生不了精通傣泐文经典的僧侣;二是受国家计划生育的影响,人们生孩子少了,乡下佛寺的小和尚人数锐减;三是受主流社会观念的影响,家长已不爱送孩子去当小和尚,也不愿意他们终生献身于僧侣生活,本土僧团成员的来源和储备都受到影响。其直接结果是地方仪式通常遇到僧侣不够用的情况,地方佛寺也普遍缺乏高级僧侣为住持。2010年和2012年笔者到西双版纳做田野调查时发现,当地佛寺存在一定数量的缅甸僧侣,他们驻锡本地长则三五年,短则一二年,其实也从侧面反映了当地僧侣短缺的情况。

对此,有的学者认为,在当代社会转型的条件下,佛寺的功能发生了嬗变。在民主改革前西双版纳的各级佛寺都与各级政权组织形成对应关系,佛寺在稳定社会政治、教化广大民众服从于封建领主等方面起到至关重要的作用。民主改革后,佛寺的这种功能便消失殆尽,其政治功能弱化了。与之相反的是,佛寺的经济功能进一步增强。有的村寨佛寺以寺庙土地种植蔬菜果树,佛寺以捐资办学的名义设立功德箱等,这些经济收入改变着僧侣的生活方式。研究者还举出西双版纳总佛寺一位知名高僧的例子,说明僧侣的生活方式已经彻底现代化了,他们不仅配备各种现代化的通讯工具,生活条件和待遇也相当高。佛寺的小和尚也不再严格遵守戒律,对佛教知识疏于学习。种种情况都表明佛教世俗化的倾向相当明显(龚锐,2008:108)。

但是,这种看法有可能失于粗疏,且没有对南传上座部佛教组织和地方社会的历史关系做深入的讨论。历史上土司和宣慰使的小朝廷负有监管僧团的职责,对触犯戒律的僧侣进行惩戒。王权或者国家实际一向是管理教会的主要力量。此外,如我们前面所分析的,佛寺与地方社会关系非常密切,世俗化是其教会组织纽带增强的一个表现,并且这种世俗化并不是在现代才开始的。不过,20世纪50年代以来一段时期的曲折历程破坏了佛教知识的积累过程,削弱了僧团学习高级佛学知识的能力。面对这些困难,佛教组织内部已开始进行自我调整。例如西双版纳总佛寺由二佛爷牵头,于2004年开始办禅修班,除2006年停办一次,至今每年都办,2009年还办了两次。刚开始的时候,禅修班只针对僧侣,后来经过不断与内地佛教交流居士修行的经验,以及从缅甸"莫大棉"(音)寺院学习开办"禅林"的经验,二佛爷也开始将禅修班的学员范围扩大到在家居士信众,并将禅修班命名为"法乐"禅修园。

从 2011 年开始,"法乐"禅修园成为长期培训班,每年举办数期,每期 10 天,容纳 70—120 人。每次禅修为期一个月。禅修班不收学费,接受网上报名,要求报名者为高中以上学历、65 岁以下的居士。禅修内容主要是授"八戒",实行"佛陀的教导",由导师每个星期讲十修,开示两次。二佛爷的宏愿是"要重新实现佛陀时代的模式"。① 当地僧侣佛学知识的落后并不只是二佛爷一人的感受和判断。祜巴龙庄勐在重建西双版纳僧团组织的时候就已经意识到僧团知识水准下降对教会体系的负面影响,于是利用自己的影响不断派青年僧人出国留学并创办佛学院。而二佛爷主持的禅修班活动更进一步试图淡化僧侣作为地方仪式专家的色彩,以一种主张"不为"的消极方式重建宗教世界的神圣感,其性质并不是经济功能的展现。这个过程受到汉地佛教和缅甸佛教的强烈影响,因此也并非本土社会的发明,展现的是教会反思自身和采择吐纳的力量。

对于国家而言,20 世纪 80 年代政策放宽以来宗教运动的蓬勃状态会带来潜在的危险。从 2010 年开始,根据云南省民宗局的要求,西双版纳每个乡镇陆续清查登记佛教教职人员。其后,逐渐清理其中的外籍僧人,对其进行劝返。但是,地方上有自己的考虑。由于佛寺迅速重建和恢复,地方上僧侣明显不够用,因为在西双版纳地区,只有僧侣驻锡的寺庙才能成为一个"活"的寺庙,发挥它的作用。所以基层政府同时要考虑民间社会的诉求,维护社会稳定,因此一方面对外籍僧人加强管理,另一方面也要保证合法身

① 都罕听佛爷访谈,西双版纳景洪总佛寺,2012 年 2 月 6 日。

份的外籍僧侣在合法居留期限内能够稳定在某个地方寺院驻锡，而不是到处流动。例如在勐混镇，当地政府发明了一种方法，由镇政府做中间人监督，佛寺村民小组干部、佛协管理员和阿章为甲方，佛爷为乙方，签订合同协议书，规定双方权责。其中明确指出，佛爷要在当地任职三年，如果中间自动离开佛寺或者到其他佛寺任教职的，就要按照勐混镇《宗教事务条例》给予处罚，还要处500—1000元人民币罚款。相关细节我们在第四章还要进行讨论。

　　科举制度的废除以及佛教在清末民初的革新所表现出来的广泛社会适应性，使地方社会原有等级结构发生了失衡，从而造成了国家在边疆的被动。民国知识分子积极推行的边政现代化建设，其实是在应对这个危机；但他们并不是想修复原来的等级制度，而是想以民族国家认同来构建一种平等的国家内部结构。这种观念后来持续发生影响，也使国家的文化政策逐渐有所收缩。在等级制度被推翻之后，佛教的快速发展维持了地方社会的组织和联系。而在改革开放以后，佛教的进一步发展在客观上又促使该地区认识到中国现代性的宽容性，从而维持了稳定的社会心态。

第三节　交错式的社会结构：
封建制度与佛寺体系的绞合

　　从陶云逵等人在 20 世纪 40 年代的田野调查以及 20 世纪 50

年代早期的社会历史调查中,可以看到西双版纳土司制度和南传佛教的佛寺体系紧密结合的情况。

首先,车里宣慰使在当地又称为"召片领",是西双版纳品秩最高的土司,具有高于其下各勐领主的声望,但不一定具有对地方的实际统治权。与之相应,车里宣慰使宫殿所驻之地建造有大佛寺(也称"瓦竜"),等级高于版纳其他地方的佛寺,其下直辖若干佛寺,均分布在宣慰使领地内。各勐领主所驻地也建有中心佛寺,其等级高于本勐之内其他佛寺,其下亦直辖若干勐内的佛寺。

已有研究者指出,西双版纳的教会与封建领主行政组织的设置相对应,分为四个等级,最高一级佛寺设在宣慰使所在地的景洪宣慰街,称为"拉扎坦"大总寺,或称为大佛寺"瓦竜"。大佛寺可以发布有关西双版纳全境的佛事活动日期和规定,批准高僧的晋升,主持新任宣慰使的宣誓仪式以及宣慰使任命勐一级土司的宗教仪式。第二等级的佛寺是各勐的总佛寺,设在各勐土司所在地。勐级总佛寺管辖勐内的中心佛寺,主持全勐内的佛事活动,决定下属中心佛寺的主持人选,批准勐内高僧的晋升。在有的勐比较小的情况下,总佛寺和中心佛寺往往合一。第三等级的佛寺是各勐总佛寺下属的、由四所以上基层佛寺组成的"布萨堂"佛寺,俗称"中心佛寺"。第四等级的佛寺是基层佛寺,即属于一个或几个村寨的村寨佛寺。一般的宗教活动主要在村寨佛寺举行,各寨的僧侣一般在各村寨佛寺内修习。(云南省社会科学院宗教研究所编,1999:214—215)

我们可以用下图来表示这种佛寺等级体系:

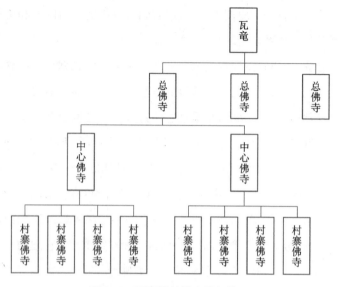

图 3-2　西双版纳佛寺等级体系

　　从上图可见,最高等级的大佛寺对其下佛寺的管理并不是直接的——例如对各总佛寺和中心的僧侣吸收及住持任免等其实没有直接支配关系——而是通过统一西双版纳全境的宗教活动时间来树立其教会权威。但是相对而言,从总佛寺到其下的中心佛寺再到基层的村寨佛寺,中间的支配关系是纵贯而通的,中心佛寺往往掌管着其下佛寺的僧团,安排他们统一进行修行集会,并有决定其主持人选、批准僧阶晋升的实权。

　　其次,僧侣的等级从上往下分为十级,分别是:

　　"阿嘎门里",最高等级的佛爷,只有"召片领"的血亲"孟"级的人,才能升到这一级;"松列",召片领小时候当和尚,即位后成为"松列帕兵召";"常卡拉鲊";"沙弥";"祜巴";"都",意为"佛爷",又分为"都竜"(大佛爷)为一寺的主持,"都刚"为二佛爷;"帕",意为

"和尚",又分为"帕竜"(大和尚)和"帕囡"(小和尚)。"科永",预备和尚,即已住入佛寺但尚未取得"和尚"资格的小孩。

宣慰街"瓦竜"(即中心佛寺)的主持,要由"祜巴"以上的人担任,循例应当是召片领的血亲,如果其他等级的人担当,也要认召片领为教父,并由召片领主持提升。"孟"级以下的人不能升任"松领"或"阿嘎门里"。20世纪50年代时宣慰街"瓦竜"主持、全国佛教协会副会长"祜巴勐",因为出身于平民,所以只能升到第三级"常卡拉鲊"。此外值得注意的是,各勐的中心佛寺担任住持的如果不是各级领主的血亲,也要拜他们为"教父"。(马曜,1983:48)

再者,所有佛爷都要接受佛寺所在地的领主或其官吏的监管,一旦发现有犯戒的行为就会被申报领主处罚,逐出佛寺。"祜巴"以上无论任命、还俗或犯错都须由宣慰使许可或惩罚。(中共西双版纳州傣族自治州统战部,1956b)

此外,召片领和各勐领主每年例定在关门节、开门节这两个当地佛教节日时分封各级头人,并向民众宣布在佛面前所加封的头人对当地具有统治合法性。(马曜,1983:48)

可以看到,南传佛教的佛寺组织依附于封建体系,其教区大致与封建领主的势力范围一致,其教权的支配方式与封建体系颇有相似之处。具体来说,从佛寺的关系而言,尽管都在宣慰街的中心佛寺的笼罩之下,但是各勐的中心佛寺彼此之间并没有等级之分;同时宣慰街的中心佛寺对各勐的佛寺具备更高的地位和威望,但没有直接的支配权力,甚至不能干涉这些佛寺的住持选任。在任何一个封建领地之内,中心佛寺不具有对其下勐内各佛寺的监管权力。中心佛寺设有"窝舒拉扎"堂,是佛寺召开会议和处理宗教事务的机构。通常每个月召开两次宗教会议,其中又以宣慰街中心佛寺集会最为隆重。这个集会在密室内举行,每年大约召开两次,各勐的"祜巴勐"和重要佛爷都来参加(马曜,1983:48)。

表面看来,宣慰街的中心佛寺和各勐的中心佛寺的关系,恰恰折射出土司和他所封建的贵族之间的关系。过去的研究多数从这点出发,认为西双版纳是政教合流或政教合一的社会(马曜,1983:48),然而这种说法忽略了一个基本的事实,即对最高等级僧侣的血统规定实际是要容纳被封建制度排除在外的王位继承人,而不是把最高宗教权力交予土司(杨清媚,2012)。这一点使西双版纳的宗教-政治结构与诸如缅甸、泰国、斯里兰卡等其他南传佛教国家形成重要区别。在这些国家中,由于印度教更多地保留下来,"神王"(即君主为神,或称世界之主、天王)的观念极深地渗入佛教的转轮王观念中——后者试图利用僧伽对更大的"法"的掌握来超越王权,使之变为福田最大的施主。佛教凭借这套智慧战胜了婆罗门,但也使自身被吸纳到神王的政治构架之中,使国王具有了神人二重性(古正美,2003:73)。而在西双版纳,国王的"神性"一极并没有发育起来,其原因来自中华帝国的封建与佛教的共同制约。从意识形态而言,中华帝国的土司制度要求,承认土司对地方治理合法性的前提,是其先承认皇权的权威;从佛教对政治的追求而言,承认佛法是这世界最高道德原则,构成了对世俗权力的超越。因此,这同时也构成了中华帝国的封建和佛教的内在紧张和竞争。

值得注意的是,西双版纳封建领主经济虽然发达,但是并没有相应形成雄厚的寺院经济。封建贵族领主往往赐给佛寺寺奴和份田,并规定属地内的农民每年向佛寺缴纳一定数量的谷物,但是佛寺的田产、租物、劳役等收入所占的比例都较小,远不能满足寺院的消费和僧侣的生活费用。佛寺的建筑设备费用、宗教活动费用、僧侣生活费用等,都主要由平民供给(云南省社会科学院宗教研究所编,1999:215)。因此,教会的生存问题会迫使它更加向基层的平民社会渗透和靠拢,而基层社会对仪式和巫术的需要更甚于对精湛教义的追求。教会的世俗化越强,其组织性也就越松散。这个问题先后备受儒学和新式教育的攻击,也受到来自佛教内部整合大教会之努力的质疑和否定。但这个问题几乎无法解决,因为从明到清的数百年历史中,西双版纳的教会已经成为其社会的骨架,深入到家庭组织、社会结构和观念结构之中,这已不单纯是作为一种教义的佛教所能掌握的了。

我们综合上述材料得到下图,来描述西双版纳政治-宗教结构的组织结构:

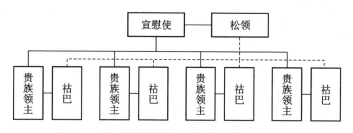

图3-3 西双版纳教会制度与封建体系关系结构

在这个结构图中,政教双方不是平行的关系,土司及其封建贵族在政治上要高于僧侣,而在宗教地位上,僧侣则要高于封建贵族。对西双版纳社会而言,如何应对来自中缅双方的压力成为生存问题的关键。图中所揭示的政教双方互有交叉的结构,表明当地社会所追求的不是并置两者,而是设法使封建制度和教会制度编织在一起,作为支撑自身的骨架。其运作的机制在于,贵族领主作为施主供养僧侣,但这种功德并没有通过直接的教会中介流通到最高等级的佛寺和僧侣那里,而是通过贵族领主的贡赋上缴到宣慰使处,再由宣慰使供养中心佛寺最终得以积累。

照此推衍,贵族领主所供养的中心佛寺,其实不仅包含了贵族自己的功德,也包含了其下众多大小头人的功德。因此,土司和贵族既是供养人又是代理供养人。在功德链条最末端的平民要积累功德就有至少三条路径,一是在所属村寨佛寺进行直接供奉,二是通过税赋上达更高等级的佛寺,三是在节日大赕的时候到宣慰街的中心佛寺供奉。地方社会,并不会出于经济理性的考虑尽可能减少供奉的渠道,恰恰相反,正因为这些渠道的存在,才保证社会阶层的上下交流,社会的维系才得以可能。不过其弊端也比较明显,就是容易加重平民的负担。例如后来民国时期由于战争和瘟疫流行,社会生产遭到严重破坏的情况下,平民暴动便不可避免。

封建制度和教会制度的这种编织主要在两个环节上得以实现:

一方面,通过以血统来决定高级僧侣,限制了以知识作为教阶标准起作用的范围,再配合行政机构对僧侣的严密监管,阻碍了一个全版纳大教会的整合与出现。这种局面并不是宣慰使不需要利用大教会来统一版纳,而是宣慰使本身的力量不足以驾驭。由于分封制本身的影响,宣慰使能够直接指挥的武装力量本就不强,再加上议事庭制度下主要由各领主派驻的代表和议事庭长决定重大事宜,明清两朝宣慰使都是威望大于实权。[①] 在此情况下,维持一种地方性的佛寺组织形式客观上也有助于防范实力强盛的地方贵族颠覆王权、取而代之。不过,这种佛寺组织形式也存在一些问题,就是佛寺体系中区分了上下两层,彼此之间仅靠威望来维持的关系是比较薄弱的,一旦政治格局发生变化,这些地方性的教区容易独立出去、挂靠到缅甸的佛寺体系之下。

另一方面,教会自身通过教育系统来实现对地方社会的整合,并试图抵消血统的障碍。无论土司、贵族和平民男孩,但凡家中经济能力供养,在年约 7 岁时都要进入佛寺学习,一般 16、17 岁升为都刚;通常大多数人包括土司继承人在一两年都之后就会还俗,能识傣文,了解一些佛经基础和戒律,只有这时他们才被认为具有了正常社会人的资格(陶云逵,2005:253—254)。如果有志于宗教,则再花数年的时间继续升等,至都竜便可以外出游方,设若所到的佛寺长老有缺,就有可能被地方上推选为住持。直至到祜巴的级别,就等于终生遁入空门,例不还俗了(陶云逵,2005:254)。僧侣是除了贵族之外受到人们尊重的群体,僧侣级别越高,所受尊敬越大,获得人们的供奉越虔诚,可以说僧团作为整个社会的福田提供了一种平等主义的幸福理想,毕竟救赎是不区分贵族或平民的。因此虽然僧侣并不参与政治事务,教会却提供了另外一条超越与生俱来的社会等级的道路。

---

① 所谓议事庭制度,是由宣慰司议事庭诸官员商议全司大事,然后将决议呈请宣慰使核准,分发有关官员实行。议事庭之回忆由内官及外官土司之驻宣慰司代表组成,例由总管或副总管(通常是宣慰使之叔或弟充任)主持,宣慰使本人不参加。(陶云逵,2005:215)

第四节　从教会与社会的关系来看"双重封建"的实践

在简短地回顾了西双版纳社会与宗教体系的历史变迁过程之后,我们可以以改土归流为一段历史为起始,帝制时代结束、新式教育制度进入为中段,尝试比较前后两段时期西双版纳教会与社会关系的特点。

我们先回到前述明朝隆庆三年(1569 年),车里宣慰使刀应猛迎娶缅甸孃呵钪公主这一事件。在这次联姻中,正式确立了车里接受"天朝为父,缅朝为母"的双重封建的身份;此后直到 1950 年当地土司制度消亡的 300 多年内,车里宣慰使的委任都要由中缅双方共同确认。土司作为本土王权,如何面对缅甸送来的女人和佛爷——实际上意味着财富与知识,成为当地社会观念的一个重要问题。同时,本土王权也需要确立自身对当地土地的统治合法权,这使它需要中华帝国的封建承认。通过夫妻关系的确立,缅甸公主带来的福田变成夫妻俩人的共同财产,由此也确立了土司和佛爷的福田施主关系。而通过兄弟之别,确保了长幼有序、嫡庶尊卑的封建宗法继承原则。这种双重封建通过家庭关系巧妙地展示出来(杨清媚,2012)。

佛教的佛寺组织正是以福田施主的关系为基础,努力把土司纳入这一关系中。正如田汝康的调查显示,社会的功德从每个体流向教会。土司作为土地之主,他的存在是当地社会丰产的保证。西双版纳当地流传一句谚语:"没有召(王)的土地谷子不会黄",也就是说通过土司,土地得以分享广布的丰产灵力,再通过生产收获为社会所共享。从土司流向社会的灵力,通过社会中个体的功德流向佛寺体系,从而实现了宗教对社会的规训和约束——因为功德的大小和实现途径是由佛寺体系所决定的。分封制下大大小小的贵族领主,形成类似割据政权的局面,在某种意义上也是作为王掌管这种灵力,一个领主的统治有明确的人民和地域。教会因此也发展出地方性的教区,以集中社会的功德。

其过程机制正如下图所示:

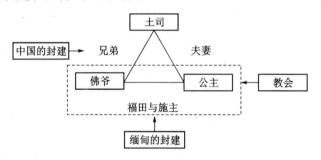

图 3-4 教会与双重封建的关系

正是在位处中间的教会组织的温床上,逐渐孕育出了西双版纳社会的基本结构,一方面是追求个人救赎带来的个体主义原则,另一方面是以土司代表社会整体的整体主义原则。难怪姚荷生曾经谈到一个有趣的现象,西双版纳的土地所有权分为两类,一类是稻田,属于集体所有,另一类诸如园圃等非稻田的耕地属于家族所有;而动产属于个人所有,即使一个家庭中的炊具、牲畜、银钱、器具等都是绝对私有的,家中的每一个分子——男人、女人甚至小孩子都有各自的私产;无形的财产如医药知识和法术咒语等也是绝对私人所有,这些财产总是由亲子相传(姚荷生,2003:112)。可见,稻田的集体归属是由土司所确立的,基于封建的原则所获致的对土地的统治合法性;而属于家族的财产——通常是母系的家族,则是基于社会自身的原则;而贯彻到家庭成员每个人身上的私有观念所表现的个体主义,则是佛教赋予的。

与明朝相比,在清雍正朝的改土归流之后,以贵族领主为代表的地方性政治权力实际更为分散了,并且儒学的进入和流官制一起试图将国家自上而下的统治轨道贯穿起来。面对儒学的竞争,佛教在地方上与社会的联系越发紧密起来。由于佛教本身并不是一种地方性的宗教,还有自己的普世性主张,在它所流布的整个东南亚区域所形成的不同社会,都是以福田施主关系为基础的,因此这些社会之间可以通过更大的佛寺组织关联起来。这表明清朝应对边疆治理问题的策略,实际是打击王权,而宽纵各种教会社会发育。儒学教育、封建制度维持了车里社会的向心力;佛寺体系和封建体系互相绞合的关系不仅是一种相互制衡,同时也是一种互相支持。

经过民国的过渡时期一直到 20 世纪 50 年代,土司制度整套政治经济结构被彻底消灭,科举制度终结,使得儒学贯穿地方社会与国家的途径中断,新式教育作为一种替代性的边疆治理手段进入,但是缺乏相互配套的制度保障,因此收效并不显著。直到 20 世纪 50 年代后期佛寺体系遭到破坏,新式教育才有大规模进入当地社会的时机。这一时期宗教虽然受到极力打压,但来自社会的种种反应表明它在努力修补它与佛寺体系的关系。正是依存在这些关系之中,佛教自身的组织才得以保有重建和恢复的空间。20世纪 80 年代的佛教振兴一方面是在知识体系上的历史延续,另一方面是重新建构与当地社会的关联——但这个趋向仍不明显，既有行政化的趋势，也包含佛寺组织的倾向。

因此，重要的不是佛教被压抑和破坏，而是经过压抑和破坏之后，社会总要重新发育出它与佛教佛寺体系的相互适应的关系来；同样，佛寺体系在产生之后一直支撑着社会结构，为其孕育文化精神。这并不像涂尔干所主张的那样，社会即教会，先构建社会才能有宗教的余地（涂尔干，2006）；相反，这种宗教组织与社会的相互适应才是西双版纳地方社会持存的基础。在这种关系中，外来的宗教并没有彻底化为一种本土知识，本土的社会也没有彻底失去自己的逻辑，而是双方遵从一种"陌生人-王"的秩序（萨林斯，2009a），均保持了有限度的开放。也许这种更为灵活的宗教和社会的关系，能为我们今天重新思考边疆民族问题带来更多启发。西双版纳这一个案表明，我们的国家边界不只是地图上那一条红线，而是这样大大小小不同的流动的社会构成的缓冲地带。历史上清朝武力征伐，并不是以直接的文化同化为目的，而是要维持帝国与东南亚地区之间的整个等级结构。它在抑制地方王权的同时，给社会留下了生息的空间，因此客观上助长了当地社会对王权的约束能力，而使王权不得不更投向中央政府。这种治理策略的睿智之处在于，承认社会自身的运行逻辑，承认社会不可消灭的生命力——这一事实在20世纪60年代的高压政策之下表现得尤为清楚。这并非一种国家在与社会对抗中的让步，而是国家和社会的对话与互动。

第四章　"双重时间体系"：
一个西双版纳社会的具体个案

在这一章，让我们转从社会自身的角度来考察其双重性的特点如何在国家和南传上座部佛教教会的关系之中维持自身的运作。

由于西双版纳处在中国与印度两大文明体系的碰撞地带，它同时接受两种文明的传播，但是对于它基于何种原则来接受不同文明的宗教宇宙观，目前还缺乏清晰深入的研究。

学术界对这个问题的讨论主要有三种倾向，一种基于考古学、历史学和民俗学，论证古代掸人的族源和迁徙，虽然对于族源地和迁徙路线有不同看法，但总体上将泰国、缅甸、老挝等傣语系民族视为同源。持这种观点的如陈序经，他依据佛教传播和战争记载，把保山一带澜沧江流域视为东南亚掸人的族源地，认为他们在元代被迫迁徙到西双版纳及至泰国。他所关注的是古代哀牢人向南方迁徙中，带着各自简单的社会组织和政治组织，在落足某个地方之后，逐渐生存、发展、扩大的过程（陈序经，1994：19）。江应樑则认为，摆夷源自中国南方古老的土著人群"百越"，早在殷商时期就在长江下游平原从事农耕渔猎活动，并且在西周初年已经开始向周王朝纳贡（江应樑，1983：24—29）。他的观点直接针对泰国学者

"傣人北来说",后者认为壮傣语系民族原居黄河流域,后来由于汉族压迫不断南迁直至泰缅,因此今天中国境内的傣族与泰缅民族有亲缘关系,应该建立掸人自己的国家。

另一种倾向主要基于土司制度,把西双版纳视为中华帝国的一部分。持这种观点的如方国瑜,他以正史为主,以官修史志对勘土司家谱,讨论封建制与官僚科层制的结合在地方政治实践中的影响(方国瑜,2008)。在他看来,地方有其对国家的政治想象,原本与帝国一体,随着中华帝国时代的结束,这种想象可以通过历史书写重新焕发出来,但是恰恰不应与民族国家的现实改造相悖,民族国家应该尊重这种地方性。他的思考大体基于历史的断裂而展开,认为民族国家对边地的改造其实不需要历史依据。

还有一种基于社会学和人类学田野调查,从社会结构本身出发进行讨论。其中又以田汝康和陶云逵两人的研究为代表,两人均关注傣族社会的双重性问题,只是前者从功能的角度切入,后者从历史和文化的角度切入,形成了鲜明的对比。

1941年,田汝康在其《芒市边民的摆》一书中描述了德宏傣族地区的社会组织和社会结构。田汝康从宗教人类学的角度,考察了当地各种类型的"摆"的仪式,认为这些大小"摆"组成了当地社会的年度周期,发挥了构建摆夷社会的作用。在这本书中,田汝康以傣人做"摆"这个仪式入手来观察傣族社会的整体生活,实际是考察"摆"与"非摆"这两套宗教活动的关系及其行动逻辑。

"摆"是当地佛事活动的总称,包括买佛、迎佛、赕佛等一系列活动,这些活动可以分别举行。"非摆"指的是当地"本土宗教"的信仰仪式。根据田汝康的观察,这两套系统分别按不同的历法时间运行,他用中历(即农历)来记录"非摆",用佛历和中历来记录"摆",摆与非摆的交错运动构成了社区整体的时间系统;与这两套仪式相对应的仪式空间分别是冢房(佛寺)和社庙(祭祀勐神之处)(田汝康,2008:57)。田汝康注意到佛教与勐神的相互对立,认为构成当地社会信仰核心的是佛教;佛教是摆夷社会的最高道德体现,以及维持其文化特色历久不变的原因(田汝康,2008:52—53,98);社庙仅是一种巫术而非宗教,因此不具备那种宗教的超越感和公共性(田汝康,2008:66—67)。他援引涂尔干的图腾与社会研究来进行讨论,认为:"Durkheim 对于宗教的分析曾充分说明了团体仪式在社会完整上的功能。在上帝面前,在图腾像下,在群众集会中,各人可以把表面的差别破除,使社会分子的基本相同性可以充分表现,更使每个人在这样的集合行为中深刻感觉到社会和个人的合一。摆夷的摆实是一例。"(田汝康,2008:102)在这里,佛教被当作当地社会宇宙观的唯一表达,其社会整合力量得到强调,但是它作为一种外来宗教的身份和进入当地的历史却没有得到充分论述,在这背后有一个"非摆"的信仰与佛教长期斗争和混融的客观历史过程。而且田汝康自己的观察也发现了一个与陶云逵所见同样的事实,即巫的体系非但没有被佛教所笼罩,还仍旧保持着高度独立的存在。涂尔干的理论不足以对此做出充分的解释。

田汝康相信摆夷社会有一种不可改变的神圣的宗教时间观,现代时间的进入也不能从根本上触动它,如他所说"土司即使做了十件富国利民的新政,其价值倒不如老祖太,土司的母亲,做一次摆"(田汝康,2008:92)。田汝康看到南传上座部佛教与基层社会紧密结合的状态,但他却对摆夷社会自身的丰富性关注得不够。

他所讨论的"摆"来自当地社会的平民阶层,对于社会上层的宣慰使(土司)和贵族①几乎没有涉及。

陶云逵曾在其《车里摆夷之生命环》一文中做出过不同于上述路径的努力。他将土司制度、宗教和社会三者放在一起,考察三者在历史中形成的结构关系,提出了一种以文化—社会—个人的连续体为理论指向的新视角。在他看来,以南传上座部佛教和勐神崇拜两种宗教为基础,产生了混合两种宗教宇宙观的文化体系,这种文化体系的传播遍及西双版纳至缅甸、老挝、泰国等东南亚地区。

在这种双重宇宙观的影响下,西双版纳傣族社会相应地发展出一套双重性的结构,以应对来自中国和缅甸的双重压力。具体表现为:在土司制度上具有汉制和土制之分,宣慰使既是中华帝国的官僚和臣属,又冠有缅甸册封的转轮王称号。在宣慰使朝廷的设置上,也分为内官和外官,其中外官为分封的有血缘关系的贵族,内官为宣慰使的家臣,无论内外官制度,其总管均例由宣慰使之亲弟或叔担任。在内外官体系之外存在一种特殊的世袭的巫官,为宣慰使负责全勐的勐神祭祀活动,担任其专属的祭司;相对应的全版纳最高等级的僧侣、佛教教会的大祭司,则必须由宣慰使的血亲担任。也就是说父系继嗣和母系继嗣分别体现在宣慰使本人的承袭和教权的承袭上,也体现在佛教与巫两种宗教仪式的对

---

① 民国时期的社会科学研究和官方调查已经不太仔细甄别"土司"的明确含义,无论宣慰使还是其下各勐的首领,都被笼统称为"土司"。实际严格说来,只有历史上得到中央朝廷正式承认,赐予印信号纸和职官品秩的才能称为"土司",这意味着西双版纳只有一位土司,即车里宣慰使。其下各勐首领大部分是宣慰使册封的"外官",少部分是原来当地的头人,包括山地民族的头人。在西双版纳本土的称呼里,宣慰使和这些大小"土司"也是分开的,前者被称为"召片领",后者称为"召勐"。

立关系中(陶云逵,2005)。

不过遗憾的是,陶云逵并没有对这种双重性在社会日常生活中的具体表现做出更详尽的描述和分析,也没有看到他所描述的佛教与巫两种不同的仪式其实是双重宇宙观的直接反映,因此他也并未明确地意识到双重性如何能够实现内在的转化和统一,而这对于当地社会的整合至关重要。

相比之下,前两种社会科学研究的倾向思路其实是一样的,都是要求一种文化有一种时间体系、一种民族精神,而没有看到西双版纳自身的这种双重性。正是这种双重性对民族国家的建构以及以民族国家为意识形态的社会科学思想构成根本的挑战。

根据陶云逵的民族志的启发,下文将以一个田野调查的个案,从经验层面提供对这种社会双重性的充分认识。我们将以年度仪式的周期入手,通过"时间"这个角度,描绘两种宗教宇宙观各自不同的时间感相遇时,如何构成了相互制衡又相互转化的关系。其中,基于年度仪式的考察,"佛爷""巫官"和"土司"三者的关系结构将被置于我们的关注焦点之下,通过描述他们在仪式中的行为和意义,并结合神话与社会形态,来理解当地社会在具体历史中的构成机制。并在此基础上结合前述章节的讨论,试图提出一种能够解释这种文明碰撞地带特征的普遍的王权模式。

第一节　田野背景

笔者的田野地点在西双版纳勐海县勐混镇。它位于西双版纳

西部,离中缅边境仅有 1 小时路程。勐混从 12 世纪开始就是十二
版纳之一,并且在当中属于面积较大、实力较强的土司属地(李拂
一,1983c:3)。勐混土司通常由车里宣慰使的弟弟或者叔叔充任。
这一带地形狭长,全长 32 公里,东西最宽 14 公里,坝区海拔 1200
米左右,总面积 255 平方公里,人口密度为每平方公里 93.5 人。
从明隆庆四年(1570 年)划分十二版纳开始,勐混、勐板合为一个
版纳。[①]

　　民国期间,勐混区划曾有数次变动,直到 1987 年设勐混乡,一
直沿用至今(云南省勐海县地方志编纂委员会,1997)。根据最近
的年鉴,2007 年勐混乡下辖勐混镇、曼扫、曼赛、贺开、曼国、曼蚌、
曼冈 7 个村公所,76 个自然村(勐海县地方志办公室,2009:152)。
勐混有"鱼米之乡"的美名,为西双版纳重要的水稻产区,地属亚热
带季风气候,年平均温度 18.3℃。

　　勐混所在之处是一个三角形的坝子,南开河自东南向西北穿
过勐混坝子中部,全长 47 公里,为常流河,流域面积 509.2 平方公
里,灌溉农田 9000 多亩,是勐混境内最大的河流(勐海县地方志办
公室,2009:152)。由于南开河的这个拐弯,原本不流经坝子的河
水才拐了进来,得以灌溉这里的农田。"勐混"一词来自傣语的音
译,意思是"河水倒流的地方",即得名自南开河。当地人有好几个
神话讲述了这条倒流的河水与勐混坝子的关系。这些神话对于理
解当地的年度周期有重要意义,对此我们将在下文另行讨论。

---

① 十二版纳的名称在《泐史》第一次全部出现,是在 1570 年车里向缅甸朝贡礼物,由各
版纳负责不同贡品。车里向缅甸朝贡,是由于 1569 年车里宣慰使刀应猛迎娶缅甸公主,
从此尊天朝为父,缅朝为母,所奠定的三边关系之结果。

　　整个勐混乡大概有三个主要民族：傣族、布朗族和哈尼族。其中，傣族集中居住在镇上，布朗族和哈尼族分布在周围的山区。过去勐混土司统治着这个坝子，也包括这些山地民族。可以说历史上三个民族素有共享同一个区域的政治过程。

　　勐混镇一共有 3 座中心佛寺，城子佛寺是其中的一座，也是全镇的总佛寺。除此之外，还有曼南嘎佛寺和曼蚌佛寺两座中心佛寺。在上述中心佛寺之外，还有一座浓养佛寺，座落于布朗山，以布朗族为主要信徒。三座佛寺都领有若干村寨佛寺。关于勐混佛寺最早的来源，有两个不同的传说。一个传说是生于勐腊的叭阿索，皈依佛教后开始征战各地，誓要在四界八万四千个勐建立塔和佛寺八万四千座。他从越南至缅甸再进入版纳，征服勐混后建立瓦竜曼俄，这是勐混最早的佛寺。另一个传说认为勐混在 700 年前有了佛寺。最初由缅甸来了三个祜巴，一个留在国一半毛，一个到布朗三星，一个到了曼蚌。后来在曼蚌的祜巴培养了一个大佛爷，才分到勐混城子来建立了最早的佛寺（刀国栋等，1983b：100）。无论是征服还是传教，都表明勐混佛寺声名显著，与它作为大版纳的身份相称。

　　"曼南嘎"佛寺旁边是现在的勐混乡政府和镇政府所在地，建在过去的土司衙门旧址上。政府大院中有一块孤零零的空地被任由抛荒长草，却没有人认为应该用水泥将其填平。人们解释说，这块空地原来是土司家中祭祀的地方，所以是不能碰的。留着这块空地，似乎也留下了对于土司的某种历史记忆。

　　当我们往山坡上走，大约 20 分钟就会看到勐混大白塔，傣语称"塔龙景恩"，正遥望着山下的"曼南嘎"。塔身建筑为笋形，金色,塔基上以八座小塔围绕中央的主塔,形成正八角形的母子塔。人们从进镇的路上远远地就能看到它在绿树掩映中秀美的身影。大白塔据传建于傣历 1139 年(1777 年),1969 年曾被炸毁,到 1985 年开始修复,2004 年完工。在塔附近还建有一座小型寺庙,供人们赕塔时烧香所用(岩听,2009a)。大白塔据说是一个叫"基达三麻领"的佛爷为纪念父王"叭雅宰帕沙"而修筑的,独塔高度为 30 米,传说塔底深度和南开河底相平,底下埋着"召戈达麻"(佛祖释迦牟尼)的三根头发。这只是关于大白塔传说的一种版本,笔者在勐混还采访到关于这个僧王传说的其他版本,下文将会详细分析。

1998 年大白塔下的外围空地上还建成了一座傣汉双语培训学校,其主要用途是供僧人佛爷、小和尚在学生放假期间或者开门节、关门节等节假日的时候来这里集中学习。

西双版纳地区的寨子通常都是一寺一塔,但是勐混中心城子比较特殊,除了大白塔之外,在勐混南开河边上"勐混小桥"处,还有一座小白塔,傣语称为"塔图",相传为勐混"叭雅宰帕沙"的儿子"基达三麻领"的葬所。每年泼水节的时候全镇傣族、布朗族等各族人们事先要集中在这里"赶摆",跳舞唱歌和放高升,然后再去赕大白塔和佛寺。小白塔据说始建于傣历 1139 年,在"文革"期间被损毁,1974 年由勐混城子康朗龙组织全镇信教群众开始重建。到 1976 年随着城子中心佛寺重建,康朗龙也进寺出家,后来成为勐混最高等级的佛爷,成为"召祜巴龙庄勐"。

在大白塔下不远处有一块稍平的草坪,周围簇拥着茂密的树林,一旁还盖有简陋的平房。这就是"竜林",勐混祭祀勐神的地方。"勐神"被认为是一个勐的首领祖先,是曾经开辟了这个勐的英雄。勐神祭祀是官方祭祀仪式,需要用神牛献祭。有的勐每三年举行一次,有的勐每年举办一次。而竜林作为勐神栖居之地,平时通常不让人随意进入,林子之内的动植物都不允许捕猎和采摘,即使是熟透的果子掉落在地上,也只能任其腐烂,不能捡拾食用。竜林当中有一块空地是专门用来举行祭祀勐神仪式的;在仪式期间,只有祭司及其助手能够在其中活动,其余参加仪式的人群都只能在这块空地周围聚集。

有的学者认为,竜林实际上是村寨重要的水源林,每亩竜林可以蓄水 20 立方米;全州竜林 150 万亩,能蓄水 3000 万立方米,相当于 3 个曼飞龙水库,5 个曼岭、曼么耐水库的蓄水量。全州最大的水资源澜沧江由西北至东南纵贯州境,州流程 187.5 公里,流经 7605 公顷的景洪坝子和 8400 公顷的勐罕坝子,但是因为河床低于水田 10 余米,没有浇灌一亩田地。在 1949 年以前整个西双版纳只有引水工程,没有蓄水工程;只有鱼塘,没有水库。主要靠河谷平坝四周山林流出的小溪箐水,建筑木桩竹笆坝等引水灌溉。这意味着 450 万亩的水稻田几乎全靠森林涵养水源;从这些竜林流出的溪水河流,得以筑坝挖渠,灌溉农田,满足人畜生活饮用(高立士,2010:3)。因此,竜林位于村寨外部的山野,给村寨提供生命的源泉;在这块地方安眠的神灵其实与这种生命力相关。每次对勐神的献祭,都将这种野外的生命力带回到村寨之中,哺育社会使之繁衍不息。

从这座山往北望,景洪坝之西矗立着十二版纳最大的勐神所居住的"竜南神山",其主峰海拔 2196 米,山脉全长 50 余公里,从南糯山、格朗河经路南山到布朗山,面积超过 10 万亩,是全州最大的水源林。景洪、勐海、勐遮、勐混、勐龙五个版纳的主要河流均发源自这座"竜南神山"。过去祭祀这座勐神的时候,要由宣慰司署议事庭出钱,书写祭文,颁发布告。由巫官主办,宣慰使主祭,每年用水牛祭祀两次,傣历8月(公历6月春耕)求雨,1月(公历11月秋收)求晴。勐混的南开河也源自这座"竜南神山",因此河流所带来的生命力与神山密不可分。宣慰使作为最高的祭主祭祀竜南神山的勐神,实际宣告着他的灵力与神山沟通,通过河流滋润着十二版纳的土地,带来丰产。

与祭祀勐神仪式相对应的,是佛寺及其代表的仪式活动,例如浴佛、赕帕(敬献袈裟给僧侣)、升和尚等。在西双版纳,每个傣族寨子都有自己参拜的佛寺,过去佛寺承担了当地的教育、宗教、经济、政治等诸多功能。从20世纪50年代开始,这些功能被逐步从寺庙系统中剥离出去,但真正对寺庙系统构成根本动摇的是这时期的学校建设——虽然早在1935年李拂一联合商界和宗教界人士推动现代教育活动,但是当时师资遴选和培训都在大佛寺内进行,并且挑选的都是已经在佛寺受过基本傣文训练的大和尚(许长林,2007a:159—162;许长林,2007b:168—173;刘献廷,2007:163—165);20世纪50年代以后,学校教育向群众推广,到20世纪90年代已经和内地教育模式没有显著差别,教育空间不仅从佛寺中分割出来,学生也从原来的"和尚班"被彻底改成了义务教育。这在客观上使原来本地的和尚升为佛爷的人数更为减少,在仪式周期的时候,本地的仪式专家往往不够用,而更多依赖来自缅甸佛寺的大佛爷,在后者的威望和灵力增加的同时,勐混中心佛寺的等级也不可避免地走下坡路。现在佛寺有资格做法事的只有一个二佛爷，人手明显不够。①

2009 年 11 月开门节期间，勐混城子佛寺一百多岁的老佛爷祜巴龙庄勐去世，有资格主持法会的大佛爷就是从缅甸特意请来的。当时正逢仪式周期，各村寨几乎每天都在举行仪式，笔者曾碰到从版纳最高等级的景洪中心佛寺开车下来的佛爷，他们专门负责这一年勐混到打洛一带的乡镇做赕，仪式过程不仅要在村寨中的佛寺进行，有时还需要走家串户。结果作者上午在勐混城子中看到他们，下午到打洛仍旧看见他们；次日转到布朗山，他们才刚离开到下一个寨子。也幸亏他们都很年轻，不然这种高强度的工作确实很难胜任。

勐混当地与宗教事务有关的人员有佛爷、阿章、康朗、波勐、召完、摩勐；在这个序列中，他们的知识与佛寺和佛教的关系依次疏远。佛爷通常只在佛寺里。阿章是从佛爷还俗之后，在地方上享有一定威望的宗教仪式人员，同时他们还有管理佛寺日常杂务的特殊义务。康朗是对升过佛爷之后还俗回来的老人家的尊称，他们也和阿章一样为人们做仪式服务，不同的是，他们更紧密地联系着世俗社会这一端，而通常无权涉足佛寺事务。

波勐意为"全勐最有智慧的人"，通常是身份显贵、当过佛爷并还俗之后，在地方上威望最高的老人，过去无论是佛爷还是土司，都要对他礼敬三分。祭祀勐神的地方和仪式过去都是由波勐负责

① 在当地，小乘佛教僧侣的等级从高到低分为：阿嘎门里（只有召片领的血亲——孟级的人才能担任）、松领（召片领幼年当和尚，继位后称为"松领帕兵召"）、常卡拉鲊、沙弥、祜巴、独（其中"独竜"是大佛爷，为一寺的住持，"独刚"是二佛爷）、帕（大小和尚）（刀国栋、吴宇涛，1983：103）。只有达到大和尚等级才可以出去游历，但是只有升了二佛爷才有资格主持仪式和法会。

管理的,因为那被认为是全勐的祖宗地,波勐的职责就是保护和管理它。勐混的波勐因为年老已经身故,故现在城子里没有波勐。过去由波勐领首的仪式、村寨事务等,现均被几位康朗和阿章包揽下来。召完是属于土司内官体系中的职官,俗话说有寨子的地方就有召完,有佛寺的地方就有阿章。召完并不负责日常仪式,只有一件事情必须由他处理,就是人们如果要出远门就会拿一对腊条来送给他,相当于跟他报备,以求顺利出门、顺利回家。

摩勐则只有一位,是父子相传的,勐混的摩勐是在坝子头的蛮火勐。他除了在祭祀勐神仪式上负责牵牛杀牛之外,每年傣历新年的正月里,人们都要轮流带着腊条到他家拜他,祈祷新年平安。担任摩勐需要具备一定的条件:(1)由寨子中老户的家族男性成员世袭,外来户或上门女婿不能担任;(2)已婚,妻子健在,未婚或离婚都不行;(3)儿女双全,有儿无女不行,有女无儿也不行;(4)五官端正,肢体残缺不行;(5)祭祀的时候,家中无孕妇、产妇。若有,则该年祭祀由摩勐族人中选择合乎条件者代理。

陶云逵在研究中将摩勐称为"巫官",认为其有封地,能世袭,为土司进行特殊的仪式服务,相当于祭司(陶云逵,2005:214)。他所说的"巫"其实并不是如今萨满教研究中通常所说的巫师,而是指西双版纳当地所特有的这种与土地神灵的祭祀相关的专职宗教人员。借用他的表述,我们可以在分析上建立一种对应于南传上座部佛教的巫的宗教,它指的是与土地有关的一系列祈求丰产的仪式集合,包括下文要详细讨论的勐神祭祀、谷神祭祀等。由于这部分仪式与佛教长期互相排斥,经常被研究者认为是原始宗教的遗存。然而这可能是一种先入为主的看法,认为佛教作为当今西双版纳社会主导的宗教在当地社会推动了一种文明化的进程,而它所反对的这些具有较浓巫术色彩的仪式应该是在佛教进入之前的不文明时代的产物。关于这个问题我们将在下文中进行讨论。尽管存在这个疑点,但是并不影响我们将这两种宗教观念体系对立起来看待。问题的关键在于这两套仪式环节之中所表达的对宇宙和社会的具体看法。因此本研究将在上述特定语境下,使用"佛"与"巫"作为一对分析的关系,而不是将其作为分析性的概念,也无意踏入属于萨满教研究的广阔领域。

大致来说,在如今的勐混,最主要的宗教相关人员是佛爷、康朗和阿章。在仪式类型上他们的分工如下:结婚、满月等喜事要请康朗或阿章,并由老人拴线;病痛、禳灾一般也请康朗,不请佛爷。新房造地基时、上新房头一天晚上,要请佛爷来念经,葬礼也请佛爷。

综上所述,大白塔、小白塔、中心佛寺和竜林,构成了勐混的宗教世界。这个世界包含了村寨内部和外部的山野,也包含了活人的世界、死者的世界和天上的国度。围绕这些图景,勐混重要的仪式周期性地开展,形成了不同的时间观念的表达。

第二节　时间的钟摆(I):佛与巫交错的仪式周期

陶云逵的研究已经指出,西双版纳年度仪式中最主要的是四个仪式:祭祀勐神仪式、关门节、开门节和傣历新年。在这四个仪式中,祭祀勐神仪式是排斥佛教在场的,关门节和开门节则是与南传上座部佛教密切相关的节日,傣语分别称为"毫袜萨"(kawasa)和"奥袜萨"(ogwasa)——这两个词源自巴利文。"关门节"实际是南传上座部佛教僧侣在雨季举行"入夏安居"仪式之后,开始为期3个月的寺内静修活动;在泰国又称为"入夏节"或"入夏安居"。原本这是属于僧侣的活动,后来扩展到民众之中,变成社会性的休眠时期。"开门节"并非佛教规定的节日,而是社会对应"入夏节"的发明,意在解除"入夏节"的禁忌活动,恢复社区日常生活秩序。傣历新年通常被认为是佛教节日,但是在实地观察中,我们依旧能够看到许多并不属于佛教仪式的内容,如勐神也会在场,因此不妨将其看作佛与巫双重仪式的综合。

在勐混,开门节之后紧接着是盛大的收获祭祀活动,称为"赕塔",也需要由佛爷和巫官共同合作。这个仪式是陶云逵未曾关注到的,而它恰恰是理解勐混当地王权神话的关键。以下我们将分别从巫和佛两条线索,来呈现这些仪式的重要细节。

一、巫的时间观:勐神祭祀仪式

勐混祭祀勐神仪式每三年举行一次,每次举行大概在傣历 12 月(公历 10 月),开门节过后,是全勐最盛大节日。遗憾的是,笔者两次田野期间都没有碰上这种盛大的庆典,并且举办这种社区仪式期间通常拒绝外来者进入村寨,因此只能借助访谈和文献对该仪式的程序进行描述,希望将来能有机会亲自参与观察,再做补充。

祭祀勐神的日期由勐混的康朗和摩勐等排算商议,并与镇上的宗教管理小组和干部一起开会决定。决定之后,通报各村寨的宗教活跃分子、各位康朗、阿章和佛寺。在祭祀之期前数日，由康朗等人查询各寨子是否有未婚先孕的女子，如果有，则要对她及其情人做出处罚。通常是对这对情人处以罚款，并以所罚款项购买一头猪，用滚水烫死之后抬着游街示众，犯事的男女也要跟在后边。过去这口猪的内脏、耳、舌、脚分成九份用来祭祀勐神，其余分给土司和议事庭，猪头给巫官。这是一种禳除仪式，称为"洗寨子"，目的是清洁社区，为迎接勐神祭祀做准备。

此外，寨子出入的道路路口处要插上竹簽——一种竹篾编织的环形带长柄的物品，表示禁止人们出入勐区。如果行人见到有簽在，通常也需要避行他路。

祭祀之物中最重要的是神牛，其余祭品包括鸡、鸭、鹅、鲜花、腊条、茶叶、烟叶、糯米、酒等，数量都是双数。祭祀必须用公水牛，由摩勐和康朗选购备置。牛耳要与角的长度相等，两鼻孔须下垂，毛无杂色。勐混祭祀用黑牛，而周边的勐祭祀都用白牛。谁家的牛如果被选中，将是非常幸运光荣的事情，售价必须要比市场价高。选购好的牛由摩勐牵回家饲养直到仪式举行那一天。从这时候开始，这头牛禁止摩勐以外的任何人触碰，它经行寨子里的道路留下的脚印要扫去，留下的粪便也要用簸箕装走，倒在僻静的地方。

祭祀前夜，由土司——现在土司制度终结后，由土司的儿子代替——端坐在其屋中，派人去请摩勐。摩勐三请方至，身穿红衣，着女装，腰间别刀，身后有两位助手随行，到土司（或其替身）跟前并不行礼。待土司发问，客气地请他为地方祈祷上天，消除灾难，使五谷丰登，百姓清吉。于是摩勐及其助手应承下来，到楼下祷告。祷告完毕,将事先绑在两边柱子上的鸡杀死,将鸡血洒向天空和地面。然后鸣炮三响,摩勐手牵神牛,歌者舞者开道,浩浩荡荡向竜林走去。从这时候开始,土司就必须静坐在室内,直到仪式结束都不能再活动。

摩勐将神牛牵到竜林空地的祭坛上,将牛紧系在木桩之上。这个木桩傣语称为"lagum",具有神圣性,平时禁止触摸。系牛时,牛头必须向东,尾向西,其头抵着木桩,两条后腿另结于两个小木桩上,使其不能移动。摩勐立于牛前祭架的矮台上,两个助手站在他身后。祭架用竹竿搭建,上面插着竹篓和竹簑。围观的众人站在祭坛四周,禁止女子近前。

摩勐登上矮台开始祈祷。之后杀一只鸡,将鸡血洒在祭架之上,再以树枝抛过牛背九次。然后用竹竿削直的长枪对着牛比划一番,围绕牛走三圈之后,用力猛刺牛颈。复而取刀砍牛头一次,其助手接着砍,必须在三次之内将牛砍死,否则不吉。牛倒地之后,由摩勐和康朗上前查看牛的姿势以卜测吉凶,如果牛被刺后鸣叫或拉出屎尿,视为不祥。牛死后要剥皮开膛,将牛尸呈匍匐状,盖上牛皮,生祭一次。继而摩勐主持宰割牛身。头和两只前腿给摩勐,胸、尾给其助手,后腿分给土司或其代理人,其余部分分给组织仪式的康朗、村干部等领头人。分割完毕之后,由摩勐取一些熟牛肉和酒、饭放在祭架上再祭祀一次勐神。各人分得牛肉之后,就在祭坛附近事先起好的灶台上烹煮共食。摩勐及其助手也一起吃。

勐混竜林内建造有一平房,平时为勐神固定的居所。在祭祀勐神的头一天,由此次宗教活动的组织者邀请全镇或附近村寨有名的章哈到这里通宵唱歌。来唱歌的章哈为一男一女,唱的内容包含古老的祖先史诗,但更多的是相互调情的情歌。他们互相对答有时候要连唱三天三夜。以前的民族志从未发现祭祀仪式中勐神有什么具体的化身或形象,但是笔者在勐混调查中了解到它已经具备了具体的象征——在章哈唱歌时用一块红布包裹着,供奉在神龛之中,布下的内容无法窥知。勐神的具象化有可能受到汉人祖先观念的浸染,不过这还需要继续观察,目前未足以下定论。

当大家共餐完毕,摩勐用酒再祭奠勐神一次,接着鸣炮三响,启程返回村寨。这时摩勐及其助手要各自用一对腊条来拜土司,解除土司的禁忌,恢复其活动。

陶云逵认为(1) 勐神仪式是佛教传入之前就有的一种原有的信仰与仪式,所以祭祀由巫官主持而无僧侣。(2) 巫官本人是人鬼两界的沟通者,土司召巫官到来的时候,巫官的身份已属纯鬼化或神圣化,人们把他当做勐神的代表,所以可以和土司平起平坐。但巫官不是勐神本身,因为在杀鸡之后,去到祭坛,他又代表土司去祭祀了。(3) 土司静坐,是表示他的魂在巫官身上活动,在那里祭祀,所以他的肉身必须静止在屋内。(陶云逵,2005:264)

陶云逵的解释可能不太准确。首先,他认为勐神祭祀构成摆夷宗教信仰的底层,佛教则有严密的宗教制度,构成其信仰的表层。他根据耿马宣抚司傣文史志所载 14 世纪佛教传入当地而耿马在车里之北推断,车里或早于 13 世纪便有佛教(陶云逵,2005:216)。但是这种对宗教史的判断可能过于简单,佛教的情况大体如他所说,然而"勐神"这种"土宗教"则不一定是原始宗教,它杀牛献祭的仪式更接近印度教吠陀仪式(伊利亚德,2004:219—223)。两者在历史上曾经长期交错在一起,不仅在西双版纳,在缅甸亦如此。亦有研究说明车里至缅甸区域至少有阿吒力教、印度教和佛教三种制度化宗教的层叠,而勐神祭祀与前二者关系密切,很可能是它们本地化的结果。

其次,陶云逵对巫官和土司在仪式中的表现所作的解释也不准确。摩勐应诏面见土司之时,他并未举行任何圣化或降神的仪式表明他已经不是凡人,而是勐神附体。他与土司并坐是对日常生活秩序的颠倒,意味着在即将开始的仪式程序中,他获得了比土司更高的地位。同时,也没有证据显示,摩勐在杀牛的时候是代替土司行使祭司的权力,因为我们在仪式中并没有看到任何摩勐转化为土司化身的环节。因此,我们的分析必须回到仪式的整体表达。杀牛献祭带有印度教吠陀仪式的浓重色彩,表明对宇宙开辟这一伟大事件的重复,通过杀死神牛,终结了混沌,开启了世俗的时间和空间,使社区进入了历史进程之中(伊利亚德,2000)。不可触碰的神牛实际是整个原初宇宙的化身,也是勐神的化身,来作为宇宙开辟最初的献祭。土司的静止其实是仪式性的死亡,这个时候土司、神牛和土司的英雄祖先勐神都是同体的。杀死神牛相当用土司献祭,也相当于重复最初的勐神献祭。

由于勐神需要被周期性地杀死,也意味着周期性的重生,所表达的是一种周而复始的循环时间观。这种时间观与丰产联系在一起。由于傣族社会是农业社会,其稻作的丰产需要依靠节令和河流,因此就必须应和自然的时间节律。

西双版纳地区地处北回归线以南,属于热带气候,干湿两季分明,每年公历 11 月至次年 4 月为旱季,雨水较少,其余时间为雨季,其中 2—4 月为旱季最高温的时期(西双版纳傣族自治州地方志编纂委员会,2001a:1)。勐混的勐神献祭通常在公历 10 月份,即傣历 12 月举行(傣历也是 12 个月,公历一般比傣历月序要少 2 个月)。我们将其时间周期用下图表示:

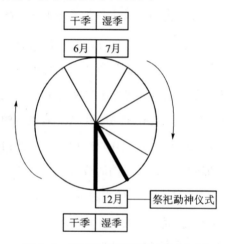

图 4-1　巫的时间周期(按傣历月序)

从图 4-1 可见,勐神献祭处于干湿季节交替之时,正逢从雨水丰沛的收获季节过渡到干燥的农闲时期。整个社区结束了一年的辛勤劳作,和祖先一起享用这一年丰硕的成果,然后接着进入到下一次播种的预备之中。年复一年,祭祀勐神的仪式祈祷从社区外的山野带回充足的水源,赋予社区充足的生命力,然后通过浇灌土地,进入到植物之中,再通过饲养的神牛,在收获之时再度释放出来,使其回归山野,同时也重新进入土地,完成社区内外整个宇宙的整合与更新。

二、佛的时间观:关门节与开门节

整个西双版纳的关门节遵循小傣历(傣语称"沙嘎")的运行规定,每年大约在 9 月开始,为期 3 个月。

在关门节前一天,由当地阿章、康朗等召集各家各自筹备关门节典礼所需的物品。通常包括(1) 取新鲜的带叶梢头的芭蕉树干一段,上缀彩色的纸旗、黄蜡做的花和纸币以及槟榔数串,仪式时放置在佛寺里;(2) 制作小型善塔。善塔以竹竿为架,上面糊着白色或单色的纸,搭成 5、7、9 或 12 层不等,顶上插着纸旗和一方用草编的方形牌子;(3) 制作长条白布幡,用带叶梢头的竹竿挑起,挂在佛寺的柱子上垂下,布幡上抄写傣文经书;(4) 包数个糯米团,堆叠成山丘状,上插彩旗和蜡花;(5) 用竹篾扎成马或象,供奉到佛祖前。这一天社区里边几乎每家都会杀牛宰猪,喝酒唱歌跳舞至深夜方散。

关门节当天,人们把上述供品送到佛寺,向僧侣布施。人们聚集在佛寺殿堂里听大佛爷诵经祈祷,许多人跟随佛爷喃喃经文,听从佛爷指示滴水祈福。来赕的人们照例手持腊条一对、小水壶一个。除此之外,还带着许多要赕给佛爷的礼物。一般人相信,布施越多,将来所得的善果越大,因此赕来的布匹、金钱等各种财物用具都非常丰厚。

仪式开始时,每个和尚手持五对腊条鱼贯进入大殿。大佛爷坐在佛前的宝座之上,领导众僧礼拜诵经。然后各僧分别在寺中各处点燃腊条,例如佛台、经柜、殿门、走廊、柱子等位置。

从这一天开始,无论僧侣还是俗众,每 7 天赕一次,每次两天,共计 11 次。整个关门节期间,僧侣禁止外出及住宿在村寨。许多虔信的教徒例如遵守五戒、八戒、十戒者，这段时期自带行李，住宿用餐均在佛寺之中，跟随僧侣进行讲经听经活动，名为"纳福"。这些人通常是村寨里的老年人。

在关门节结束前一个月的那次赕佛为大赕，这一天特别规定要诵经超度亡人。各家都事先出资请僧侣抄写至少一部佛经，随善塔一起送到寺中。善塔里放置一个小篮子，里边搁芭蕉果、甘蔗、米谷、盐、糖、肉包、粽子等。待人们将这些布施物品送进佛寺之后，大佛爷将事先准备好的纸卷放在桌上，请各家去抽。纸卷上写着经书的名字，抽中哪卷，这家就出资请僧侣抄写此经布施到寺中。其实这也是赕佛的一种形式。大赕有可能持续一两天，在结束时，人们集中佛寺中听大佛爷诵经祈福并滴水。

关门节期间，社区的时间也仿若静止了，人们不能谈婚论嫁、修建新房，并且尽量不出门工作。

3个月期满之后，通常是在傣历12月15日举行开门节仪式。开门节仪式与关门节仪式类似，唯其特殊之处在于布施物品中增加了大量供裁制和尚袈裟的黄布；而且小和尚的寄父母对他们的寄儿赠品尤其多。

有关"关门节"的来历，当地佛经和民间都有多种传说。有的记载，相传佛主到西双版纳等地巡游教化之时，降服了当地最大的魔鬼"阿纳洼嘎雅"，使其皈依佛教，为佛主托钵化缘。于是佛主便带着魔鬼道塔庄英，潜心修行3个月。后来全勐傣族百姓都皈依了佛主，便随之也进行3个月的修行，渐成固定的习俗，这就成为"关门节"（龚锐，2008：71）。因为经过文字的流传加工，各地佛经记载的传说其实大同小异，都是表明佛教对地方的规训，将其时间观念加在社区生活之中。

在孟连傣族地区有另外一个版本的传说,搜集自当地老人的口述,保留了更多地方历史中未经佛教修改的内容。据说很早以前傣族没有关门节的时候,佛爷和尚都到寨子里化缘,有一天到处刮风下雨,道路都是水,而且正逢傣历三月撒秧的农忙季节,人们没有时间接待佛爷,佛爷就在家里休息了3个月。后来形成了规定,佛爷和小和尚们在这3个月内不能出门到处找食,要在村寨边定居下来,自此也有了佛寺(勐马寨人,2008:24)。

这个故事虽然不是采自西双版纳地区,但是它所表达的历史感在西双版纳实际是普遍存在的。故事中有一些要点:(1)在关门节期间对佛爷三个月的禁足,实际上是通过佛寺这个空间,来造就一种隔离。(2)这种隔离是两方面的,一是隔离寺外的雨水,二是将佛寺与社区的生产隔离开来。其意义在于,门外连绵的雨水再度把世界"还原"成混沌,佛寺把雨水关在门外,以保持自己处在"干燥"的时间中。在故事中强调这段时间是农忙季节,正是水稻生长旺盛的时候。这种旺盛的自然生长与寺内的道德戒律和压抑构成了鲜明对比。僧侣们居留在干燥的佛寺之中,平静地度过这个生命躁动的雨季,此时的佛寺似乎成为雨季中的一个孤岛。故事最后是说佛寺的产生是由于这种隔离的需要,已经是佛寺进入社区并试图掌控社区时间的结果。

正如上述分析表明,三个月的"关门节"是要避开"潮湿"的时间,后者意味着无限的丰产和生殖,那么,佛教由此表达了它期望一直停留在干燥的时间之中,而这与自然节律并不符合。因此这三个月是佛教在进入社区之后,加入自然周期中的一段时间控制,

意在从宇宙观上取消这种自然节律的周期性的循环。我们图 4-2
中可以看到这种时间设计：

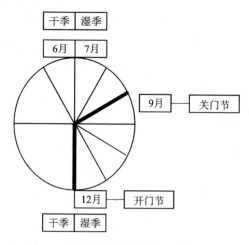

图 4-2　佛教的时间周期（按傣历月序）

如上图所示，关门节从 9 月中旬到 12 月中旬，一共 3 个月时
间，跨越了雨季中的 4 个月，即一年当中雨水最丰沛的时期。将这
一段时间"静止"之后，这个时间朝向的方向就不再是从干季到湿
季，而是从干季进入干季，不再循环往复。这本质上是一种直线式
的时间观念。

因此，我们将佛教的时间观"展平"后可以观察得更清楚，如图
4-3 所示：

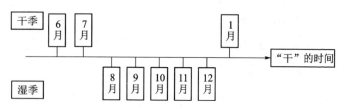

图 4-3　佛教的直线式时间观（按傣历月序）

在这种时间观的影响下,干季与湿季的差别被人为地取消了,代之以开关门节来调节世俗生活的启动和静止。这套时间主要突出佛教带来的戒律、自制和疏离世俗的道德观念,这也是佛教实现它对社区教化的一个重要手段。

除了上述仪式之外,佛教在干季中还会有许多类的赕佛活动,例如傣历2月5日至15日或2月20日至30日,一共10天,要举行"赕岗",通过诵经、祷告的形式向佛祖表示忏悔,请佛祖和神明赦罪,并挽救亡灵超脱苦海。赕岗的常卡拉鲊僧侣分为2组,每组12人到16人,一组负责坐禅诵经,一组负责赕岗中的其他事务活动。村民们必须为参加赕岗的僧侣在佛寺外盖几间茅草屋,供诵经的僧侣们在此期间坐禅。坐禅的僧侣每天只能吃一顿饭,每天静坐两次。只有参加过赕岗的常卡拉鲊才算是正式的常卡拉鲊大佛爷。在这10天之中,该村寨不能进行劳动生产,不能举行婚礼,不能破土盖房,禁止其他外寨人员入住本寨(岩香宰,2006:221—222)。可见其大部分禁忌规定和关门节是一样的。

三、佛与巫的二重奏:泼水节与"赕塔"

泼水节又称傣历新年,傣语称为"京比迈"或"厚南",泰语音译为"宋干节"(Songkran Festival),一般在傣历6月(公历4月)中旬左右举行。在傣历中一年有12个月,共354天。为确保新年出现在6月6日至7月6日之间,傣历设置了闰9月作为调节,如果某一年的傣历新年晚于6月25日,那么这一年就有两个9月(陈久金,2008:126—130)。① 由于傣历是阴阳合历,同时参照太阳历和汉地农历,每年"泼水节"多在公历 4 月 20 日或 21 日,正是太阳进入金牛宫时,大约对应着农历谷雨节气。

泼水节一般持续 3—4 天,第一天傣语称为"宛恼"(空日),与农历的除夕相似;第二天傣语叫"帕雅宛玛",意为岁首,又称"日子之王";第三天是新年,傣语叫"京经迈",人们把这一天视为最美好、最吉祥的日子。这三天中与佛教相关的仪式分别是第一天、第二天在寺庙堆沙、浴佛,第三天则是全民的泼水狂欢。整个节日期间村村寨寨要放高升、赛龙舟、大摆宴席、歌舞不歇(岩香宰,2006:218—219)。

第一天人们要举行"赶摆"活动,采购赕佛用的物品,为接下来两天的新年庆祝活动做准备。

第二天是日子之王到来的日子,这天人们手持腊条到佛寺浴佛并举行堆沙仪式。人们要清早起床,挑着小桶到河畔取沙。取沙之后挑到佛寺来,在佛寺周围的空地上堆起一座上尖下圆的小沙塔,大约 10 厘米高的样子,顶端放置一块小石子,然后在沙塔脚

---

① 傣历每 19 年安排 7 个闰月,恒定在第二、五、八、十、十三、十六、十九年置闰月。傣历的回归年长度比实际要大,大约每 60 年长出一天,但傣历具体月份和太阳在黄道上的位置在理论上是有严格的对应关系的。傣历历书《西坦》中明确写道,太阳到白羊宫为 6 月,到金牛宫为 7 月,到双子宫为 8 月,到巨蟹宫为 9 月,到狮子宫为 10 月,到室女宫为 11 月,到天平宫为 12 月,到天蝎宫为 1 月,到人马宫为 2 月,到摩羯宫为 3 月,到宝瓶宫为 4 月,到双鱼宫为 5 月。傣历在理论上规定,当相邻两个月的日月合朔位置出现在同一宫,就要设置闰月。如果出现在金牛宫(7 月)、双子宫(8 月)、巨蟹宫(9 月),则当年有闰月,两次发生在其他宫,则明年有闰月。在日常生活中,为了方便记忆和使用,傣历采取了尽量固定的平朔方法,在大、小月安排中首先规定单月大 30 天,双月小 29 天,由于置闰是在 9 月,故也是大月。做了这样的安排之后,月的平均长度比朔望月的实测长度要小,为解决这个困难,又每隔一定时间在 8 月安排一个大月。而具体哪一年的 8 月是大月,就要由具体推算来决定了,其出现时间大概相隔 5 年。(陈久金,2008:138—139)

下堆 5 个更小型的圆锥形沙塔，环拱着中央的沙塔，还要用手指小心地在主塔上面开门，并在外围用沙子造一个小围墙。完成后的沙塔造型仿佛一座缅式的母子笋塔。建好沙塔之后，人们手持腊条，诵经滴水，并将彩色的三角形小旗或纸花插在塔上。也有的人将芭蕉树芯插在沙塔周围，上面系上红布。

佛寺之中也早早布置好礼佛的场地。各家扎了彩棚供人休息，并摆放大量的布施物品，除了大型的善塔、准备赎给佛爷的衣物用品、鲜花水果糯米饭等，还有钱、经文等。这些空地之上另树立一个白布制作的长旗，做成人形，代表勐神在场。待一切布置停当之后，以前由土司率先带领百官进入佛寺礼佛。大佛爷坐在佛前右边，土司及其诸位官员坐在佛前左边；大佛爷和土司两拨人相对而坐。现在没有土司之后，就由其儿子或者贵族后人充当替身。

旧时傣族社会等级制度比较严格，在通常情况下不允许有人和土司平起平坐。但是在赎佛的仪式中，大佛爷的地位要高于土司，土司需要向其行礼。前述勐神祭祀的仪式中，巫官一开始也获得了这种最高等级的殊荣，这表明土司所代表的世俗政治权力容许两种宗教权力对它的超越。换句话说，由双重宗教赋予的双重时间观念，也要通过规训土司来实现它们对社会的教化，其规训方式在这里是通过仪式来表达的。

各家赎佛完毕，由大佛爷诵经，僧侣们鱼贯而出、绕行佛寺，一边诵经一边在这些沙塔之间穿行而过。沙塔形象可以视为十方丛林的象征，也即佛寺微观的缩影——在新年仪式期间，这佛寺不属于世俗世界，而是佛法宣扬的天上之国的映像。每个人所堆的沙塔，都表现出自己心中的天国；僧侣绕行在这些沙塔之间，意味着穿行在世俗往彼岸的路途,将这些世俗的时间和空间存在重新开辟为佛法普照的无疆乐土。在后者那里,消灭了一切时间,消灭了历史带来的衰老、战争、疾病、灾难等等诸类痛苦,它即永恒。

之后,人们还要到河边挑水来到寺中。僧侣们将佛像移出寺外,放在架子上。人们将水浇泼在佛像身上,清洗佛像的灰尘,然后再重新放回寺内。当天社区里还举行赛龙舟活动。

第三天,社区的狂欢正式开始。人们放高升、互相追逐泼水,表示节日的祝福。高升是用大毛竹绑上火药炮制成的,如果想放一支高升需要捐钱。想要放高升的人被人们恭敬地请坐上一个竹编的轿子,一旁舞蹈队的妇女们开始唱歌恭贺他,伴随着歌舞,寨子里的年轻人将轿子抬得高高地颠来倒去,颇有戏谑的意味。姑娘们会向他敬酒,这时候他就必须掏出大把钞票来挣个面子,因此放一支高升所捐的钱数有时候非常多。能放高升的人在社区里也会觉得特别有面子,受人青眼相待。

和泼水节、祭勐一样,赕塔也是每个社区非常重要的集体仪式之一,不过各个社区举行的时间并不统一。有的勐是在傣历 4 月 15 日赕,而勐混镇赕塔是在 10 月底或 11 月初。具体举行的时间需要康朗进行测算,有时还需要看鸡卦占卜。不过赕塔都集中在开门节之后、泼水节之前,在干季的时间之内,其主题通常包含丰收祭的内容。

所谓"赕塔"指的是将献祭和供奉的物品带到塔下敬献神灵。佛与巫都要参加这一仪式。不过这里说的巫不是巫官摩勐,而是负责让"谷神奶奶"附体的"咪地喃"(女巫)。从仪式的性质而言,谷神和勐神祭祀都主要是祈求丰产的仪式,稻谷的精灵和土地的神灵都属于与丰产有关的同一类神圣存在,因此不管是女巫还是巫官,实际都属于同一类宗教崇拜和宗教仪式的仪式专家。

勐混的赎塔仪式在稻谷收割之后举行,此时湿季结束,干季正在开始。稻田收割下来的金黄谷穗被运走,田地里留下深褐色的稻杆茬,人们在田边插满了竹篾,将谷魂召唤回家。运回来的新谷是不能马上食用的,要等赎塔之后才能成为人们桌上的粮食。康朗和"咪地喃"事先已经查知社区里的收获,并开会商量决定具体的仪式日期,然后派人通知各村寨,并分头筹备钱款,邀请相关仪式人员,如歌手章哈等。

仪式当天一早,人们带着一对腊条、一团糯米饭、两袋新谷向大白塔出发。很多人走到山脚的大门时就脱掉鞋子,光脚走上阶梯。西双版纳礼佛有个习惯,即人们走进佛寺大殿和在佛塔周围绕行时要赤足。参拜白塔时要围绕白塔逆时针行走,一边走一边诵经,同时把带来的糯米饭一小团一小团地揪下来抛到塔基上。绕完塔之后,再去参拜塔旁边供奉天神"丢拉弄"的神龛,神龛一共11个,据说是11位勐神祖先,人们将糯米饭搓成小团塞进神龛里,还要摆上腊条。然后,人们解开从家里带来的两袋新谷,并将其倒入塔前的箩筐中,这样各家的新谷都混合在一起。做完这些仪式之后,人们聚集在塔下的广场空地上聊天,等待着佛爷和"咪地喃"出场。

大约10点半,大白塔广场上已是人山人海。这时,山脚下依稀传来紧凑的鼓声和鞭炮声,宣告其中某位主角已到,正在上山。先来的是大佛爷的队伍。几位阿章和康朗托着银盘、箩筐或善塔,簇拥在大佛爷一行人周围。人们纷纷将善款投入他们手中的器皿,然后跪下手举腊条祈求佛爷赐福。山路一度被拥堵得水泄不通。佛爷们到达之后,便有沙弥扫塔,在塔基上布置宝座,并将几箩筐的稻谷扛到宝座前。一切准备就绪,大佛爷缓缓登塔就座,开始诵经。

早已有消息灵通的人士传告大家,今天一大早"咪地喃"便成功地宣布谷神奶奶附体,大概过些时候就能到白塔。大约半个小时之后,山脚下再度传来鞭炮声和鼓声。"咪地喃"披散着头发,闭上眼睛,在众人簇拥下一路舞蹈而来,口中时不时念念有词。随着"咪地喃"的到来,仪式进入高潮阶段,在她的带领下,男男女女跟随着她绕着大白塔边行边舞。

而此前早已在塔基平台上等待的僧侣在诵经一段时间之后,也开始绕行白塔,一边走一边诵经。"咪地喃"和僧侣一方在上,另一方在下,双方都以顺时针为方向绕行。这段仪式结束之后,"咪地喃"被人们迎入白塔旁边的小平房,为人们降神排解疑难。而僧侣们则坐在塔基上,佛爷开始面对塔下的信众念经。念经结束之后,佛爷抓起箩筐里的谷物撒向人们,听众们情绪沸腾蜂拥而上,有的张开衣服,有的反转雨伞来接谷种。据说这些谷种带回家中妥善放置,可以起保护作用,人们通常不吃它。

莫斯(Marcel Mauss)曾指出,在大量社会中存在这样一种观念,形容物、行为或仪式中力量的本源,他用美拉尼西亚人的方式称呼其为"马纳"(莫斯,2007:128—129)。新粮从大地结出,包含着大地的精华,在这种状态下它属于神的食物,如果不将其释放出来,那么人是不能吃的,否则精灵就不能保存下来再归还大地,下一次丰产也就没有可能(于贝尔、莫斯,2007:224)。全世界许多地方都存在的农神献祭,就是通过各种方式让新粮中的马纳释放,例如用新粮饲养动物,再以动物作为牺牲来献祭(于贝尔、莫斯,2007:223)。

在勐混,我们看到新谷的马纳是由巫所保护的。当第一茬新谷在田地中打下来的时候,人们就会送到"咪地喃"处,请她代为尝新。其后,新谷才在赕塔中作为礼物献给佛。之后人们才能将谷种带回家保存。也就是说新谷的马纳要经过巫和佛两重手续才释放出来。仪式中佛与巫都围绕的大白塔,实际提供了一个渠道使谷物之灵得以流动,这个马纳即土地之灵。

大白塔据传由召勐帕雅嘎图(有的老人称之为"叭雅宰帕沙")的儿子所建,最初塔底埋藏着帕雅嘎图的骨灰。这预示着,王权通过祖先的形式构成自己与白塔的关联,依靠这一关联,它成功地将佛与巫约束起来,就是让佛与巫通过它指定的途径来完成各自的时间流动。

勐混大白塔的塔基底座高约二三十米,当地人告诉笔者,塔基深度与南开河底齐平。巫的游行在塔基之下,也就相当于在南开河底,这同样象征着巫的时间要保持对"湿"的追求,而僧侣的游行在塔基之上,相当于河流及河面以上,这一方面表明佛对"干"的时间的追求,另一方面,河流本身亦是时间的隐喻,作为水利体系,它与社区的日常生活、社会组织关联在一起,在宇宙观上表达着社会生活的时间观。佛教对河面空间的掌控,意味着由佛教掌握着社会时间。

大白塔与南开河的沟通,实现着勐神与佛的沟通。大白塔仿佛一条渠道,导引和汇集从竜林流出的具有生命力的河水。社会丰产和社会自律的道德两方面追求在仪式中得到了整合统一。与此相似,泼水节的仪式中要求勐神在场,以及浴佛、堆沙的仪式,正如前文已分析的那样,也是将佛与巫两种宗教观念统合在一起。我们将其时间图式表示如下:

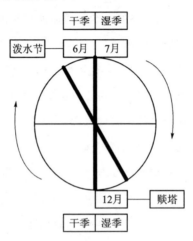

图 4-4　勐混年度周期两个节点(按傣历月序)

在图 4-4 中,6 月和 12 月是两个对称的时间节点。泼水节和赕塔仪式都在干湿季节交替的时候举行,前者是准备开始新一轮水稻种植的时候,后者是当年水稻丰收的时候。这两个时间段对应的自然节律都意味着新旧交替的过渡节点。在这两个节点上,时间并非是单向的,可以重新回到混沌。

当我们把巫与佛的时间周期都加入这个图中,就能看到在面对自然节律的循环周期时,两种时间运动的交替和相互作用。巫的时间方向是按照农事生产的规律顺时针循环,由于稻作生产集中在雨季,因此巫要求停留在雨季"湿"的时间。佛的时间方向是直线式的,它要求停留在干燥的时间区域,因此双方对社区时间的影响是相反的。

如图 4-5 所示,这是勐混社区的年度周期,即一年之中佛与巫各自主持的全社区的重大仪式。如果我们顺着傣历的节日安排,顺时针转动这个年盘,依次会经历傣历新年、关门节、开门节、勐神祭和赕塔。

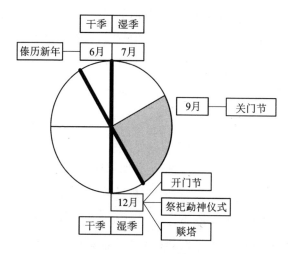

图 4-5 勐混镇年度周期仪式(按傣历月序)

首先,从傣历新年 6 月开始,社区由干季进入湿季,佛教对此的反应是相应地设置社区的禁忌期。从 9 月中旬到 12 月中旬,关门节 3 个月内社区的生产活动受到控制,与社会性生产有关的仪式被禁止,这意味着社会时间的停止。佛教依靠这个禁忌期,渡过雨季最主要的时间段。因此从 6 月到 12 月,佛教的时间方向是逆向而行,要回到干季。但是这段时间内,巫的时间方向与自然节律保持一致,为顺时针运行。

其次,在湿季快要结束的时候,整个社区迎来了开门节、祭祀勐神仪式和赕塔。开门节解除了佛教的时间禁忌,重新恢复社会时间的运行秩序。而此时，巫的时间运行到它的终点，通过勐神献祭仪式，它要使自己的时间重生。勐混的勐神名叫"帕雅嘎图"，是此地最早的召勐，也是有法术、能上天的神王，死后便葬在大白塔之下。人们相信祭祀勐神能够保证当地的丰产。由于仪式中杀牛献祭是要模仿宇宙开辟的过程，使时间回到最初的原点，因此从图式上看，勐神仪式意味着时间的逆时针运行，它要保持自己对生产的追求，便极力想要停留在"湿"的时间之中。而从这时候开始，随着社区进入干季，佛教则可以保持顺时针的方向运行。

由此，从6月到12月，佛教的时间运行方向和巫的时间运行共同构成了一组反向的钟摆式的运动。

在12月底，勐混在大白塔举行的赕塔仪式，表现出社会要将两者整合的努力。在这个时间的转化节点上，佛与巫也同时运行到各自时间的转化点上，双方的时间重合在一起。巫的时间的重生和佛的时间的恢复，正要通过大白塔的渠道进行一种内在的转换。大白塔将来自山野的无时间的灵力，经过佛教的规训，转变为社会的有历史的时间。这也意味着，巫的时间起点作为佛教的时间摆动的终点。这样双方互相作用产生动能，完成了一次年度周期的循环。

在干季即将终结时，又回到了泼水节，新年开始。傣历新年是佛与巫两种宗教时间观都在场的仪式，前者主要通过僧侣绕行沙山来表现，后者主要表现为用布幡象征勐神的在场。这个仪式中还有一个重要细节，就是由青年女子到河边取水浴佛。正如在勐神仪式中所揭示的，河面隐喻着佛的时间观，带来的河水清洗佛像，其实意味着要设法延续佛的时间，迎接即将到来的雨季。而在浴佛的时候佛像不可避免地被打湿,隐喻社区的时间被打湿,实际要通过这个场景重新拟设一个巫的时间起点来推动佛的时间,使佛的时间摆动能够继续产生动能。

为何要重新构拟一个巫的时间起点呢?因为傣历新年处于干季向湿季过渡的时期,巫的时间逆时针运行到这个过渡地带,不会再往干季走,而是随着自然节律将要再度进入雨季,它在傣历新年仪式中得到更新。但是佛教则即将走到它的时间区间的终点,进入另一时间区间。所以为了维持它在雨季的时间动力,需要在雨季开始之前,从巫的时间中重新获得转化的动能。

第三节 时间的钟摆(II):社会生产周期的调控

考古人类学家福勒(Dorian Q. Fuller)和罗兰(Mike Rowland)在一篇文章里,通过新石器时代遗址的考古发现,从食物和献祭仪式的角度,提出东亚文化圈基于"粘性的"粮食形成的一种以蒸煮技术为标志的文明体系。这种粘性食物的代表即"粘性的稻米"(stick rice),在制作过程中因这种食物特殊的淀粉酶而产生的粘性口感,逐渐成为具体社会的饮食偏好,由此发展出一套围绕食物的种植、制作技术和相关的礼仪,这些技术在文明早期也广泛运用于其他食材,例如在中国有青铜鼎,还有酿造的"酒"及关于饮酒的礼仪。尽管后来社会更为丰富复杂,但是由这套技术带来的身体驯化已经深深植入社会之中(Fuller, Rowland, 2009:1—37)。文章也指出,这种"粘性的"粮食最早的生产被认为源于东南亚的缅甸、泰国等地,但是这种说法存在较多争议。

地方学者高立士认为,西双版纳是亚洲栽培稻起源地之一,新石器时代就有人工种植的水稻(高立士,1999)。郭家骥在其《西双版纳傣族的稻作文化研究》一书中曾间接地表达过他对这些争议的看法,认为在国内和日本学界都有学者主张亚洲稻栽培起源于云南,但是现有的考古学证据表明,云南史前稻谷遗址最早在宾川白羊村,其年代大约在公元前 1825 年到公元前 1820 年,远远晚于印度北部遗址 4500 年。不过在云南发现的种植驯化野生稻的技术在新石器时代来说已经相当成熟,考虑到西双版纳一带一直是百越民族的聚居地,处于印度到东南亚的民族走廊,栽培稻虽不在云南起源,但却从印度或缅甸等地传入西双版纳并成熟起来。至少可以说,傣族是云南诸民族中最早从事稻作农耕的民族之一(郭家骥,1998:17—23)。

在郭家骥的观点的基础上,我们回到福勒和罗兰的文章中,就会发现他们所提出的讨论对于理解西双版纳社会文明的基础很有启发:由这套粮食生产和制作的技术系统支持了西双版纳社会的社会制度形态,包括等级、宗教和经济等。这大概相当于莫斯所说的“文明的道德母题”,即潜藏在文明之下的结构(王斯福,2008:88—89)。而更进一步地说,当我们走出新石器时代进入更晚近的帝国文明时期,可能需要探讨的问题是后来各种外来文明持续进入地方带来的干扰和反应。稻作开启了西双版纳的文明历史,稻作节律早已被视为自然节律的表达。正如前文所分析的那样,任何祈求丰产的仪式在这里都要追求完美地贴合这种自然节律,而追求另一种文明目标的宗教却力图使社会从中超脱出来。

一、稻作节奏:植物的丰产与控制

在 20 世纪 50 年代以前,整个西双版纳地广人稀,每年只需要种一轮稻作即可供自足,属于一种"原初丰裕社会"。传统耕作技术不用人畜粪便肥田,尤其忌讳人粪,认为用这种方式种出来的粮食祭祀会触怒神灵。传统上每年傣历 7 月撒秧,12 月收割,土地的休耕期较长。由于人们收获时留在稻田里的稻茬较长,收获之后的农闲期间会驱牛到稻田中吃草,野草和稻茬经牛的反复践踏被踏入泥中,就会变成绿肥起到肥田的效果(郭家骥,1998:31)。

由于一年只种植一轮稻作,每个月的农事活动节奏并不特别紧张,具体如下表:

表 4-1 西双版纳传统农事活动月份表(郭家骥,1998:39)

月份		主要农事活动
公历	傣历	
1 月	三月(冷山)	砍山地、割草、备料盖房子、砍烧柴
2 月	四月(冷伙)	继续砍山地、盖房子
3 月	五月(冷哈)	烧地、拣地、盖房子
4 月	六月(冷哄)	过新年,过完年后即开始备耕、修水沟
5 月	七月(冷基)	犁耖耙秧田、理秧田、浸种、晒种、播种,同时种玉米、花生
6 月	八月(冷别)	犁耖耙寄秧田、拔小秧、栽寄秧、山地种旱谷、收菠萝
7 月	九月(冷告)	犁、捂、堆、耙、平大田,拔寄秧移栽入大田、山地薅草
8 月	十月(冷取)	继续栽秧、砍竹子编篱笆围栅稻田、管水、山地薅草、种菠萝

（续表）

月份		主要农事活动
公历	傣历	
9月	十一月(冷西别)	稻田管水、除草,山地收玉米、花生、豆等,准备篱笆、镰刀、弯棍等打谷工具
10月	十二月(冷西双)	稻田开始收割,山地收旱谷并搬运回寨
11月	一月(冷惊)	稻田选种、收割、堆谷、打谷
12月	二月(冷干)	水稻收打完毕,搬运粮食入仓,开始备料盖房子

上表中标示阴影的月份对应的是雨季。这个季节正是一年中水稻生长最旺盛、农事活动最繁忙的时候。稻作周期决定了社会生产的时间安排,稻谷什么时候该浸种,什么时候需要插秧,都由其自身的生长周期所决定,不然一旦贻误农时,一年的收获便成为泡影了。西双版纳地区的稻作周期仍旧可以用图4-6来表示:

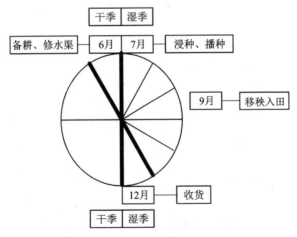

图4-6 水稻生长周期(按傣历月序)

图 4-6 显示,6 月水稻仍是种子的形态,7 月开始浸种,一直到 9 月秧苗长成,可以移栽大田。7 月到 10 月正是雨季,稻穗扬花、灌浆,最后在 12 月结实,此时西双版纳进入干季,充分的日照使稻谷褪去最后的青涩而成熟。6 月傣历新年,之后进入雨季,9 月社区迎来关门节,一直到 12 月开门节后,举行丰收祭。

我们依然从时间的钟摆里佛教那一端说起。从 9 月到 12 月的关门节是佛教加诸这一年度周期最显著的时间控制。这段时期社区内禁止婚姻、建新房,处于一种缺乏仪式的平静之中。而田里的水稻却在最苗壮的成长时期,就如同人处在他从青春期走向成年的过渡时期,他的下一步应该是结婚生子,完成社会再生产,如此连绵不绝,正如结出的稻穗,又是下一批可以生长水稻的种子。佛教对这种生命力的思考根本上是要否定和弃绝的,但是它要保持它对社会的控制,就必须宽容生产作为一个社会的基础,即使这件事情在佛教看来并不具备崇高的宗教道德。

20 世纪 50 年代以来,随着中华人民共和国成立,在西双版纳建立了一系列开发种植橡胶的国营农场,大批内地干部、复转军人和支边青年来到版纳,对粮食和农产品的需求逐渐打破了当地稻作农业的自给体系,促使其耕作制度从一熟制向多熟制转变;20 世纪 50 年代末期开始试行双季稻,同时还试行多种耕作制度(郭家骥,1998:40)。其中稻稻连作制度即早稻—晚稻,或者中稻—再生稻,让割后的稻茬自然再生结穗,其平均亩产一般可到 100 公斤,在 20 世纪 60 年代、70 年代、80 年代都曾反复推广过,但是推广面不大,至今仍未被当地傣族所接受。

从技术上来说,这是一种充分利用当地高温高湿的优越条件,不需要再增加任何物质投入即可收获粮食的好技术,但是需要改变传统耕作中让牛马踩踏的方法。实际上这也意味着这种技术包含着与原来社会的文化和宗教观念相冲突的方面,人们无法在观念上接受它。其中一个原因可能是会打乱原来完美的年度周期安排,使双重时间体系的平衡被打破。因为如果让收获后的稻茬再度孳生新的植株,而其中能让土地丰产的"马纳"已经随新谷被带走了,它必须完成对佛教时间的更新才能回到土地,否则这个时间链条上就出现了缺环。其次,再生稻将使休耕期变成农忙的生产期,这对佛教所掌握的社会时间和秩序构成严重挑战。在宇宙观上,再生稻加入生产体系会使佛教失去对干季时间的占据和掌控;在社会道德层面上,片面追求生产会打破佛教赋予社会的自我限制、自我控制;在佛教教会控制下的社区来说,社会需要以大量消费作为供养寺院、组织社会生活,过度的生产其实对社会维持自身也是不利的。

20 世纪 50 年代至今,西双版纳曾试验过多种耕作制度,除了稻稻连作制,还有稻油轮作制、稻麦轮作制、稻豆轮作制、稻肥轮作制和稻瓜轮作制,只有稻瓜轮作制大规模发展起来,逐渐成为部分村寨的固定制度(郭家骥,1998:40)。其中稻稻连作制不能推广的原因已如前所述,其他轮作制失败有的是因为不符合当地的饮食习惯,如稻油轮作制;有的是人力投入过多而经济效益比较小而被放弃,如稻豆轮作制和稻肥轮作制。

从 20 世纪 70 年代开始陆续修建成功的大型水库水利设施有力地改变了当地的种植条件和耕作制度,尤其有利于推广双季稻的栽培种植。现行每个月的农事活动情况如下:

表4-2 西双版纳现代农事活动月份表

月份		主要农事活动
公历	傣历	
1月	三月(冷山)	栽早稻,为西瓜田施肥;砍柴火,备料盖房子
2月	四月(冷秋)	瓜田打药,早稻施肥,备料盖房子,修房子
3月	五月(冷哈)	在田中守西瓜,为早稻除草,月底开始割胶
4月	六月(冷哄)	过傣历年,收西瓜、冬菠萝,卖西瓜、菠萝。割胶
5月	七月(冷基)	收早稻,种包谷、花生,修水沟、中晚稻备耕,割胶
6月	八月(冷别)	做秧田,浸种、催芽、撒秧,月底犁耙大田,拔秧栽秧,割胶
7月	九月(冷告)	月初继续栽秧,追肥、管水、除草,割胶
8月	十月(冷取)	种菠萝、栽橡胶、割胶,稻田管水,除草打药
9月	十一月(冷西别)	田中放水,山地收玉米、花生,割胶
10月	十二月(冷西双)	收谷、打谷、归仓,并送公粮,卖合同粮,割胶
11月	一月(冷惊)	犁田耙田,为栽早稻和西瓜备耕,15号以前仍可割胶
12月	二月(冷干)	栽西瓜,砍柴火,开始备料盖房子

可见除了原来9月到12月栽秧之外,在1月至7月又增加了一轮早稻耕作。这意味着在傣历新年前后收割早稻,并开始育秧晚稻。两茬水稻前后接连很紧,所以育秧的时间不如以前充分,选用的谷种也不一样了。

对此,有的学者已经指出,20世纪50年代以前,西双版纳傣泐农民只求挣到足够维持传统生活标准的钱,如果更多的财富意味着必须更勤劳,他们就不大想干了,所以在傣族村寨经常是只种好种的田,而弃大量可耕地不顾,并且很长时间坚持只种低产却容易管理的稻谷品种。但是现在,尤其是 20 世纪 80 年代以来,当地人对工作与财富的传统态度发生了剧烈的变化,可耕荒地不再有了,稻作制度也已经从单季变为双季,到处都采用了高产的品种。以前在关门节期间是不准耕地的,现在这个戒律实际早已废除。(谭乐山,2005:123)

稻稻连作制对原有的时间体系造成的影响在仪式上的改变比较缓慢。但是由于增加了社区劳动,对于佛教的影响已经可以看到。对于传统社区价值观而言,双季稻作为现代化过程的一种技术,它的进入基本改变了社区原来半年休耕的生活节奏,使得人们更多去追求生产、争取更多经济利益。青年人不再像过去那样愿意进入佛寺当小和尚,而是寻找他们自己的生活方式,大部分外出打工,不再守着家里的土地生活了。这种和内地农村一样的变迁现象正在冲击原来双重时间体系的宗教基础。

值得指出的是,西双版纳的稻作并不是独立的生产系统,而是与"竜林"结合在一起的农业生态系统的有机组成部分。已有学者指出,西双版纳传统农业生态系统由"竜林"—坟林—佛寺园林—竹楼庭园林—人工薪炭林—经济植物种植园林—菜园—鱼塘—水稻田组成。这个生态系统本身就是一个完整的傣族村寨群落。傣族村寨通常建在田坝四周的丘陵地段,背靠大山,前临田野,水渠从寨脚田头流过。"竜林"位于村寨背靠的大山上,作为村寨的保护神,居高临下,全村的农舍、人畜、农田均在其视野之内,面积一般 300—500 亩。坟林是公共墓地,一般在寨子两侧。佛寺不能建在寨中或寨脚,必须建在村头寨门外,祭祀勐神和寨神的时候,本村佛爷和尚和外人一样,不能入寨门。佛寺庭园种植多种植物,例如菩提、榕树、细桂等。在村寨附近的山坡上,则种植多种经济作物。因此,这个生态系统的园林分布从高到低依次是(1)"竜林"。(2)佛寺及经济植物种植园。(3)村寨、坟林、人工薪炭林。(4)菜园、鱼塘、水井。(5)大面积水稻田(高立士,2010:14)。

在这个生态系统的层次之中,稻田和"竜林"、村寨与佛寺构成了两对内外关系。前者是有关于丰产的,"竜林"所居的勐神将天上的雨水转变为地下的水分以及可灌溉的地表径流,哺育了稻田的丰产。这对关系将祖先的世界与活人的世界联系在一起。村寨与佛寺的关系则关于社会道德和伦理,来自村寨外部的他者带来了知识,对当地社会进行文明教化和道德训诫。稻田因为是村寨内部之物,也是村寨的核心标志之一——"西双版纳"意译为"十二万稻田",可见稻田对于版纳社会的重要性,它既需要承接来自"竜林"的灵力,以保证自己丰产,又要接受佛寺的知识驯化,以符合一个社会体系运转的要求。关于版纳现代经济的问题,我们在本章第四节还会进一步讨论。

二、人生礼仪:社会的丰产与文明

水稻的一生即是人的一生之隐喻。人像植物一样生长开花结果,又诞生出下一代新的生命。伴随每个人生阶段的转化,就会有相应的人生礼仪作为标志。人的再生产其实就是社会的再生产。在西双版纳,由于佛教已经深入到社会结构内部,当地的人生礼仪之中也浸染了佛教的道德戒律和要求。

　　过去,当地的男孩子通常在 10 岁便要进入佛寺当小和尚,他们在那里接受教育,学习文字、佛经、算学、宇宙观和礼仪等(陶云逵,2005:249)。16 岁左右升为二和尚,这时候他已经能写字,了解一些基本的教理。当了二和尚以后,他便能随同长老或大和尚外出做佛事,充任助理,并掌管寺中的杂务,例如保管经典和祭器等(陶云逵,2005:253)。大概在他 18 岁这年,他如期达到甚至超过二和尚("帕竜")应有的水准,他就充分具备了这个社会的成员应有的素质。这个时候他便面临一个选择,或者继续升为大和尚("都"),或者还俗回到社会之中。大和尚是本寺第二高等级的僧侣,可以到别地去游学或讲学,到了大和尚级别便有望进修为一寺的长老,也称大佛爷(陶云逵,2005:253—254)。通常升到这个级别的人都有继续修行的决心,一旦成为长老便不可能再还俗了。可以说从二和尚开始是个分水岭,神圣和世俗的世界两条道路毕竟只会越行越远。大部分人都会选择回到社会,如同关门节期间的水稻一样,也有很少的人会继续修行之旅,停留在佛寺所保持的"干燥"的时间之中。

　　由于弃绝世俗,使佛教成为超越世俗的道德化身、崇高精神的清净世界。它所保持的宁静和约束,维护了整个社会在生长欲望旺盛的雨季不至于失控,不至于重回混沌——创造性的生同时也是毁灭性的破坏。然而与此种慈悲一起,它也使社会必须承担自身的历史重量,战乱、疾病、分离、死亡的恐惧……在持续的时间中积累,人们要在尘世之中无限忍耐,直到有一天死亡带来最终的解脱。

　　田汝康在他的《芒市边民的摆》一书中,看到佛教仪式作为整合傣族社会的主要方式,提供了一种神圣的宗教感情,使人们超脱现世,消耗财富和精力来竭力追求永恒世界的宝座(田汝康,2008)。他跟随涂尔干的研究,看到了这样一种社会道德的可爱之处,也看到这种道德教育对于社会的意义所在,但他并不知道涂尔干也说过,社会过度文明化的结果便是僵死。陶云逵对此大概还稍有保留,他在《车里摆夷之生命环》的研究中,强调还有另外一种宗教——勐神祭祀仪式的存在会反对这种道德压制,并且两种宗教的关系使社会充分保持了一种中间状态。

对本书而言,我们试图进一步探讨的关键问题是,社会在为一个人 18 岁时候准备的两条出路,其来源在哪里。对此,或许可以回到这个生命环的最初阶段,即种子开始生长出来的时候去观察其形态。与稻作生长周期对应,10 岁的孩子进入佛寺之时经历着从种子到秧苗的阶段,他们要成为小和尚需要通过特定的人生礼仪。陶云逵描述过这个入寺礼,但与笔者的田野调查有所出入,经过比较,这个出入隐含着有趣的问题。为叙述方便,以下仪式过程以笔者的田野调查为主。

男孩入寺当小和尚在西双版纳称为"升和尚"。勐混"升和尚"举办时间通常在傣历新年之前、农历新年之后。原来"升和尚"的时间大概在丰收祭之后,傣历 12 月、1 月份期间,但因为现在都实行义务教育,丰收祭大约为公历 10 月、12 月,孩子们还在上学;一直到泼水节前公历 2—3 月份,这个时间孩子们已经放寒假,而且社区还处在农闲时期,比较合适。"升和尚"是一个家庭的大事,也是一个社区极为隆重的盛典。往往提前两三个月,大佛爷、阿章和康朗们就开始商量,由各村社挨家挨户进行统计,今年大概会有多少户人家的男孩要"升和尚"。

在决定具体入寺当和尚的日期之前，男孩们先得花 3 个月左右的时间在佛寺内进行初步学习，要学会诵读仪式上所用的经文，还有动作行为上的训练，包括诵经、修行和仪式的仪轨。这时候还不需要剃发修眉。

一个社区年龄相仿的男孩都会在同一天入寺。入寺礼前天，各家孩子以香花沐浴，穿上新衣坐在床上不能动，如此坐一天。这天"升小和尚"的家庭门口都要树起高高的带着竹叶梢头的竹竿，上面挑着白色长布幡，布幡上书经文（见图 4-7）。人们都知道，有这根竹竿的人家今天家里请客，杀猪杀牛款待四方来的亲友。即使是再远的亲朋好友，事先得知消息都会到访，每人送米一筒，

图 4-7 "升和尚"的家庭要树立的竹竿（摄于勐混 2012.1）

手持腊条,还带着礼物或钱,来参拜男孩,并将礼物和钱财都堆在男孩身边。男孩则念经给来人。此时男孩身上的新衣是特制的礼服,形制为过去土司或贵族的服饰(见图4-8)。由男孩的寄父母准备好次日需要穿上的袈裟和佛珠,整齐地放在托盘里,接受人们的礼拜,袈裟和佛珠不能接触地面(见图4-9)。来访的人们唱歌跳舞闹个通宵,寨子里灯火通明。来拜访的人越多,显示主人家越有面子,地位越高,家中越富贵。

图4-8 盛装的男孩准备"升和尚"(摄于勐混2012.1)

同时,各家还会到佛寺里扎彩棚,预备第二天给"升和尚"的小男孩及护送队伍驻扎使用,届时棚子里会堆满各种礼物、供品、香花和米花。

第二天一大早,各家各户很早就到佛寺里的彩棚先行摆放一部分礼物。其中有两样东西是每家每户必备的。一件是将门口挑

图 4-9   为"升和尚"的男孩准备的袈裟(摄于勐混 2012.1)

着白幡的竹竿移到彩棚门口来,二是准备两桶井水,仪式中要放入彩色的米花,供滴水用。

这天下午,各家将男孩连床抬去佛寺,一路敲锣打鼓,陆续来到佛寺。途中禁止男孩的脚落地。如今生活条件好了,很多家庭开着车送孩子入寺,不像过去全程由人背着或坐轿子。"升和尚"往往倾尽一家甚至一个村民小组之力,成为一种争取风光和面子的仪式竞赛。有实力的人家和寨子"升和尚"的时候除了用汽车送,还有彩车、鞭炮、统一着装的舞蹈队;围观的人们对这些排场品评议论,时不时发出惊叹声。

到了寺内,男孩们要脱去礼服,将袈裟顶在头顶排成一排,面对大佛爷。大佛爷开始念经,念完后由寺内僧人给孩子们换袈裟,但余留一角披在肩头并未拴牢,由大佛爷代为系上。同时,大佛爷给男孩起新名字,这个名字即他的僧名,也是他以后人生中所用的名字,无论还俗与否。之后,大佛爷继续念经,小和尚们跟着念,在场的亲友跟着经文滴水。

在这个仪式中,男孩换上袈裟之前所着的贵族礼服传达了特殊的意义。他在获得僧侣身份之时,还扮演着土司的角色。这预示着过去土司在幼年出家时也会是同样的着装。从社会学意义来说,与普通人不一样,继承世俗王权是土司注定的命运,他无法同时成为最高等级的僧侣。前文已叙,担任最高等级僧侣的是他的兄弟或者叔叔,这些人本来也是王位的合法继承者。那么,土司仍旧要出家这件事情就在客观上构成了他和他的兄弟另一重竞争。但是入寺礼上的两套着装却体现了佛教对于此事的调节。贵族的礼服表明土司在进入寺庙时,并没有完全捐弃其世俗身份,他本人即是双重性的,更明确地说,他是一个双生子的隐喻。一方面他代表世俗王权,另一方面他也代表着他的兄弟们将来要占据的位置——神圣的宗教权力。现实中土司自然不可能实现两种政治-宗教身份,而这也不是这套文化图式原本的意图。最重要的其实是,由于这个隐喻的存在,才给人们从神圣世界退回世俗的可能,社会在宇宙论上才有生存的余地;而这在土司身上集中体现出来了。

根据陶云逵的田野调查,在 20 世纪 30 年代平民的入寺礼还没有出现穿着贵族礼服这个细节。可以推测的是,这并非陶云逵田野不够细致,他所调查的可能都是平民而非土司的入寺礼,因为在他调查的时候土司制度仍在,贵族与平民之间仍旧有等级之分,平民自然不可能被允许穿上土司的礼服。而笔者之所以能看到这个细节,乃是因为土司制度终结之后,当地社会仍旧演绎这个逻辑,而且它在这几十年中被大大地强化了,以至于这一特征显眼到难以忽视。

　　在陶云逵调查的年代,土司、贵族和平民之间的鸿沟是难以逾越的,随着土司制度的消失,许多专属于贵族阶层的仪式细节也随之消失不见,上述的这个细节是少数仍旧遗留下来礼仪之一,通过改换形式进入平民的社会风俗得以保存下来。所幸,我们从原西双版纳自治州长召存信的口述史中能够查阅到土司人生礼仪的重要部分,有助于补充理解双重时间体系在人生礼仪中的表现(黄金有,2007:5—7)。[①]

　　召存信是整董版纳土司孟翁罕和版纳勐捧土司之女沙玉的第三个儿子暨幼子,等级高贵,自幼颇得孟翁罕和沙玉的宠爱。小王子的满月礼"峦冷"是祝贺王子出生为人的重要礼仪,召勐派人前去请人给王子写"宰搭",按照小王子的出生年、月、日,连续三次推算其属相,包括长到几岁会有祸害,几岁会有好运,担当何种官职等,推算好后呈给召勐过目。待召勐允可,确切无误之后便将命书写在 3 层白布上,即为"宰搭"。召勐给小王子准备拴线的礼物有:1 套小衣服、1 顶小帽子、1 对金手镯(重 2 两)、1 对鸡,放在"木欢"(魂桌,即傣族人平时用的竹编小蔑桌)上,"勒司廊"还要找 1 头腰围 5 个拳头大小的肥猪放在桌上。此外,还要准备 1 头金毛黄牛、1 罐酒、10 串槟榔、纯银 3 两。

　　当拴线时间已到,各土司头人带着礼物来到,依照职位依次坐下,由巫官开始祭祀勐神。祭祀完毕,管事将盛放礼物的"木欢"抬

到大厅中央,请小王子和召勐坐在一旁。召勐用手指搭在"木欢"边沿,然后由巫官开始吟诵祝福之词:

"今年是吉祥之年,美好之年,今日是神圣之日,是日月星辰最闪亮的吉日,是宇宙间最晴朗的吉日;今天是天神赐福予人间之日,使得人间在它的洪福之下,明理安居,使得各族人民在它的光辉照耀下,团结互助;今天是骏马驰骋、金鲤鱼自在之日,今天是佛祖成佛之日,是智慧放射出光彩之日,今天是白象走出山林、人民欢笑之日,是傣润驯服大象、兰掌人欢庆、百姓得以恩惠之日,今天是吉利之日,人民朝顺之日,从今日起,百病不生,灾祸远去,福光高照。小王子是天神派下来领导天下百姓和全勐臣民的王。"诵完祝词,官员头人一边用丝线给小王子及母亲拴线,一边祝祷。母子俩右手套金手镯,左手套银手镯。接下来是召勐为首的王室家族为小王子拴线祝祷。最后是来朝贺的百姓拴线。

在小王子的满月仪式上,可以看到巫和佛都在场,只不过巫的在场是明面上的,而佛的在场比较隐蔽。勐神和巫官是主持仪式的主要宗教人员,但是事先给孩子算命并书写"宰搭"的往往是还俗之后俗称康朗的佛爷。此外在巫官祝祷的颂词中,也混合了佛与巫的元素。巫官祭祀勐神,是将小王子与祖先的世系确认下来;而命书"宰搭"的计算、保存在佛寺之中直至其人去世,则将人主重新纳入社会秩序之中来管理。

如果说巫处理社会生产的"生",则佛负责管理社会的"死";前者赋予社会激情、冲动和欲望,后者教导社会冷静、理性以及道德自律。前者是整体主义的重生,后者是个体主义的救赎。最终,这个"生"与"死"的冲突和平衡支持着社会的主体结构。召和孟级的贵族为这个社会带来生殖的能力,平民则成为社会规范和道德的主体。当这个社会需要自我更新的时候,就会举行勐神献祭仪式,而这在历史现实中的对应,就是放逐和杀死土司。历史上的勐混是全版纳情况最突出的,在 1949 年以前土司曾多次被围打,从清末到民国 40 多年来当地连杀了五个土司及其家属,这在其他各勐都是没有过的(李尧东,1983:22)。

三、王权神话对仪式的展演

勐混人如何理解他们的时间钟摆?这种双重时间体系构成了他们的文化图式,他们在日常生活里体验它、实践它和表达它。这一文化图式本身是历史的结果,当地人通过神话将其表达出来。笔者在当地搜集到两个不同的讲述勐混地方起源的神话。为篇幅所限,以下对神话的引用均有适当简化。

其一:

勐混原来是一片大森林,林中生活着各种野兽。勐混坝子呈三角形,一角伸向勐海,一角伸向景真,一角伸向勐板。人们形容它"两头坝子露肋巴",意思是勐混坝子有两个坝子头,还有一块地方像露在外面的肋巴骨。

据说很久以前,有一位大力士从勐纳帕来到了勐混坝子,看到这里地形非常适合修一个大湖,于是就编了两个箩筐,用一根很粗的扁担去挑山。他把挑来的山堆在一起垒成一座大山,来作为堵水的大坝。后来他的扁担断了,砸在山腰上,这座山就被人们称为"扁担山",那两只装山的箩筐也变成了两座山。

　　大力士走了以后,过了很多年,有爷孙二人为寻找食物,从勐阿腊维来到了这个大湖,决定住下来捕鱼为生。不久,迦叶佛陀巡游世界到了这里,觉得爷孙俩依靠这个大湖生活建立不起寨子,于是就帮爷孙俩放干湖水。佛祖用手中的神杖从南开河上游由北向南划了两条水道。考虑到建立村寨后,水田遇到干旱将缺少水源,于是佛陀又把拐杖往回划,让水流回坝子。这条回头的水道,人们取名为"南混",意思是倒流的河水,"勐混"就是指河水倒流的坝子。佛陀划出水道以后,对爷孙俩说:"湖水流干后,土地就显露出来了,你们就生活在这里吧。"佛陀还给这个地方起名叫勐庄巴,意思是鱼米之乡。(铁锋、岩温胆,2006:255—256)

其二:

　　勐混的勐神名叫帕雅嘎图,他也是最早的召勐。传说他脚很小,个子高,武功盖世。勐遮周边的部落想来攻打勐混,但是都打不赢他,外边的王都进不来,所以现在勐混祭祀勐神用的是黑牛,勐遮勐海用的是白牛。曾有一次勐遮召勐召真憨派人到勐混送信,说要重新划分两勐之间的地界。双方约定以赶猪的方式来决定,哪边的猪群走得快,土地就占得多。帕雅嘎图命手下把猪捆好抬上,让人在后面用竹子插地伪装猪蹄印,一直过了勐混5公里才放猪跑。然后帕雅嘎图便在此处植了一棵芒果树为证。召真憨请求帕雅嘎图退回去一点,帕雅嘎图便退回3公里。后来这里建了一个寨子叫"曼坎混",意思是"往后退的地方"。

召真憨吃了亏还不死心,率兵来到勐混地界。帕雅嘎图在寨头曼火勐等他。两人见了面,帕雅嘎图对他说,"朋友,你的刀很利,可以把这块大石头劈开吗?"召真憨一刀将石头砍成两半。帕雅嘎图又说,"你还能把它们再合在一起吗?"召真憨无法可想,只见帕雅嘎图用铁杖一点,就把两半石头重新合一了。召真憨便灰溜溜退走了。

打赢了召真憨,位于勐混往打洛方向的勐板召勐又向帕雅嘎图挑战。挑战的地方有一条河,后来就叫"南批",意为"吵架地方的河水"。帕雅嘎图又赢了,于是勐混和勐板就以河水为界。

帕雅嘎图有一个7岁的儿子,他将儿子赕给了帕召(佛祖),建了勐混小白塔。这位7岁的小王子沙满念跟着佛祖去修行。等到他16岁的时候,有一天帕召叫他到跟前说,沙满念,你的父王死了,你回去吧,你带着我的三根头发,就能上天入地。于是沙满念拿着帕召的三根头发,闭上眼睛飞回了家。这时帕雅嘎图已死,沙满念将父亲尸体火化后的骨灰取了一些埋在勐混大白塔下。

这天晚上,沙满念做梦梦见身上的袈裟着火,心生不妙,于是赶紧回去找帕召,发现帕召已经圆寂了。帕召的骨灰和舍利已经全部都被勐海、勐遮抢着分掉。八个地方的头人开会,说他晚了只能拿走头发,舍利是不能再分给他的。沙满念只好把骨灰连土撮起,用布包起带回勐混。沙满念继承了皇位,治下风调雨顺。他死后,人们把他埋在小白塔,又将大白塔帕雅嘎图的骨灰取出与他合葬,把佛祖的骨灰和头发留在了大白塔下面。由于习惯,人们赕塔的时候仍旧先赕大白塔,再赕小白塔。[①]

两相比较之下,我们可以看到,第一个故事经佛教加工的痕迹很重,侧重展现的是佛教的时间观对当地社会的控制。笔者在当地一些阿章自己所写的地方史志中看到过类似的版本,此处所引的来自一份公开出版的地方文献,由西双版纳一位受过民族学训练的当地知识分子实地搜集并撰写。相比之下,第二个神话由笔者采集口述,它更侧重从巫的时间观对当地历史进行表达,其中保留着对地方王权历史的理解,比如故事的核心是王权与白塔的关联,其中亦牵涉佛教的进入,所包含的信息更丰富也更充分,对我们理解当地历史更为有利。因此,笔者主要从第二个故事中探察佛与巫的双重时间体系这一文化图式如何得到表达。

故事中的帕雅嘎图也叫"叭雅宰帕沙",他的儿子沙满念也叫"基达三麻领",佛祖称"帕召",即"召戈达麻",可参见本章第一节。

我们从第二个故事的情节里找到四个步骤:

1. 帕雅嘎图打败了敌人,在他死后,他的儿子沙满念将他埋葬在大白塔下。

2. 沙满念从7岁起跟随佛祖学习,以佛祖为师。在他继承王位之后不久,他的师父也死了。

---

① 对康朗叫的访谈,勐混,2009年10月。

3. 沙满念将佛祖的头发和骨灰也埋在大白塔下，和他父亲葬在一起。

4. 沙满念死后，被葬在小白塔下；他父王帕雅嘎图的遗体被从大白塔移至小白塔，与他合葬。

帕雅嘎图是一个巫王合一的形象，他本人有法术，能够上天入地，在他统治时，勐混处在一个黄金时代，占有土地亦占有河流，能保证丰产。沙满念将其埋在大白塔之下，这使大白塔获得了神圣性，也是后来王权与之建立关系的基础。沙满念后来将佛祖的遗体与帕雅嘎图埋在一起，表明佛与巫的并存；之后佛祖的遗体与帕雅嘎图分开，表明佛与巫的分离。最后，沙满念与帕雅嘎图合葬，表明王权世系的最终确立。

对照勐混的年度周期图式，我们将看到，神话实际讲述了年度周期的钟摆运行逻辑。第一步从巫王的死亡开始，对应于傣历12月的勐神祭祀仪式，在仪式上杀死的圣物公牛，也是勐神的化身。第二步佛祖的死亡，对应于傣历9月至11月的关门节，此时僧侣禁止外出，佛寺成为一个与死后世界相连的空间，切断了与世俗生活的关联。第三步佛与巫的合一，对应于傣历12月底或1月初的赕塔仪式，在这个仪式中，佛与巫通过白塔这个渠道实现了"马纳"的沟通。第四步佛与巫的分离，以及王权世系的建立，对应于傣历6月的傣历新年。从这个新年仪式开始，佛与巫进入对反的时间摆动，同时又互相牵制对方。

然而，王权世系的建立并不需要每年都重温一次，也就是说不必进入这个时间周期，因为事实上它是通过土司诞生之时的人生礼仪来体现的——前述小王子的满月礼中，在小王子诞生的时候就要举行祭祀勐神仪式,那时候已经确定了他与祖先之间的纽带(黄金有,2007:5—6)。

王权神话叙述的其实就是勐混的年度周期,将这个神话与勐混年度周期仪式图相对照,两者关系则一目了然,如下图所示:

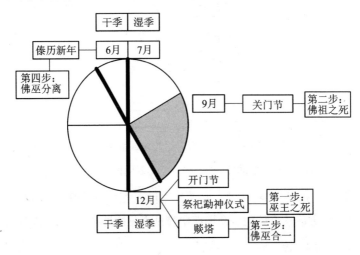

图4-9 勐混镇年度周期仪式(按傣历月序)

也就是说,由于佛与巫双重时间体系的影响,勐混的宇宙观念可以被视为年度周期的钟摆运动,大约从傣历12月摆向傣历9月,再回摆至12月或1月,最后摆至6月,它不会在佛或巫某一端真正停止。这个摆动过程见图4-10,图中已经用两种箭头标示了顺时针运动和逆时针运动的交错。作为勐混社会的逻辑,它通过神话讲述这样摆动的意义。巫给予社会最初的神圣性、生产力的本源,然后社会必须接受佛教的道德规训,而佛教又需要给巫留下空间,社会需要两者沟通和协调才可成为整体,这种整体性恰是在保持佛与巫各自的相对独立性基础上才得以可能。

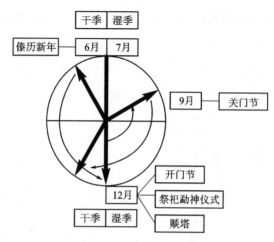

图 4-10　年度周期的钟摆运动

　　佛与巫作为外来的宗教,为内在于文化图式的这种双重结构提供了源泉,这种文化图式通过社会的方式作用于个人,如此一来,我们方能从个体的生命周期中窥见文化这种精巧的、令人叹为观止的构思。

　　在佛爷、土司和巫官三者关系中,土司作为社会的整体表达,必须在佛与巫之间不断穿梭,其王权的神圣性来自于这两种主要宗教的结构性关系。这种结构性的关系又是在长期的中印文明碰撞中形成的。一方面,来自中华帝国的封建体系试图将王权的宇宙观与土地、丰产联系在一起,在社会体系上要求确立父系继嗣原则。在这一封建体系下,王权要依靠皇权才能有所保证。

　　另一方面,来自印度文明的宗教挤压构成了与封建体系不同的关系。在前佛教时期,印度教中对土地和丰产的追求使之容易被本地化为一系列与土地相关的祖先、谷神等,亦可以转化为中华帝国对当地进行封建所仰赖的宗教基础。佛教的进入带来了强烈的文明冲突和文化冲突,作为一种普世宗教,佛教本身难以像勐神那样本土化为具有当地社会特色的神灵崇拜,而且佛教追求的社会形态是要建立杜梅齐尔所发现的印欧王权模式——祭司—武士—生产者三重功能结构,它要求教主具有至高无上的地位,这与中国封建体系中皇权所追求的社会形态相冲突。在后者那里,皇权并不像教主那样有至高无上的权威,它的宇宙观在本质上不是要将自身造就成某种唯一至上神的化身,而是成为约束多种宇宙观的机制(张亚辉,2010:87—132)①;这更类似于勐混的大白塔,是使得多种神圣性得以交流并约束它们的交流的通道。由于中国与印度两种文明形态都已经在历史中发育得充分成熟,这种冲突是根本的,极难调和,从而影响到诸如西双版纳这种中间地带的王权形成。

在勐混赕塔的仪式中,大白塔被视作与皇权同一性质的搬演和想象,王权通过地方神话来构建自己与它发生关联的历史,以此获得了对赕塔仪式的掌控,也就是对佛与巫双重时间体系的容纳统一,整体的社会才变得可能。笔者在访谈中获知,过去赕塔需要申报土司批准日期才能举行,并且仪式中土司也要在场,现在土司消亡之后,就改由当地最有威望的康朗代表。同时在大白塔周围,建有 11 个小型神龛,里边供着"丢瓦拉"——当地传说中帕雅嘎图之后掌权的 11 位召片领祖先。神话中帕雅嘎图被从大白塔移走

---

① 张亚辉在文中探讨中国是一种萨满式文明,在这种文明结构中,皇权之上实际允许宗教作为帝王师存在,各种具备通天能力的知识阶层得以构成皇权的道德限制,同时在现实中又要接受皇权统治(张亚辉,2010:116)。这实际暗示,在这个知识阶层从皇权之下(人性)到皇权之上(神性)的通道之中,皇权成为联结这种宇宙论的管道和节点。

之后,通过他所建立的王权世系却获得了在场"监控"佛教的资格。赕塔仪式中土司的在场,再度强调王权现身观看这场盛大的展演之必要性,惟有在此条件下,社会的象征意义和实体才能得到充分呈现,而文化和个人通过社会的集会均实现了自身。

　　基于陶云逵田野的延伸,我们看到本书对双重时间体系的理解给出了一个不同于神圣王权理论的解释模式。萨林斯在他的《陌生人-王,或者说,政治生活的基本形式》一文中,曾试图从文化理论给予神圣王权一个新的理性的基础。他认为,一个社会的权力总是来自社会外部的"陌生人",本地占有着土地和宗教,"陌生人—王"占据着权力和政治,前者通过向后者提供女人,获得了后者的世系,在这个世系的确立中,本地社会开启了文明化的历史,外来者得到了本地的永久居住权。这种宇宙观的并接预示着文化以不断包含他者的方式进行自体生产,那么"这种他性的政治学","在不同文化形式中,为了攫取潜在的外部物品,达到繁荣本土社会的相同目的,人们采取了各种类似的、超越边界的实践形式"(萨林斯,2009a)。如何能够发现抑制这种文化扩张的机制?萨林斯在他紧接的另一篇文章《整体即部分:秩序与变迁的跨文化政治》中提出了一种文化区域的政治动力学主张,他认为存在这样的文化区域,其内部构成是等级式的,它们聚焦于一个或数个文化权力、财富和价值的中心,因此又可称为"文化顶峰",它们的精致性可以成为边缘民族渴望或讨厌的对象。当然,典型的文化顶峰乃是由那些支配型的国家所充当的,它也常与文明中心重叠。出于对这些文化顶峰的向往,不同社会在相互关系中各自采用了不同的文化策略,以求相互区别和竞争。然而这种竞争似乎是无穷无尽的,因为每个社会总想联系更高的超宇宙的力量来增强自己的合法性,这就意味着要追求万王之王,之王的之王……文化将永远发现另一个更大自我等待吞食(萨林斯,2009b:127—139)。

萨林斯似乎是想把涂尔干的实体的社会与观念图式的社会分开,一个放在内部,一个放在外部,外部的叫文化,内部的叫社会,但他并没有成功解决"民族精神"的困境。如果说在涂尔干那里民族主义可以表现为某种"社会整体主义",在他这里民族主义就化身为神圣王权。

而在西双版纳的"双重时间体系"中,土地与王权都是本土的,宗教才是外来的,本土的王权要接受外来宗教对它的社会驯化,这点萨林斯说得没错。但是王权并不直接受外来宗教的政治统治,它也不是在寻找一个更大的包含者,而是在其内部形成了结构划分,一头维系着佛,另一头维系着巫。王权与宗教之间是互相限制的,王权既满足于佛与巫对它的双重限制,同时,它也竭力维持它对佛与巫的约束,使其在社会内部得到并存和沟通。作为中印文明的碰撞地带,西双版纳的这种王权模式可能在整个东南亚也颇为普遍。

第五章　近现代历史变迁的挑战：
双重性如何适应现代性

从 19 世纪末 20 世纪初到 20 世纪 50 年代，中国经历了帝制时代的终结、向现代民族国家的转变，这个转型从制度和组织上均对边疆地区的西双版纳产生了深刻影响。其中，西双版纳的双重宗教体系是否适应现代性这个问题一直是诸多有关边疆社会发展和治理的核心议题之一。通过以下对勐混这一个案近现代历史的考察，笔者试图呈现当地社会调整自身和发展的内在动力。

在原有的双重宗教体系中，以勐神祭祀为核心的巫的仪式体系其实是社会自身丰产的宗教基础，很难被彻底消灭，这是即使最激进的现代化改革者都不得不承认的社会事实。而佛教因为有制度化、组织化的"身体"，往往成为醒目的目标。它所引起的争议主要在于佛教的宗教消费是否对地方经济产生不良影响，是否阻碍了生产活动。

针对这个问题，许多研究南传上座部佛教的学者强调，佛教激励人们积累功德、奉献财富，这些行为不会为资本投入而积累财富，也不鼓励为了持续增加生产而不断投入理性的工作（Ingersoll，1975：219—251）。这个说法显然不利于人类学对地方性惯有的维护。之后一些人类学家在东南亚佛教地区的研究指出，在赕佛仪式等活动中对物质和财富的巨大消耗,表面上是为了获取功德、赎罪,实际上都是为了积累在社区当中的声望(Spiro, 1966:1163—1173; Keyes, 1983: 851—866)。在这类观点的引导下,有的研究者进一步提出,西双版纳真正用于宗教的开支,例如祈祷时所供奉的腊条和"帕杰"并不值钱,尤其是坐禅除了身心投入之外什么都不需要;因此宗教开支真正成为一笔大数目的时候,恰是在追求世俗欲望如声望、加强人际关系的满足的时候,是个人的欲望动机,而不是宗教本身的问题(谭乐山,2005:119—120)。

这些研究虽然都试图给佛教在当代社会中的地位以合法性解释,但是对宗教与社会关系的思考带有许多功利的色彩,出发点都是假设付出总要有回报这样一种经济理性,如果不是出于宗教原因就是出于世俗原因。这种讨论往往会将问题带入另一个误区,就是南传佛教与经济并没有直接关联,当地人只不过"利用"了宗教的外衣来谋求个人的利益。这样的结论任何一名当地的佛教徒可能都不会接受。

事实上,问题的关键在于,当宗教与经济生产之间是否矛盾作为质疑被提出时,已经表明我们对于"生产"的理解与当地人对"生产"的理解有很大的分歧。在本章第三节的讨论中,通过稻作周期和双重时间体系的分析,我们看到佛教调节和规约着社会生产的方式,本身已经包含一套文明化的"生产"理念——它要求有节制的、对自我欲望进行控制的生产,而不是一味追求速度、追求无限。当地的经济体系本身是社会的一部分,同样接受这种理念的塑造,而不是作为独立体系与社会整体对立。因此,如果离开地方的历史和情境来讨论南传佛教对经济发展的阻碍作用,其实只是将某种对经济的预期——例如资本主义经济体系的观念强加给当地社会。

西双版纳在整个国家转型的现代化语境中，所发生的变化和调适是相当复杂的，其中并不是只有一种现代性的经济力量不断单向压迫着宗教和社会的空间，而是也有南传佛教在重建时对现代性的一些根本问题的不断思考，南传佛教进而发展出关于社会慈善事业、个人修行的新举措。不仅如此，从清末至今，国家权力对地方控制的逐渐深入主要通过制度下行的同时，也给民间提供了越来越多的社会流动的机会，这些也都改变着西双版纳社会的组织结构，进而又影响着佛教教会的重建。尽管如此，双重时间体系的核心关系一直到近代都延续了下来，以神话和仪式作为其最显著的表达方式。从这些方面而言，西双版纳的宗教双重性是否也蕴含着与现代性有所吻合的因素呢？

这个问题我们只能先提出来。由于当地社会变迁过程非常复杂，之前也没有足够深入的研究，因此在下文中我们仅能根据材料中的历史线索，努力呈现国家、宗教和社会三者的变化样态，至于三者之间的联动关系，目前只能提出一个大致的分析框架，还远不及明确回答并解决问题的程度。但是先提出问题仍然是有意义的，希望它能引起更广泛的关注探讨，帮助我们避免重复对当地发展问题的旧思路。

第一节　民国时期现代化观念的输入

根据前文我们对西双版纳土司制度史和宗教史的分析，包括西双版纳在内的整个西南地区在清雍正朝鄂尔泰改土归流时期，经历了一次历史性的变革冲击。这个冲击来自土司制度的削弱和科举制度的进入。勐混的土司设置很可能也是在这一次历史变革中开始得到中央朝廷承认的。

根据《泐史》所载，勐混从第一任西双版纳召片领叭真时代开始，即是景龙金殿国所控制的一个属地，后来成为一个独立的版纳，从明到清都隶属于车里宣慰使管辖。

勐混的召勐（土司）世系最早能够追溯到17世纪左右，最初的召勐由景洪召片领封委而来，直到1956年共传了18任。他们依次是：召发莫坎—召发片—召牙哦也—召布门—召哉乃—召发勐竜—召景坎—召漫海宰—召锤补—召牙竜搬播—召拉马—召牙马给捧—召牙马哈宰—召朗温底—康朗坚翁—召勐腊—召勐康—召火怀。这些召勐并非都来自同一个世系，其中如召朗温底是召片领遗弃的前妻之子，他原住缅甸，接任勐混召勐9年之后，将当地转托给康朗坚翁由其代理治理。后来康朗坚翁因为赌博被柯树勋逮捕关押了3年。勐混地方无人管理，只能请示召片领，由全勐缴纳了三百元半开（银元）；召片领遂委派18岁的召勐空喊（召片领之子刀栋材）到勐混任召勐，召勐空喊因为对百姓剥削太重而被推翻，又由其弟召勐空（刀栋宇）代理。1949年召勐空喊逃出国后，由议事庭推选召火怀担任土司（张寒光等，1983：98）。

这份土司世系材料来自1955年对勐混的社会历史调查，材料中的历史起点大约是清雍正时期。由此可以推测，勐混土司的产生大约与鄂尔泰在西南的改土归流有关。正是在那次改土归流之后，车里宣慰使辖内出现了许多新封的小土司；这些小土司的设置意味着国家对西双版纳地方的控制加强了。在这个背景下，勐混土司很可能是在土司制度削弱时期出现的。由于鄂尔泰对新封的土司采取降等承袭制，上述勐混土司的世系继承已不完全严格按照世系进行，实际多少带有半流官的色彩，也表明其受到改土归流的影响。

不过这只能说明土司作为官职在制度史中的变迁，却不能说明本土王权的观念从这时候开始。作为同一个文化区域中的组成部分，勐混共享着西双版纳车里宣慰使朝廷的封建统治模式。从《泐史》的记载中可以看到，在清代之前勐混已经有其首领，负责向车里宣慰使和缅甸朝贡而加封了土司之名称后，意味着得到了中央政府的承认。在这个前提下，勐混作为西双版纳有效控制的版纳之一，在改土归流之前已经为佛教和勐神崇拜的双重宗教关系结构所笼罩。这种双重宗教关系结构也是勐混双重时间体系的根源。从制度和史料证据来说，则可追溯到明代车里宣慰使刀应猛和缅甸公主结婚、接受中缅双方封建的时候。由于这种双重封建关系落实为制度性的规定，表明在中、缅、版纳三方的观念中，双重宗教关系结构已经渐趋稳定。具体过程前文已做详细分析，在此不再赘述。

我们由此可以推断的是，在勐混田野调查中看到的双重时间体系大概也在明代逐渐形成。鄂尔泰改土归流带来的冲击，首先是针对王权的控制。在中央朝廷的压力之下，西双版纳的王权的政治军事实力进一步削弱，反而更需要依靠皇权，与皇权更为紧密地联系在一起。

从勐混的王权神话和大小白塔的丰收祭中可以看到这一结

果。根据帕雅嘎图的王权神话，大白塔下只有佛祖的头发和骨灰，而帕雅嘎图与沙满念在小白塔合葬，则是王权的完整形态。丰收祭需要先行祭祀小白塔，再祭祀大白塔，而佛与巫的主要仪式均集中在大白塔。这表明对本土王权的祭祀要在时间的重新开辟之前，对本土的混沌的生命力给予肯定。大白塔作为容纳佛与巫的通道，也作为"咪地喃"召唤天上神灵的通道而存在，这种通天性只有皇权才能够给予确认。因此大白塔实际上是表达皇权对地方王权封建的象征。

那么，压在塔底的佛祖头发，并不是一个地方性的宗教崇拜对国家的抵抗，而是表明佛教这种外来的制度性宗教借助它与皇权的关系来实现对地方的规训和控制。在清代，佛教与皇权的关系并非由它在西南的存在方式来决定的——这种方式过于间接，而是由在北部和西部的蒙藏世界的大乘佛教教主与皇权的直接接触和沟通来决定的。从这个角度来说，巫的宗教作为本土王权的宗教形式，在清代皇权大举深入西南地区之后，便随着王权的衰落从大白塔之中移走了，而佛教与皇权的关系使得它仍旧能够据守这个通天的渠道。同时，巫为了保护王权的生命力，就需要借助大白塔的渠道完成时间的更新。这也是主要的祭祀仪式后来都集中在大白塔的历史原因。

通过将勐神转化为"祖先"的方式，巫很容易应对儒教的质疑，实际上，儒教的主要对手是佛教——双方在更广阔的社会范围展开斗争。在西双版纳，儒教虽然借助国家意识形态的力量不断挤压佛教的社会空间，但却促使佛教与地方社会结合得更紧密。并且在 20 世纪 20 年代中国佛教界开始有一种自觉的建立世界教会组织的尝试之后,这些地方性的佛教组织无论其原来情况有多糟糕,都开始做出重建僧团、恢复其知识传统的努力。因此这个双重时间体系摆动的动力并没有消失。

　　民国期间政府在整个西双版纳的作为比较粗略,前期改革主要由柯树勋把持,一度对振兴边政做出了一些积极示范。1912年,思茅厅兼副营务处柯树勋奉调接办勐遮善后,并督带边防各营。柯树勋参考英国治理缅甸孟艮的经验,提出《十二条陈》上报,获准执行。《十二条陈》在改流、官守、诉讼、交涉、练兵、筹款、实业、国币、通商、邮电、招垦、学堂等方面都提出了具体举措。一直到1926年柯树勋病逝为止,《十二条陈》的实施取得了一定效果。期间为争取土司们对改革的支持,使各土司增广见识,1924年柯树勋还组织车里宣慰使刀栋梁及各勐土司叭目及随行120余人,历时40余日,抵达昆明,觐见省长唐继尧,并参观讲武学堂各部门、飞机场、各种投弹表演、造币厂、红十字会和各类学校(西双版纳傣族自治州地方志编纂委员会,2001a:548—549)。这些措施都有利于造就一种现代化观念输入的氛围。

　　在柯树勋之后,云南省从1929年开始清丈土地,以明确征收田赋。但是清丈者趁机敲诈、中饱私囊的情况屡屡发生,实际产生的社会效果很差。西双版纳全境共丈量土地30多万亩,每亩收执照费半开2元,另旱地50多万亩,每亩收执照费1元,共收清丈费110多万元,均收入各级官吏私囊。1940年,全省改田赋为耕地税,按地价1%分三等九则定率计征,新税额较之前增加一倍多。到1947年,田赋折征率提高到每赋元征国币900元,仅车里县就要缴纳国币3686.4万元税款(西双版纳傣族自治州地方志编纂委员会,2001a:590)。这些措施并没有切实起到发展和建设地方的作用,反而造成了新的社会不平等,加剧人们的痛苦。

国民政府在边疆社会的建设和改造的具体举措上疲软无力,但是在方案设计上做了不少工作。1944年底,云南省民政厅陆边疆行政设计委员会拟制了全省边疆分区开发方案,又称《思普沿边开发方案》,在政治、民生、教育等各方面都有所考虑(西双版纳傣族自治州地方志编纂委员会,2001a:896—920)。对于土司制度提出的改革措施,除了明确要废除土司制度、废除供养土司头目之外,还考虑到将土司制度下的主要行政系统并入新的国家行政体系中来,例如将土司议事庭并入县参议会。同时,改原有勐寨组织为保甲制度,其做法是沿用原来土司制度下的组织框架,仅把各类大小头目叭、鲊、先等更改称谓,作为各乡镇保长或户籍干事。对于土地制度的变革,是承认土司的庄园土地私有,其余土地共同分配,规定每户应有耕地最高额,以建立自耕农制度。在此之外,超出部分及原寨田等公田,由政府收归公管,统筹经营,建立农场。在移民殖边方面,发展水陆空交通系统,吸引汉人华侨和安置退伍军人垦荒,一应事务由垦务管理局办理。在教育方面,仿照广西瑶区的做法。成立特种师资训练所,成立边疆学校,办边疆师资训练班。刚开始的时候需要双语教育,利用傣文做知识宣传和教育,待汉化教育的根基建立,再逐渐废除傣文(西双版纳傣族自治州地方志编纂委员会,2001b:896—920)。

就这个方案来说,国民政府在对西双版纳的政治和土地制度方面并没有特别详细的规划,也没有涉及如何能够具体操作,唯独在教育方面的规划具备操作性和可行性,并且后来也确实执行起来了。这也说明，所谓边疆开发计划在教育方面相对比较成熟。

与治理效率低下的国家相比，西双版纳社会变革的有力推动者更多来自汉商、来到边地实施建设计划的知识分子——他们当中有部分人还担任了地方官员，例如江应樑。江应樑曾于1945—1948年间担任车里县长，1945年，他上书云南省民政厅厅长陆崇仁要求废除车里县土司制度，并附有废除计划书（云南省档案馆，1945；征鹏，2003：65）。但是和国民政府的考虑一样，其施政计划对原来社会的政治经济的要害问题触动较小，而也是从教育方面入手。

这一时期无论是国家还是知识分子对西南边疆的建设思路其实都或多或少都受到英法对殖民地本地治理的影响，力求不触动原有社会基础，而以文化为工具，逐渐将一种现代性的时间观念注入到社会之中。这种时间观念是以传统和现代的断裂为起点，将社会原有的循环时间打破，追求一种面向未来的、不断进化和提高的前景（伊利亚德，2000：127—145）。[①] 在它的观照之中，时间永远向前运动，历史注定被超越，人与神合一的时代一去不复返了，

---

① 伊利亚德认为，这种现代性是基督教新教的一个根本特点，一种历史主义的超越恐怖历史的方式："犹太教——耶将将一种新范畴引进宗教经验：信仰。……这种意义下的信仰，意味着人可以从任何种类的自然'律'中，彻底解放出来，这是人所能想象的最高自由：你甚至可以干预宇宙。所以，它是一种极具创造力的自由。换言之，它构成了人参与天地造化的一种新公式，这是人在原型与反复被超越以来，得到的第一套、也是惟一的公式。……我们可以进一步说，耶教是现代人与历史人的'宗教'，它属于同时发现了个人自由与连续性时间（取代循环性时间的人的宗教。更饶有趣味的是，现代人视历史就是历史，不能重复，古代与传统文化中的人则利用本书所述种种神话、仪式与习俗，抗拒历史的恐怖。……就此而论，耶教之所以为'堕落人'的宗教，实不容争议：只要现代人无可救药，认同历史与进步；只要历史与进步是一种堕落，它彻底抛弃原型与反复的乐园。那么，耶教正可证明它本身就是'堕落人'的宗教。"（伊利亚德，2000：143—145）

只有人类为中心的世界,不断在开辟和认识新的领域。因此,无论佛还是巫,在这种时间观看来都是历史,都应该被否定。

从这个角度来说,国民政府改造西双版纳的计划,是试图用一种同质的历史观念来统合当地社会,通过认定当地社会的"落后"、"蒙昧",来设立一个历史进化的起点。这种时间观的植入最明显的例子,就是国民政府在西双版纳当地推行公历,由于推行十分艰难,甚至一度派士兵逐户检查看有无过公历新年。一直到 20 世纪 40 年代后期,西双版纳都无人过公历新年,除了土司们对于县政府不能不去敷衍一下,民间并不接受公历(陶云逵,2005:258)。可以说从清末到民国时期,双重时间体系仍有很强的延续性和生命力。这种延续性外在的原因,一方面是当地社会结构仍旧大体维持,另一方面则是佛教教会维护了社会传统风俗。但是,在这个压力之下,佛教和巫逐渐被压制成为一种地方性的文化来看待,已是国家意识形态主导下的治理逻辑。随着清代到民国的国家形态的变化,从这个时候开始,西双版纳亦被明确纳入到国界之中,成为国家寸土必争的主权领地,不再是清代模糊的中间地带。国民政府在教育方面所投入的努力,是侧重从文化治理和文化改造的思路来推行它对西双版纳的控制。而这些政治上和文化上的改造实际自民国开始一直持续至今。

尽管民国政府在建设和改造边疆上投入不少精力,但是在政治改造和社会改造上的措施较为粗疏,并且政府自身存在许多问题,所以对西双版纳社会的改造并没有触及根本层面,反而由于军阀割据、当地土司和政府官员沆瀣一气,对人们横征暴敛,加重社会负担;再加上 20 世纪三四十年代当地流行疾病,车里一带竟一度十室九空,民生凋敝,社会发展水平大步倒退。民国时期西双版纳的现代化改造成果几乎付诸东流。

第二节　20世纪50年代土地制度改革引起的社会变革

西双版纳社会结构真正向现代转型的巨大改变是从20世纪50年代社会主义改造运动开始的。1949年共和国建立,以土地制度和阶级的改造为主要任务,开展社会主义国家建设。这两项运动在边疆地区被称为"民主改革"或"和平协商土地改革"(秦和平、冉琳闻,2007:1)。

勐混的土地问题不仅牵涉到土司制度,也牵涉到居住在平坝的傣族与山地民族的历史关系。要说明20世纪50年代社会的内在变迁,需要对勐混之前的土地制度有一个脉络性的理解。

根据1955年的社会历史调查,勐混在历史上是一个多民族共融的地区,坝子周边有两大山区:布朗山和拉八厅,前者主要是布朗族和爱尼人聚居地,后者是拉祜族、佤族和阿卡人的聚居地。当时的调查发现,在勐混坝子上已有不同民族混居,32个寨子中,除了1322户是水傣族(也即今天所说的西双版纳傣族)之外,还有旱傣族104户,汉族8户,布朗族3户。旱傣族是50年前从景谷一带迁来,大部分聚居在城子街上;汉族中有5户是在当地定居的国民党流落军人;布朗族则比较特殊,他们据说是"卡西先满麻"的后裔,现在仍被称为"卡"。"卡西先满麻",意译为"四十万马鞍的民族",是指在傣族之前,由三个爱尼首领和八个布朗首领率领人们进入勐混南开河南部定居的最早生活在勐混的人群,后来被傣族打败,退回山区(张寒光等,1983:96—97)。

据说曼广囡寨的祖先也是布朗族,因年深月久,生活习惯傣化,但目前还保留着一种布朗族的风俗,即收新谷的时候,第一背要反倒入仓(张寒光等,1983:95)。"卡西先满麻"的意思说明传说时代的布朗和爱尼原本并非农耕社会,他们的时间周期也并非由农业生产的稻作周期所决定的。在被傣族征服之后,这些非农耕的社会被纳入傣族土司制度的整套体系之中,其社会制度和社会时间也受到傣族的双重时间体系的影响。

传说强调勐混傣族所占有的土地是从山地族群布朗和爱尼祖先"卡西先满麻"那里抢夺的;而调查者发现,勐混坝区耕种总面积28846亩,主要是"寨田"和"家族田"(当地又称"纳哈滚"),其中"纳哈滚"占总面积39.7%,这是勐混的一个特点,凡拥有这种土地的村寨,租佃、债利比较复杂,阶级分化也较为明显(张寒光等,1983:96)。"纳哈滚"一共有11480亩,占勐混平民耕地总面积的42.5%,是各家族世袭的土地,主要分布于勐混城子、曼蚌、曼赛、曼角、曼岱及曼养这些建立较早的老勐寨,原则上只限于九代之内分配使用,不能出租转让给外来户。有家族田的寨子一般不欢迎外来户,迁出寨子的又必须无条件地将土地交还给家族,形成"进寨户无地,出寨户无份"(张寒光等,1983:105)的局面。

有研究者认为,勐混的"纳哈滚"可能是"共有共耕"的家族公社的历史遗留,后来过渡到"共有私耕"的农村公社,这种残余在领主统治力薄弱的地方保留下来,凡有这种土地的村社内部,每个家族都称为"一头",所辖的土地称为"头田",并以族长的名字代称。

据说各头祖先最先是由缅甸进入勐混的,一共有294头(张寒光等,1983:104)。因此我们推测,勐混土地制度的形成历史很可能与前述民族关系有关。

根据传说,约傣历500年(1100年)前后,在卡酋布朗族统治时代,由"西双版纳莫号"(意译为十二千土锅)分出的傣族,在叭景汗的带领下,由布朗山打进来,被叭卡酋阻于此山,数年不得进,直到叭卡的儿子竜真统治时,哈尼、布朗族才退守四山区。勐混傣族对叭卡酋十分尊重,都说他是最早开辟勐混的人。他死后据说葬在城西山腰白塔下,其子叭竜真葬在南海边白塔下,每年开门节的时候,傣族都要用水牛祭祀他,关门节的时候都用猪来祭祀(张寒光等,1983:97)。

由于这份调查报告并没有说明这个传说采集自哪个寨子。我们也就无法确定故事是来自布朗族、爱尼人还是傣族。但是传说中提到的城西山腰的白塔,应指的是大白塔,南海边的白塔应指的是小白塔;叭卡酋和叭竜真应是前述王权神话中的帕雅嘎图和沙满念。只是这个传说中的巫王是山地民族的首领,并且作为"卡西先满麻"的后裔,原本是非农耕民族。由缅甸进入勐混的294个家族与"卡西先满麻"之间并不只有战争关系,两者还可能是联姻集团:"卡西先满麻"提供了男人,294个家族提供了女人,而由于实行母系继嗣制度,农耕家族所占据的"纳哈滚"便一直在农耕社会内部流转,不会为"卡西先满麻"的儿子们所带走——他们是狩猎者、武士。

"卡西先满麻"对勐混的统治很快结束,其原因可能是多方面的,其中西南的山区和丘陵根本不适合游牧民族按原有的方式生存也许是一个重要因素。而294个家族自己也没有发展出更高级的政治社会形态，或许是历史没有留给他们充分的时间，这时候西双版纳已经受到了来自北方的中国移民的统治。这是《泐史》开篇声称的"景龙金殿国"时代，1180 年叭真带领军队占领了景洪坝，建立了政权。这个国家可能是掸人所建，同样是农耕民族，并且已有相当发达的政治文明。叭真战胜此方各地之后，以天朝（即南宋）皇帝为共主，召集兰那、猛交、猛老各酋首举行滴水礼（江应樑，1983：177—178）。随着掸人统治的建立，佛教也随之逐渐传播。294 个家族及其"纳哈滚"便成为平民阶层和家族田。

　　"景龙金殿国"的创立使封建制度在西双版纳推广开来，对294 个家族和"卡西先满麻"的联姻关系产生了新的影响。在从原始公社社会向封建等级社会转变的过程中，由土司和贵族采取的父系继嗣制度也随之逐渐扩散到这些家族中，出现了对 9 代以内继承权的要求，以及"做人姑爷不分田，做人媳妇不分谷"的新规定。但是由于母系继嗣制度前在的影响，当地女婿上门特别普遍。

　　从这个时代开始，土地被宣布为"召"（意为"王"）所有，又分为由土司直接占有的土地和不直接占有的土地。土司直接占有的土地有"纳召勐"和"纳乃曼"两种，都是由勐混城子的滚乃（外迁来的、无土地的、为召片领服劳役的人）租种。

　　农民份地主要有三类，"纳哈滚""纳火尾"和"纳很"。"纳火尾"是门户负担田，一般分布在没有家族田的村寨，但是很多已经混入了"纳很"（私人田）中。"纳火尾"是村社每年分给每个成年男女的份地，15—18 岁的未成年男女，大约四五人合抵一个负担户的份地；到了 18 岁不管结婚与否，都必须要分给全户土地，承担土司的封建负担，以及村社的公共事务（马曜、缪鸾和，2001：38）。

"纳很"在耕种一定年限之后———一般是生荒五年,熟荒三年,就会并入"纳哈滚"中。而在有"纳哈滚"的寨子,"纳哈滚"其实也就等于"纳火尾"。大部分"纳哈滚"出租给滚乃和少地的傣勐使用(张寒光等,1983:103—105)。也就是说,所谓个人使用的"私田"其实是家族田或寨田分给各户使用,使用权逐渐固定后的土地,它本身也是村社的公田,其所有权是集体性的。

勐混有私田 12080 亩,占总面积 41%,其中 95%以上都是"纳哈滚"。在 20 世纪 50 年代大量"纳哈滚"被典当和买卖,实际是"纳哈滚"即家族田私田化的结果(张寒光等,1983:106)。这时候的私田已经逐渐失去集体所有权的性质,其原因一方面是大小头人利用权力对公田的侵占;另一方面是家族势力的衰落,每年分配土地的制度日渐松弛。这些现象均是等级社会瓦解的讯号。

此外,勐混还有数量很小的宗教田,分别用来供养佛寺和给负责祭祀勐神的巫官耕种。前者称为"纳瓦",后者称为"竜岗",在曼蚌有 12 亩,蛮火勐也一些,但已经荒芜(张寒光等,1983:104)。

1955 年底,西双版纳自治州人民委员会二届四次扩大会议上,决定开展土地改革,并先在景洪坝区搞土改试点。会议形成了《西双版纳傣族自治州土地改革条例(草案)》(以下简称《土改条例(草案)》)上报省人民委员会。当年 12 月由西边工委将《关于土地改革规划的意见》和《关于傣族农村划分阶级的意见》上报思茅地委。1956 年 3 月,景洪坝子 8 个试点乡的土改结束;4 月 1 日,版纳勐海、勐遮、勐混、勐龙、勐阿等 5 个版纳铺开土改,到 7 月结束;同年 9 月,版纳易武、勐养、勐捧、勐腊等地开始土改,历时 4 个月完成。到 1956 年底,全州在 115 个乡、16.5 万人口的地区成功地完成了和平协商土地改革并废除了封建领主土地所有制（西双版纳傣族自治州地方志编纂委员会，2001a：439）。

上述改革具体的做法是除了按照中央有关规定划分阶级之外，还必须规定：家中虽有主要劳动，但连续上推3年（1950—1952年），剥削量超过60％以上者应划分为地主，才不至于放过那些农村中的实权统治者，以达到废除封建剥削制度的目的。在布朗族、爱尼人居住的8个山区乡，划分标准适当放宽，放过小地主，因此又增加一条限制"每人平均产量1500斤以上者"（西边工委土改办公室，1956a）。

根据《土改条例（草案）》规定（西边工委土改办公室，1956b）：

> 1953年以后领主、地主以夺佃、换佃、偷卖、赠送等方式转移分散的土地一律无效。大块的山林、荒地、茶园、樟脑林、鱼塘等一律收归公有。已有农民耕种或使用者，继续由农民耕种使用，必要时可调整。富农自耕或雇工耕种的"家族田"、"私田"和"份地"不予征收，但是富农耕种其主的"私庄田"、"波郎田"、"头人田"和"竜达田"以及利用政治特权占有的土地和地主的土地应予征收。在个别地区没收领主地主的土地，不能满足贫穷农民土地要求时，可经自治州人民委员会批准征收富农出租和以高利贷抵押的土地，但必须留给相当于中农水平的一份土地。农民所欠富农的债务，属于解放前者一律废除。对于宗教田如佛寺田、鬼田、牛椿田等一律不动。保护农民自耕土地及其他财产不得侵犯。在废除傣族领主、地主对傣族地区的土地所有制的同时，废除傣族领主、地主对

山地各民族的土地、山林的所有制和各种封建劳役、贡赋、特权、债务，以及山区农民在解放前所欠傣族富农之债务。

在土地的重新分配上规定：

　　所有没收和征收的土地应在原耕地基础上进行分配，分配土地以乡或数寨联合为单位，寨与寨间也可进行调整。寨田在原耕基础上进行分配，有些村寨为了转嫁封建地租把多余的寨田以集体或者单户形式出租给外寨耕种者，一律留给租入寨原耕农民分配。在改革前已由出租寨收回以致原租入寨无田少田者，应由乡人民委员会召集双方协商，本团结互让精神交原租入寨分配。但个别农户在解放前由于无力出国民党和领主负担而将"份地"出租，现在反而缺田少田者，应根据实际情况由租佃双方协商进行适当补偿调整。原耕农所种领主地主之土地，必须调整时应坚持自愿互让原则，并需经版纳人民委员会批准，一般在满足贫雇农土地要求的原则下，应使其保留部分稍多或稍好于当地农民分配土地的平均数。凡是领主的家奴、佛寺的寺奴、烈士家属、老幼孤寡、外出或外逃人员、二佛爷及和尚等均分给土地，对于侨居在外的华侨要求回国分田者，凡是在国外有固定职业者应予以劝阻，对以农耕为生的侨民则可分配土地使用。分配土地时，应留一份机动田，以不超过本乡已耕土地面积 5％ 为原则。傣族农民与不进行土改或暂不进行土改的山区民族间的租佃、典当、借贷关系继续有效，但山区农民租种傣族领主地主土地者，没收后分给原耕农民。凡涉国外的租佃、借贷关系及山林水利等问题一律不做处理,发生纠纷时按历史习惯解决。

这份《土改条例(草案)》彻底触动了西双版纳社会原有的基础。首先,彻底废除了封建等级制,取消了土司对土地占有的合法权;其次,取消了294个家族对家族田占有的合法权,也随之取消村寨之间的等级关系;再者,文件精神以劳动改造为核心,通过劳动的方式进行社会教育,通过共同参加劳动达到对人人平等的具体认识和经验感;最后,废除过去的土地合法权、否认在此基础上成立的以往债务关系,意味着对地方历史的终结。随着土地改革的完成,西双版纳向现代化迈进的步伐大大加快了。

在此基础上,现代教育制度的推进也取得了前所未有的长足进展。1950年西双版纳全境解放,人民政府立即组织复办学校,是年,全州共建小学14所,28个班,572名在校生,28名教职工。1951—1952年,先后开办10所省立民族小学,各县还新建34所县立小学,共计77个班,2958名在校生,82名教职工。同期,为解决师资问题,重建佛海初级师范学校。到1954年,全州共有小学52所,107个班,3775名在校生,121名教职工。土改完毕之后,办学规模在1958年到1960年出现了迅猛增长,全州小学达到299所,633个班,24108名在校生,683名教职工。1957年创办了托儿所和幼儿园,并由景洪初级师范学校开始招收初中班。当时只有1个班,到1960年已经先后独立为校,即景洪中学、勐海中学、易武中学,州内中学教育从此逐步发展(西双版纳傣族自治州地方志编纂委员会,2001b:1—2)。

20 世纪 50 年代的社会主义改造真正将西双版纳社会带进了现代民族国家的建设进程之中。对勐混来说,土地改革将大部分"纳哈滚"重新分配为个人使用,废除了附加其上的田租关系,因此贫农地位因获得生产资料而上升,富农地位因不出租土地、不放债而下降比较明显,其中又以贫农上升最为显著(张寒光等,1983:119),而这部分人在解放前属于勐混社会等级最低的阶层。由于勐混"纳哈滚"和"纳火尾"是主要的土地类型,土改重新分配土地,其实是改变了勐混村寨之间的等级关系。有学者认为,原来占有"纳哈滚"的都是"傣勐"的老寨,他们为了维护自己的土地常反对外来的领主;而租种"纳火尾"的佃户多数是跟随和服侍召勐的"滚很召",即家奴,所以"傣勐"老寨和"滚很召"新寨之间会有冲突,并且相互不通婚(马曜、缪鸾和,2001:50)。随着土地关系的改变,这种隔阂如今已经被打破,勐混城子的"傣勐"也和其他寨子的"滚很召"通婚了。

由土改开始的一系列社会改造运动,其实也是一系列恢复和刺激社会生产的措施,它们确实改变了民国以来西双版纳凋敝的社会状况。1956 年土改之后到 1957 年,西双版纳全州水稻增产10%,经济作物普遍增产,获得农业大丰收(西双版纳傣族自治州地方志编纂委员会,2001a:440)。但是,这些经济发展的成效很快被政治上的动荡所影响。1957 年至 1958 年紧接着开展的"大跃进"和人民公社化运动,造成财政支出超过财政收入,财政赤字累增,国民经济各部门比例严重失调,市场商品匮乏;加上自然灾害的影响,官民粮库空厥,城乡不少人患上浮肿病。同时西双版纳阶级斗争不断升级,上层恐慌,群众也难以理解党的政策,边民外迁,局势不稳(西双版纳傣族自治州地方志编纂委员会,2001a:442)。在这样的情势下,全国又接连开展的"反右倾"和"火烧中游"运动,在边疆地区普遍掀起大办公共食堂和集体养猪热潮,使地方社会经济情况进一步恶化(西双版纳傣族自治州地方志编纂委员会,2001a:443)。

从1960年开始,党和政府意识到政策执行中的失误和不妥,开始有意识进行调整,发出"关于农村人民公社当前政策问题的紧急指示信",即"农业十二条"。1961年2月下旬,思茅地委根据"十二条"发出学习通知,检查边疆工作中存在的生产瞎指挥、一平二调的"共产风"以及违反边疆现行政策大办食堂、并社扩社等错误。1962年又根据中共八届九中全会的"八字方针"对"反右倾"中错处的问题进行了纠正(西双版纳傣族自治州地方志编纂委员会,2001a:444)。这些措施都有利于地方恢复社会和生产秩序,但是这些努力带来的良好效果并未能持续。1963年开始又提出州直属机关的"五反"运动,中间再度出现了一些界限不清、无限上纲的情况。这一年在广大农村基层展开"四清"运动,即"清账目、清仓库、清财物、清工分",后来"四清"的内容扩大为"清政治、清经济、清思想"(西双版纳傣族自治州地方志编纂委员会,2001a:445)。一直到1966年"文化大革命"全面开始,这条政治整顿的线索始终没有弱化。

可以说,20世纪五六十年代政治因素是影响地方社会发展的主要动因,政治路线的震荡也连带限制了地方社会的自我调整和恢复。在勐混,一批上层人物外逃,其中一部分汇合到逃亡境外的国民党残余军队中;僧侣全部参加劳动改造挣工分,当地最高等级的佛爷在改造和批斗中去世,原有的社会阶层土崩瓦解。土地改革之后的这二十年,地方社会还未来得及在政治风云中思考清楚这样一种国家形态的特点,以及自己在其中所处的地位。

值得指出的是,在这些震荡之下,社会最低限度地保存了它自身的活力,由社管会和社干会等村民组织接管了佛寺,断断续续地开展赕佛活动。尽管在"文革"期间一切宗教活动都已经被禁止,但植根在人们脑海中的宗教信仰,却不可能轻易消灭;它就像一颗埋在土地里的种子,等待着合适生长的季节。而业已改变的社会等级结构,已不再适合于原来的宗教组织体系,在新的制度条件和时代精神笼罩下,南传佛教教会组织的恢复势必将以新的形式出现。

第三节　20世纪80年代以来的宗教重建与社会发展

20世纪80年代随着党的拨乱反正和国家宗教政策的放开,勐混的宗教活动也迅速恢复。这种情形在全国大部分地方普遍出现。从1980年到2011年,勐混围绕着三大中心佛寺:城子佛寺、曼南嘎佛寺和曼蚌佛寺展开宗教重建,不仅重建了这些中心佛寺的寺庙,也恢复了这些寺庙对其原有下属佛寺的组织关系。

一、教区组织体系

自1984年开始,西双版纳州进行农村体制改革,废除人民公社制,实行政社分设,以各县原公社管辖范围为基础设区(作为县的派出机构),保留县辖镇,以原生产大队管辖范围为基础建乡,以原生产小队管辖范围为基础建村。县辖镇、乡作为一级基层政权。

勐混乡政府驻地景勐混即勐混城子,下辖 6 个行政村,分别为勐混、曼扫、贺开、曼国、曼赛、曼蚌,其下共有 47 个自然村(西双版纳傣族自治州地方志编纂委员会,2001a:112)。3 座中心佛寺分布在这 6 个行政村中,并非偶然。历史上中心佛寺的地位和影响在前,行政村的设置在后。其下 47 个自然村虽然不是每个村寨都有佛寺,但每个村寨必然要有它平日赕佛和供奉的佛寺,而这些佛寺都隶属于三大佛寺管辖。

在重建过程中,围绕 3 座中心佛寺组织起来的寺庙体系与行政建制的等级关联起来。勐混城子佛寺作为勐混镇最高等级的中心佛寺,座落在勐混镇人民政府附近,亦是原来城子老佛寺所在的旧址。其他两座中心佛寺则分别位于大行政村之中,而下辖的基层佛寺则位于更小的自然村之中。三座中心佛寺的教区组织简要情况如下。

勐混城子佛寺,傣语也称"洼宰",是勐混的中心佛寺,座落在勐混镇中心的小山脚下,距离勐混镇政府 100 米左右。其金黄色的重檐式坡面屋顶在阳光下闪闪发光,四周绿丛掩映分外显眼。城子佛寺下辖曼枪佛寺、曼纳佛寺、浓养佛寺、曼打大佛寺、曼代新佛寺、曼代老佛寺、曼光龙佛寺、勐冈佛寺、曼列佛寺、曼贺佛寺、曼英佛寺、曼扫佛寺、曼召佛寺、曼扁佛寺、曼光囡佛寺,以及周边的布朗山乡曼果村委会的曼歪佛寺共 16 座佛寺。直接供奉勐混城子佛寺的共有 11 个小组,共 837 户,3747 人。原来勐混城子有 2 座中心佛寺,分为上佛寺和下佛寺,"文革"期间均被毁掉。1980 年 2 月在其中一座旧址上重建,即今天的城子佛寺。2003 年再由刀琼英捐款重建。

"曼南嘎",傣语也称"洼竜",意为大佛寺,据说这座佛寺已有一千两百多年的历史,在 1966 年"文革"期间曾被损毁,1980 年开始重建。2002 年 8 月因僧人住房和伙房着火损毁,于是 2008 年再次重建,并于 2009 年完工、滴水完毕。曼南嘎佛寺的教派是田园派,其教区都是傣族村寨。作为勐混的大佛寺,"曼南嘎"掌管着 11 座村落佛寺:曼裴佛寺、曼赛佛寺、曼养贯佛寺、曼贺勐佛寺、曼养佛寺、曼国佛寺、曼怀佛寺、城子六队佛寺、城子十三队佛寺、曼代老佛寺、曼弄坎佛寺。傣历每月 15 日这些下属佛寺的所有僧人和佛爷都自觉地到该佛寺集中听经、进行交流,傣语称"豪屋梳"。过去,"曼南嘎"佛寺在中缅边境一带有很高的威望,佛寺重建的时候有很多缅甸的佛爷来支援,据说有一位东南亚很有影响力的大佛爷都香腊就是在"曼南嘎"升了佛爷,后来出去到缅甸当了召祜巴香腊,即高等级的僧侣(岩呑,2009b)。

曼蚌佛寺位于勐混镇东部,其教区覆盖曼光小组、曼迈小组、曼弄小组。曼蚌佛寺的教派属于林居派,即"摆坝"派。据说佛寺已有两千五百多年历史。根据当地老人阿章康朗拉口述,在曼蚌佛寺修盖的时候,整个曼蚌只有 7 户人家,他们与布朗山老曼俄(布朗族)结为兄弟,常来常往。可见这座佛寺是由山地居民布朗族和平坝居民傣族共同供奉的。现在曼光小组、曼迈小组和曼弄小组三个小组总共有 282 户,1370 人,种植水稻面积 2571 亩。曼蚌佛寺的大佛爷有 3 人,其中一位祜巴龙养贯是从缅甸景栋过来的高僧,担任该寺住持。曼蚌佛寺在 1968 年受到冲击被全部捣毁,1978 年开始重建,后来又于 1981 年、1983 年和 1995 年多次修缮。由于和布朗山共享这座佛寺,当地的佛管会与布朗山老曼俄之间达成了新的协议,每隔三年时间双方轮换一次举行拜谈和拴线仪式,进行互相拜访;参加拜访的人员主要是宗教管理人员和负责宗教活动的领导者。曼蚌佛寺下辖 7 座村寨佛寺,分别为:曼海佛寺、曼掌佛寺、曼贺纳佛寺、曼毕佛寺、曼缅佛寺、布朗山南温的上寨、下寨两个佛寺。傣历每月 15 日在曼蚌佛寺举行两次"豪屋梳",7 所佛寺所有的佛爷都要聚集到这里听经讲经。

浓养佛寺的教区主要是勐混镇曼国村委会浓养小组,其教派也属于林居派。这个村民小组是布朗族村寨,现有 146 户,共 650 人。据说寨子历史已有 3000 多年,非常古老。根据当地的阿章康朗香老人口述,浓养佛寺按佛历已有 1600 多年的历史,过去主持该寺的是大佛爷"比祜巴"(都巴山)。在比祜巴任住持的时候,勐混的浓养佛寺、曼蚌佛寺都属于林居派,只有曼南嘎佛寺属于田园派;由于比祜巴能力非常出众,就使得浓养佛寺成为整个坝区最大、等级最高的寺庙,统领其他佛寺,每月 15 日的"豪屋梳"都在浓养佛寺举行。浓养佛寺在"文革"期间保存了下来,到 2001 年才第一次重新修缮。但是僧团规模明显已无法和过去辉煌的历史相称了,现只有佛爷 2 人,小和尚 12 人。

各佛寺所辖的村寨佛寺分别如下图(5-1—5-4)所示:

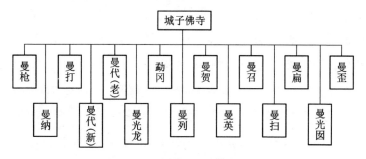

图 5-1 勐混城子佛寺教会组织

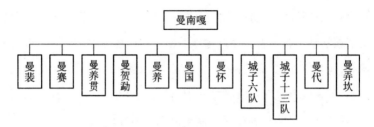

图5-2　曼南嘎佛寺教会组织

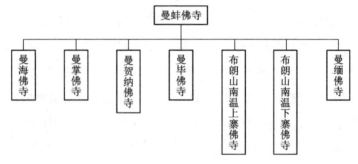

图5-3　曼蚌佛寺教会组织

图5-4　浓养佛寺教会(教区)

　　值得注意的是,由于20世纪50年代土地改革废除了村寨之间的等级关系、打破了村寨之间的社会隔阂之后,将原来不同等级的村寨组成的一个社会体系,转变为每个村寨作为独立共同体所组成的联合体。由于原本傣勐和"滚很召"寨子都是内部通婚,因此各自变得独立和平等之后,并不妨碍它们各自具备通常的社会性特点,比如社会关系网络、通婚圈、年龄组等。但是对于宗教信仰的要求出现了新情况,原来一个社会体系与一个教会体系相配合,后者通常以某一座中心佛寺为中心,底下若干村寨可以共享一座佛寺;而现在每个村寨都要求有自己的佛寺,建造自己的白塔,并且总想比别人建得更气派、更恢宏。也就是说,在西双版纳社会形态发生转变的时候,它与教会体系原有的关系链条也发生了相应的转变,其中稳固不变的可能是教会体系对实现其等级制度的要求。这与平等化的意识形态发生了根本的冲突,这种冲突在社会中表现为,平等化的要求大大推动了各个村寨在佛寺重建过程中的竞争,并且这种竞争遍及各种宗教活动和宗教仪式;而在另一方面,教会对等级制度的敏感使它很快发展出自己与行政制度相适应的联系来,这又有利于宗教管理而被国家所利用。

二、宗教管理组织

在 20 世纪 50 年代生产队成立的社管会等佛寺管理组织,现在顺势演变为村委会和宗教管理小组。无论哪一个等级的佛寺,都要受到这两种组织的监管。村委会属于国家行政系统的延伸,而宗教管理小组由当地的阿章和康朗组成,更多来自民间的社会组织。

在勐混,位于最高等级的勐混城子佛寺要受到镇政府和勐混村委会的共同监管,其所有的僧团修行、聚集活动都要由这两重组织层层审批。以 2011 年城子佛寺的一次正常修戒活动为例,要由勐混村委会向镇政府、宗教管理办申请,请示报告[①]如下:

---

① 报告中所涉及人名为化名。

关于勐混村委会要求全镇僧人佛爷教职到城子洼宰中心佛寺接修戒的请示

勐混镇宗教办：

我勐混镇勐混村委会共 20 个村民小组，1295 户，5736 人，其中：城子傣族共 14 个小组，973 户，3747 人，现城子洼宰有佛爷教职 2 人，沙弥（小和尚）29 人，是我们勐混镇宗教活动的一个重点、热点场所，来往人员较集中。根据《云南省宗教事务条例》和《西双版纳傣族自治州僧伽的若干管理规定》以及州、县就有关宗教方面的定制的管理规章制度，结合勐混村委会的实际，为了正确处理民族宗教与教育的关系，提高僧人佛爷教职的文化知识和自身思想素质。经勐混城子干部、老人、宗教管理人员于 2011 年 10 月 26 日会议研究决定：在近期内需要召集勐混镇僧人佛爷教职共 33 人，到勐混城子洼宰佛寺集中为期 10 天时间对僧人佛爷教职进行一次接修"戒律、戒规"等"佛法修道"活动。这次活动的安排时间：定于 2011 年 11 月 29 日—2011 年 12 月 9 日（10 天）结束。参加这次修戒的佛爷教职人员分别如下：

曼列佛寺 1 人，曼英佛寺 1 人，洼宰中心佛寺 3 人，曼贺佛寺 1 人，曼召佛寺 1 人，曼扫佛寺 1 人，曼浓坎佛寺 1 人，曼扁佛寺 2 人，曼广因佛寺 1 人，曼南嘎佛寺 1 人，曼派佛寺 1 人，曼赛佛寺 1 人，曼养贯佛寺 1 人，曼毕佛寺 1 人，曼贺勐佛寺 1 人，曼贺纳佛寺 1 人，曼缅佛寺 1 人，曼养佛寺 1 人，曼蚌佛寺 1 人，曼掌佛寺 1 人，曼海佛寺 1 人，曼怀佛寺 1 人，曼广龙佛寺 1 人，浓养佛寺 2 人，勐冈佛寺 1 人，十三队佛寺 1 人，六队佛寺1人,曼代新佛寺1人,曼歪(布朗山)佛寺1人,合计33人。

现特向镇政府、宗教管理办提出请示,望镇政府主管领导、宗教管理办同意我勐混村委会举办这一次佛爷教职进行修"戒律、戒规"为盼!

以上请示当否,请给予批示。

勐混村委会

宗教管理人员签字盖章

康朗甲(理事会)　岩甲(宗教理事组长)　岩乙(副组长)

岩丙(成员)　岩丁(成员)　岩戊(成员)　岩己(成员)

岩庚(成员)　岩辛(成员)　岩壬(成员)　岩癸(成员)

岩申(成员)　马哈甲(成员)　康朗乙(成员)

从上述申请书来看,城子佛寺的僧侣修戒活动需要通过监管它的宗教管理小组,向村委会征求意见之后,由村委会的途径向上级行政机关提交申请。无论是宗教管理小组还是村委会,都没有直接干涉僧团内部的活动内容,而是从旁协助安排。申请书强调,这次佛寺的修戒活动是由勐混城子干部、老人、宗教管理人员三方开会,共同商议决定。这里面既有基层政府的行政管理人员,也有社会自治团体成员。而且这些基层行政人员大多是村寨里年轻的村支书或村民小组组长,对于宗教事务其实没有老年人那么热心、关注,同时在实际协商过程中,往往非常尊重各位老年康朗的意见,并不轻易出言反对。他们通常还被派给各种接待、联络和维持安全的任务,在大型仪式活动中更多处于服务者的地位。

"宗教管理人员签章"一栏中,康朗甲是勐混镇的宗教理事会会长。这个理事会的性质是民间组织,但它并不是由群众公推产生,而是一种政府半承认的民间精英群体。这个理事会名称来由属于机缘巧合,几年前上任的镇政府主管宗教事务的干部岩吨非常热心自己的工作,经常在民间走动,对当地社会从事宗教活动的各位康朗都了如指掌。他意识到将这些老人组织起来会极大地利于基层民族和宗教事务管理,于是经过观察和比较,成立了勐混镇宗教理事会,请其中一位有威望的康朗出任理事长。后来,又在各村委会小组下面成立相应的宗教管理小组。这些组织都在镇政府统战部下备案,但并没有明确的官方身份。①

除了康朗甲之外,其他签字的人员便来自这些村寨的宗教管理小组,而这些村寨的佛寺都是这次修戒活动的参与者。在过去土司制度下,土司任命特定的官员来监管佛寺,其实也要依靠这些康朗才能推行政令,而如今新形势下,这些流动于上下之间的基层官员和民间精英,仍旧是国家与社会对话的主要渠道。

因此,在形式上,这份申请书似乎显示了地方政府对宗教活动的严格管理和控制,但是在实际操作中远非如此,并且重要的是,这也是地方政府所默许的。诸如勐混城子干部、老人、宗教管理人员三方共同管理这种方式,正在渐渐成为一种制度上预留的空间。

从这次修戒活动的内容来看,勐混城子佛寺所召集的修戒活动包含了三大中心佛寺以及一些重要的村寨佛寺,这也彰显了城子佛寺作为勐混最高佛寺的地位。在佛寺之间的等级关系和组织

---

① 来自笔者 2012 年 1 月的田野调查。

方式重建的过程中,上述国家和社会双方的力量逐渐通过制度化的方式附着其上。

在我们第三章的分析中,曾经指出,土司作为社会整体性的化身,为社会提供了丰产的保障;而佛教为个人的福祉提供了出路;教会作为孕育社会的温床,与社会犹如骨与肉的关系,实际要把这两种原则整合起来。其整合的方式一方面通过礼仪的象征来表现:土司在童年出家的时候,便拥有既作为未来的人主、最大的福田施主,又作为最高教主的双重性隐喻;另一方面则通过血缘纽带来实现:土司及其分封的血亲构成的封建领主体系,成为教会据以开拓个人救赎的多重渠道。那么,在土司制度消亡、社会结构经受一系列破坏和重组之后,这种社会整体性和个人的福祉又落在何处呢?

在这里,我们试图指出,教会的重建乃是同时实现社会整体性和个人福祉的关键环节。

在双重时间体系中,社会整体性通过巫的时间周期不断获得更新,而个人的福祉通过佛的时间——实际是承认和忍受历史的苦难,达到最终的救赎。由于在这种双重性中,巫为佛提供了推动时间运动也即推动历史的原初动力,因此佛教对巫的依赖使它在社会之中必然要为巫保留位置。现实中,很多关于丰产的仪式知识恰是通过各佛寺的佛经变成文字保留下来的。从佛寺中还俗的康朗虽然不从事巫的宗教活动,但是却对巫的核心仪式——祭祀勐神非常熟悉。在这个仪式中,他们往往自觉担任往来传令、筹备的人员,甚至替代土司担任祭主。

20世纪80年代之后,版纳社会努力恢复它的教会体系之时,虽然没有了土司，但得益于佛教的保存，以及土地的整体性还在——村寨对土地的集体产权其实在土改中没有被动摇。这也是20世纪80年代以来西双版纳各村寨普遍强化对寨心的修建和年度祭祀的最根本原因。勐神祭祀的恢复，实际是强调傣勐对全勐土地的集体占有，只不过由于傣勐特权被极大地清除，这种所有权正在由之前傣勐老寨专属的所有权转变为以傣族村落为集体身份符号的所有权。

重建的教会虽然基于这些团体形成了不同教区，但是它终究要跨越这些团体的界限，才能使个人的福祉最终实现，这是最大的普遍性，也是对各种等级和边界的否定。对于佛教而言，它需要通过教会重建自身对巫的制衡关系，为个人自由争取一席之地，同时，也要通过教会来实现对现代性的消化和吸收，以超越以权力为主导的国家意识形态的压力。尤其是后者，并不是来自西双版纳社会独特的经验和处境，而是来自佛教对自身在当代中国中的命运的思考——它发现以权力为主导逻辑的国家概念对精神世界的无能，而自己对超验的普遍价值的承担。在一些大寺庙主导下，各地僧团不约而同地兴起了对宗教戒律、佛学知识重新学习的热情，力图使自己对各种世俗化事务的参与摆脱像巫那样的仪式专家的形象，而以更为智慧、正面和理性的形象出现。

三、宗教管理制度

受到这些民间的宗教重建力量的影响，国家对宗教事务的管理方式也开始有所改变。从2010年开始，由云南省民族宗教局下达各市县民宗局，对基层宗教事务进行加强管理，分别开展了多次送法下乡、送法进佛寺的宣传活动,主要是组织学习国务院第 426 号《宗教事务条例》、《云南省宗教事务管理规定》和《西双版纳傣族自治州僧伽管理若干规定》(岩吨,2012a)。针对上述 2011 年 11 月 29 日—2011 年 12 月 9 日全镇僧人集中在城子中心佛寺修戒活动,勐混镇宗教办就曾联合镇派出所"打包"组织了一次"宣传法律法规"和"禁毒防艾"的宣传。当天前来赕佛的群众达 700 余人,而这一天政府分发的材料包括:云南省民族乡工作条例宣传单 400 余份、宗教事务条例宣传单 500 余份、西双版纳自治条例宣传单 500 余份、民族政策法规宣传教育提纲 37 本、宗教政策法规宣传提纲 37 本;"珍爱生命、拒绝毒品"宣传单 600 余份、《禁毒法》知识问答宣传单 600 余份;了解艾滋病宣传单 400 余份、预防艾滋病宣传手册 400 余份、防艾卡通故事手册 400 余份等(岩吨,2011)。

在 2011 年,云南省政府开始组织进行全省僧伽信息清查,搜集基层村寨佛寺和僧人信息,建立电子档案。以曼南嘎佛寺的信息数据采集为例:

表 5-1 宗教寺庙信息提供具体内容

项目	数据内容	备注
名称	曼南嘎佛寺	傣族
所在城子名称	曼赛村委会	
地理位置	勐海县勐混镇曼赛村委会曼南嘎村民小组,位于勐混镇东北方向的"214"公路距镇政府 4.5 公里	
面积	占地面积为 4998.4m^2,建筑面积为 393.25m^2	

项目	数据内容	备注
教派类别说明	属于南传上座部派别（宗别）	共 121 户，551 人
简述	该佛寺已有悠久的历史背景和文化,按佛历已有 1228 年的历史记载,那时候该小组只有 12 户人家。于 1966 年"文革"期间被毁掉一次。应当说该佛寺建盖最早,算得上勐混有名的大佛寺(傣语:瓦竜),历史长。据老人们的口述得知,以前建盖佛寺的时候,全镇各村寨的傣族宗教界人士和信教群众以及境外缅甸的宗教界团体都来勐混赞助建盖这座佛寺。那时候的大僧人有 1 人,沙弥小和尚有 10 人。其中之一是东南亚较有名的大僧人,俗名叫岩香腊,法名叫祜巴香腊,现此人在缅甸打洛当大佛爷,传教傣文知识。直到现在该佛寺管辖有 11 个宗教活动场所,相互保持宗教文化交流。在傣历每年每月的 15 日这 11 个宗教场所的僧人佛爷都要到该佛寺里集中念经书并进行交流(傣语:豪屋梳),每次持续念经 2 小时。	

这份信息采集的表格比较详细地记录了佛寺的历史、现状、在佛寺体系中的位置、管辖的佛寺数量以及供养它的村寨和人口。与之配套的还有"勐混镇宗教活动场所分布统计表"、"勐混镇宗教教职人员登记表"和"佛教教职人员登记基础数据表"。可参见附录 1—3 的表格。

这三份表格将南传佛教基层教会组织描述得相当完整。其中,"勐混镇宗教教职人员登记表"中已故的祜巴龙三的"学历"一栏所填写的"大学",指的不是国家高等教育制度中的现代大学,而是作为勐混镇曾经最高等级僧人和德高望重的僧团领袖祜巴龙三,他的教职经历之高在当地人看来媲美大学。

很快,在这些情况统计的基础上,云南省开始在边境基层社会宗教团体和组织进行清退外籍僧人,以加强对民族宗教的管理。尤其是"勐混镇宗教教职人员登记表"和"云南省佛教教职人员登记基础数据表",将僧人的来历、去处、年龄和教职这些关键因素都纳入其中。而勐混政府宗教办应对这种情况,则发明了一种以合同形式加强管理的办法,让外籍僧人与其驻锡佛寺所在的村民小组共同签定"合同协议书",规定三年时间内外籍僧人可以驻锡当地,其与村民小组双方各自有责任和义务。这种"合同协议书"是基层行政的发明,其样式内容可见附录4的表格。

按照官网向全社会公开的《云南省宗教事务管理规定》,境外宗教人员、宗教组织和涉及境外的宗教活动,必须经过省人民政府宗教事务部门的批准才可以进行。镇政府基本严格执行了制度要求,同时对基层来说,他们更自觉警惕"境外僧人佛爷和其他人到辖区内冒用宗教名义进行(邪教)封建迷信活动","破坏民族团结"(勐混镇宗教工作领导小组,2011)。从制度规定乃至地方的具体实践来说,从上至下对于境外宗教人员、境外宗教捐赠的管理严格但不偏激,因而这种合同式的管理才有空间得以应运而生。

合同协议书非常明确地要求对境外宗教人员进行约束,参照本地僧人的管理,不允许僧人随意离开寺院,每次离开寺院都要向康朗报备。同时,它也以另外一种形式保证了外籍僧人在当地驻锡的时间,甚至不允许他们在合同合约期满之前擅自离开。这首先是出于现实的需要,在西双版纳基层社会,僧侣短缺已经是比较普遍的情况。2011 年勐混镇当地共有 33 个佛寺，17 座白塔，其中有两处佛寺仍空白无驻锡僧。全镇僧人教职共有 33 人，其中帕萨米 1 人、帕希提 1 人、吴帕赛 1 人，境外佛爷共 8 人。全镇宗教管理小组及成员共 90 人，其中宗教管理阿章 34 人，总管理宗教理事会负责人 2 人（岩吨，2012b）。可见即使境外僧人所占比例已有 24%，佛爷还是数量有限。

合同第七条规定，外籍僧人必须在当地居留满三年，期间不得擅自离开原来驻锡的佛寺转到别的佛寺去。相对于其他条款，这一条款的规定最为强硬。而且针对村寨、镇政府以及僧侣三者之间的关系而言，也是最实质的。这表明在地方上，从镇政府到民间社会对外籍僧人的居留态度相对宽容。造成这种宽容的原因是历史性的，由于同属信奉南传佛教的地区，缅甸、西双版纳、老挝、甚至远至斯里兰卡等地区，外籍僧人的跨地区流动在历史上是常态。镇政府的行为实际上同时考虑了上级政府的意图和基层社会的实践情况。对它而言，上级政策的核心是对稳定的追求，而非以驱逐外籍僧人为目的，因为如果基层政府果真这么照做，反而容易引起国际纠纷，其政治风险更大。所以镇政府试图对外籍僧人加强管理，依靠发展宗教理事会来沟通村寨佛寺，以达到上下双方均能有所获益的效果。

在实现这样的治理方式中，作为联系三方的中间组织，宗教理事会发挥着日益重要的作用。其前身与 20 世纪 50 年代彻底废除封建土地所有制和土司制度之后出现的由社会代管佛寺的半官方半民间组织关系密切，近年来越来越受到镇政府的重视。严格说来，宗教理事会的组织并不是很严密，参与其中的村干部大多只充当来往联络的人员,相互之间没有从属和管理关系。吸收他们加入有现实的考虑,就是希望发挥村干部的职务和身份便利,开展并管理相关宗教事务活动。村干部对于宗教理事会其实并没有制度上的义务,虽然他们参与其中的原因和参与程度会有差异,但是随着这个组织越来越向行政化靠拢,形式上也越来越完整,村干部参与到这个组织之中的工作关系也渐趋稳定化。

担任宗教理事会主席的康朗原来只是地方上众多有名望的老人之一,现在依靠理事会的发展,渐渐在官方获得了一定的威望,在出席地方重大仪式活动例如勐神祭祀、"升和尚"等的时候也有更多话语权。例如现任主席康朗叫,是镇政府宗教办历次宗教工作的主要咨询专家和助手,同时在已经恢复的勐神祭祀仪式中,担任组织活动的核心顾问;而平时这位老人常在集市里摆摊,出售一些旧古玩和旧书报。

根据上述对宗教理事会的分析,我们其实很难界定西双版纳最近 20 年宗教复兴到底是否为一种纯粹民间自发的运动。因为除了国家放宽宗教政策这个大的背景之外,地方政府的作为也显示出给宗教活动留出的一些空间。无论地方政府的行动出发点为何,值得注意的是在客观过程中社会的力量总要与国家交织在一起。

四、土地经济、茶山经济与社会发展

20 世纪 90 年代以来,版纳的经济得到快速发展,社会活力得到充分释放。按照国家的发展布局,整个版纳没有工业,因此当地政府的各种招商引资活动仍旧围绕土地进行。使土地增值的一种方式是引进经济作物。2010—2013 年,由北往南,坝子的土地几乎悉数被分片承包给浙江人种西瓜。在政府牵头下,浙江老板跟生产队队长或村委会接洽,与各家农户签订承包合同,通常是一年。然后再雇佣回这些农户耕作自家的土地并进行管理。西瓜成熟的时候,由老板自行联系人拉走销售。这个过程中也有的是中介两头拉拢,自己先将地承包好,再去找老板来投资。但是不知道是否自然的原因,只有第一次种的西瓜才特别甜,第二次或第三次就失去原有口感。所以承包过种瓜的土地第二年便不会被续包,通常又恢复种稻米,或者尝试别的经济作物。

能使土地增值的另一种方式则有一些偶然性,与当地特有的百年茶山有关系。众所周知,2006—2007 年是普洱茶疯狂炒作的年份,当时一件大益 7542 茶饼曾经被炒到 2 万元天价。之后价格开始下挫,最近几年市场热度总体不如之前。但是这种回落没有根本缩小高低档茶叶的差别。2012 年初借助生态的概念,市场上又兴起新一轮炒作。勐混镇独具一百多株清代古茶树,这些茶树生长在布朗族所居的高山上,当茶叶价格飞飙起来的时候,采一斤茶能挣 300—500 元,一个采茶工一天能挣 5000 元左右,多的能到8000 元。无怪乎拥有这些茶树的村寨对其分外珍视,禁止外村人承包,除了在采摘期间进山的道路全面戒严之外,平时也设检查岗哨,禁止携带任何化肥农药的外来车辆和人员进入。除此之外,聘用采茶的所有人工尽量为寨子里的人,人手不够才去别的寨子聘沾亲带故的熟人。大手笔收购茶叶的都是外来的老板,本地勐海县茶厂没有如此雄厚的财力与之竞争。与此相反,平地的茶园茶叶卖不上价,继续萎靡不振,好些茶园出价请人工,一个小时 20 元钱也请不到。地方政府想趁这个热度继续扩大山区生态园的经济规模,围绕高山茶叶做了好些周边设计,例如生态旅游、生态农产品等,将山脚的水库鱼塘都纳入了茶山区域。以前通往山区的路极其破烂,而今在修的全水泥硬化路可容4车并行,直通山寨。

这两种土地增值的方式在操作上正好相反,前者的使用权是需要短期流转的,作物种植周期也短;后者严格限制流转,种植周期越长越好,远远超过任何一种农作物。客观上,这两种状况不仅仅是经济作物本身的自然差别,其中也潜在酝酿着不同民族社区的矛盾。平坝地区希望能延长流转周期,减少土地生产力的衰退,他们也希望进入高山地区分享利益,但是高山地区为阻止周期变短所以限制流动。而事实上,高山茶叶的高额利润预示着一种不受控制的市场,这对地方社会是有一定影响的。不少人经历了一夜暴富的神话,开始模仿山下傣族盖新房,盖了之后不满足,还要再盖更大的。

在地方政府打包的诸多生态项目中,"稻鱼菜共生田"被认为是更为适合当地发展的模式,也是受宣传最多的一种。中国传统农作中很早就有稻田养鱼的做法,但是在版纳当地其与规模化的现代化种植结合则是由勐海临县的傣族村寨在抗旱保生产中率先采用的。通过把稻田挖低形成"塘田",在雨季的时候可以蓄水,实行稻、鱼、菜立体种植养殖,种一季早稻,水稻收割后养一拨鱼,而田埂常年种植时鲜蔬菜,一年四季田不闲人不闲。不同于前述茶山经济的平坝茶和古树茶两种生产方式,"稻鱼菜共生田"对土地的利用达到了一种平衡。稻、鱼、菜各自有生产周期又配合紧密,形成一年期环环相扣的生产链条,在原则上并不妨碍土地使用权的流转,一年期满可以续也可以转出去;同时,稻、鱼、菜三者你收我种并行不悖,这个生产链条又是可持续的。

稻、鱼、菜是当地传统农产品体系中早有的内容,向来是本地向外大量输出的农产品,因此也不会像西瓜或橡胶那样会导致竭尽地力的后果。除此之外,生态田对农药化肥的施用量有严格的限定,也更符合佛教不杀生的理念。尽管在建国以来现代农业推广中,当地也逐渐采用农药,但是农民接受它需要一个过程,而生态田一出现就受到农民欢迎,农民接受起来则毫无障碍。这不是说佛教不杀生的教条能够直接变成当地人的世界观和道德观,而是说它作为一种潜在的影响使人们在生活实践中会不自觉地靠向它,一旦现实中有更亲和它的选择,人们就会乐于采纳。"稻鱼菜共生田"其实是在园艺经济的思路上,对传统稻作经济进行的现代化变革的一种生态稻作经济系统。

地方政府实际上想更均衡地实现共同发展,因此开始着手以区域为单位进行项目运作。2011年提出的《勐混镇环境保护规划》与其下各村寨提交的生态村的申请之间有一个显著的不同,就是这份规划重新将小镇划分为若干经济片区,而不是以村寨为基础。地方政府不仅考虑到坝子的生态农业经济,对于坝子周围镇所辖的山部地区也做出了规划安排。比如接壤布朗山的地区有古茶树,那就因地制宜建设一个茶山生态基地;接壤勐海县地区原来有造纸工艺的村落,过去是义务造纸供给佛寺和官寺使用的,其经济情况相对落后,现在以非物质文化遗产的名义得到重视,被建设成一个手工业生态村,带动其下各村民小组形成一个生态示范村;在坝子中间地带将若干村寨土地重新平整连片,形成全省面积最大的万亩"稻鱼菜共生"生态田。这几个地方若连成线正好从北往南贯穿小镇,形成一个新的空间格局。地方政府显然是希望能够围绕这个新格局不断拓展,把国家生态乡镇项目的设想进行深化和拓展,当然,这项宏伟的规划也将超出国家原先仅投资一个生态项目所做的周期预设。

另一方面,对于地方社会的建设,也已经不同于民国时期的做法。民国期间最初设法将学校安在佛寺里,小和尚们一边学习傣文知识,一边学习汉文和现代知识;后来在此基础上成立了师资培训班,挑选十五岁左右、具备一定傣文水平的大和尚为培训对象。经过共和国几十年的发展,现代教育体系在版纳地区得到很大的改善和提高。地方政府对"两基"工作(基本普及九年义务教育和基本扫除青壮年文盲)比较重视。根据官方数据,截至 2007 年,勐混镇已有中学 1 所,教职工 78 人,在校学生 1768 人,在校学生巩固率98%以上;小学 21 所,在校学生 2760 人,校内外适龄儿童 2542 人,其中在校 2525 人,入学率 93%以上,巩固率 98%以上;有学前、幼儿教学班 14 个,354 人,教职工 169 人,教师配备率 100%,合格率97%。近几年来小学入学率始终能维持在 93%以上。

现代教育的发展是否意味着传统佛寺教育彻底被抛弃? 实不尽然。根据 2013 年统计,全镇 33 个佛教活动场所共容纳小和尚172 人,其中同时就读初中的和尚生共有 61 人。这些出家的小和尚往往白天在学校学习,晚上到寺院里吃住,继续学习傣文和佛学知识。事实上近年来佛教内部也在进行重建其知识体系的努力。在西双版纳总佛寺——十二版纳最高级别的佛寺和佛学院那里,一些留学回来的年轻僧侣成为推进僧团戒律、讲授佛学知识的中坚力量。他们有的到地方寺院去授课,其中不乏从内地大乘佛教寺院来的僧侣。授课的内容不再局限于佛学教义、仪轨、俗人伦理，而是扩展到西方文学、数学、英语等内容。

这些迹象显示，佛教在地方社会并没有被简单地当作一种与现代化对立的力量来轻率地处理。我国的边疆民族政策对于激发地方社会的经济和文化活力，表现出相当宽容的态度。在勐混，佛教作为组织民间社会的有效手段得到地方政府的承认。当地政府开展禁毒、戒毒、消防、普法甚至反对封建迷信宣传时通常都会借助佛爷们的帮忙，与他们合作，带领他们到社区里"巡游"讲经，同时将国家精神文明建设的内容也传播给普通民众。在这个意义上，我们依稀能够看到版纳社会的双重性在现代环境下仍旧发挥着活跃的作用。至少在一个文化宽松的环境之中，这种双重性与对国家的政治忠诚形成了很强的契合性。

既然如此，是否意味着现代教育和佛寺教育并行不悖、和谐共处？问题还是存在的。现代教育体系面临的根本难题是，它的知识系统与当地社会相对疏离，学生毕业之后很少能在当地找到适合的职位或工作，学历越高越如此。在整个勐混镇，有本科学历的本土居民寥寥无几，他们只能流向诸如景洪或昆明那样的城市。我们很容易将之归结为地方欠发达所致。但是这种说法本身是循环论证的，比如即使在景洪或昆明，当地的高学历人才仍旧愿意向更大的城市流动。照这个逻辑来解释的话，我们只能说景洪或昆明也欠发达。正如弗兰克（A. G. Frank）所批评的那样，所谓欠发达或"低度发展"的概念预设了资本主义的世界性扩张给非西方国家和地区带来现代和传统的二元对立。

实际上，现代教育和佛寺教育面临的就业出路的现实问题，本质上是共通的。甚至，地方僧团的萎缩、高阶僧侣人才缺乏、高级僧侣不愿意到乡镇寺院"就业"的情况更为突出。而且现代教育在一定程度上势必冲击佛教教育，它毕竟提供了另一条社会上升渠道，分流了原本要进入佛教的人才。造成这个现象的根本原因是社会流动性的增强，只有社会经济和文化继续持续发展，才会重新形成平衡。

僧团萎缩的结果是社会道德松弛，以及社会整体性转而诉诸其他形式——例如巫术，并且引发社会边界的强化。例如，在2013年7月勐混镇发生了一场驱除"琵琶鬼"的暴力冲突，实质原因就是通过排斥他者来强化社会边界。现代教育一定程度上冲击佛教教育的结果是，在释放多元观念的同时，也产生了一些社会矛盾。比如，当地在2010年左右曾有过一位傣族领导，据说因为和部下及群众说话的时候不爱说傣语，坚持说汉语，竟遭到整个地方官僚系统和绅民的集体抛弃，人们说他不合群、脾气怪、人品差，结果仅在任几个月就被排挤走了。

此外，佛教与经济伦理的关系问题也值得我们注意。佛教对于世俗的财富并无多大兴趣，但是它在与俗人社会结合的时候，对于俗人对经济的目的做出了规定。20世纪30年代田汝康对芒市的调查中，通过分析"赕"的各种仪式，集中讨论了这种佛教的俗人经济伦理。"赕"在南传上座部佛教社会是非常普遍的概念，用来形容一切向佛的供奉活动。

"赕"是世俗社会理解佛教和实践佛教的方式。对于俗人而言，无法像遁世修行者那样以弃绝俗世来获得涅槃，从而根本解脱，而是通过功德的积累来获得一个更好的来生。田汝康主要有三点发现：(1)"赕"是一种以消耗为目的的经济体系；(2)通过这种行为能消除社会等级的限制，使每个社会个体都能获得救赎；(3)与此相关，也实现了社会对不同群体的包容，尤其是对底层群体的亲和力。

"功德"依靠消耗财富来积累，但是"功德"不与绝对意义上的财富成比例，而是与它在一个人所有之物中所占的地位有关。佛教徒最虔诚纯洁的奉献品是自己；一个一无所有的女人向佛陀献出她的长发，其价值远远胜过土司献出的金山银山，这就是通过救赎达成的"公平"。既然财富的消耗具有正面意义，那么财富的囤积就往往被赋予一种道德劣势。一个社会倘若有意识地抑制追逐和占有财富，挣得多的在宗教消费上也必须要花得多，那么社会阶层之间的心态越来越趋向平衡，社会底层没有产生强烈的被剥夺感和被排斥感，这就是"包容"。

田汝康对芒市的描述其实也加入了他自己对社会公平与包容的理想。即使如此，我们在当代勐混社会中依然能够看到这三个特点在起作用。由于相比田汝康的时代，今天的社会经济生活要丰富许多，面对这些变化，"赕"的三个特点有的方面依然得到强调，有的方面则有所淡化。

首先，"赕"的消耗性依然存在，并且随着社会财富的急剧增加变得规模更大，尤其是集体举行的大赕，花费几十万是常见的。2009年，笔者曾在田野中遇到勐混镇某个寨子有人捐了30万修建一座白塔，为了庆祝白塔落成开光，这个寨子集体做了一次大赕。这既是个人的赕，也是集体的赕。

其次，值得注意的是，这些财富激增导致地方社会更努力地消耗,所以最近10年来村落对建塔修寺一直有旺盛的需求。一座佛寺往往需要耗资上百万,表面上是某个社区为了筹措经费而举行"大赕",而实际上消耗的是这个区域在现代化发展中突然增加的财富。修建佛寺的时候,许多外地很远的寨子只要有一点儿沾亲带故,就不惜千里纷纷赶来赕佛,这样由个人消耗掉的财富实际积累到寺院里,然后再通过佛寺和僧侣的消耗完成功德积累。

以2012年勐混镇准备申请佛寺重建情况为例。当年有重建计划的佛寺共有六座,其基本情况如表5-2所示:①

表5-2　2012年勐混镇佛寺场所申请建设情况

场所名称	所属村委会	建筑面积（m²）	拟投入资金(万元)		拟建项目基本情况
			自筹资金	缺口资金	
MS佛寺	MS	350	60	40	该村属于傣族,拟于2014年2月份开始重建佛寺大殿教室,其因:年久失修已属危房,将会给信教群众带来隐患。
MB佛寺	MS	500	60	40	该村属于傣族,拟于2013年2月开始重建佛寺大殿教室,其因:由于长时间一直得不到维修,属于危房,将会给信教群众带来安全隐患。

① 表5-2、5-3中寺院名称等敏感信息均为化名。

场所名称	所属村委会	建筑面积（m²）	拟投入资金（万元）		拟建项目基本情况
			自筹资金	缺口资金	
NY 佛寺	MG	405.98	70	50	该村小组属于布朗族，拟于2015年2月开始重建、改造佛寺配套建筑和设施。其因：由于该小组经费方面困难，加上年久失修，现属于危房。
MGL 佛寺	MG	3980.57	150	60	该村属于傣族，拟于2014年2月开始重建、改造，以及配套设施重建。属于大佛寺。其因：由于年久失修，将会给信教群众带来隐患。
MDH 佛寺	MG	390	60	40	该村属于傣族，拟于2014年2月开始重建、改造，以及配套设施重建。属于大佛寺。其因：由于年久失修，将会给信教群众带来隐患。
MH 佛寺	MSA	450	70	50	该村属于傣族，拟于2013年2月份开始重建佛寺大殿教室，其因：年久失修已属危房，将会给信教群众带来隐患。

如图所示,一座村寨佛寺就有 50 万上下的资金缺口,而这些缺口是无法通过官方途径获得补充的,也不会从佛协那里得到支持,最后实际都只能通过信徒捐献。为了审批方便,申报原因都是危房改造,但也不排除部分佛寺扩建翻修的情况。这 6 个佛寺集中分布在 MG 村委会和 MS 村委会。而同年(2012 年)各村委会的经济收益情况如下(表 5-3):

表 5-3 2012 年勐混村委会经济收益

村委会名称	农村经济总收入(万元)	其中:出售产品收入(万元)
合计	28 332	19 832
MH	5564	3895
MG(有 12 个村民小组)	3826	2678
MB	3349	2344
MS(有 9 个村民小组)	3620	2534
MSA	4528	3170
HK	3536	2475
MG	2036	1425
乡镇企业	1398	979
专业合作社	475	332

可见,MG 村委会和 MS 村委会的年度收入如果各自平均到村民小组上,其实并不高——MG 村委会各村民小组平均大约有 300 多万,MS 村委会大约有 400 多万。而 MG 村委会重建 3 座佛寺要花去 280 万,加上缺口 110 万,平均每座佛寺将花费 130 万,约占村民小组年均收入的 40%;MS 村委会重建 2 座佛寺则要花

120万,加上缺口80万,平均每座佛寺将花费100万,约占村民小组年均收入的25%。而这仅仅是社区大赕中的一项。

地方政府对这些社会行为采取了较为宽容和默许的态度,将其解释为民族风俗。但是为了规范管理,地方政府希望各节日时间相对固定,因此对节日类型和时间做出一些规定。得到勐混镇政府公认和安排的节日有三个:傣历新年(7天)、关门节与开门节(3个月)、赕坦节(2天)。应该说,地方政府的这些做法给地方社会较多空间,有利于保持社会的活力。

不过,人们在"赕"的时候经常还会相互攀比。田汝康所处的时代属于物质相对匮乏时期,做一次大赕可能需要大半年时间准备,花去一个人一辈子的积蓄,所以除了特别富裕的人家,其他人经济状况都差不多,相互比较并不容易产生强烈的嫉妒心和失落感。但是今天人们很容易就做起一个大赕,很容易就盖起属于村寨自己的佛寺,不用再赶远路到别人的寨子朝圣,在这种情况下,赕的豪华程度和规模大小俨然关系到个人和社区的面子。也就是说,以前挣得多所以赕得多,现在赕得多才显得挣得多。这给我们提出了新的问题,即在今天这种攀比的心态下,"赕"的消耗是否反而对社会公平、社会包容会有所妨害?

对这个问题,我们一时还无法给出明确的答案。因为能够使"赕"避免沦为纯粹的社会性仪式、避免为了消耗而消耗的因素在于,社会本身依旧承认佛教的救赎观,并接受它的道德规训。这或许要求佛教自身重新理性化,严正它的模范形象。但在佛寺不可能像以前一样据有这些财富,所有寺产需要由村民委员会和宗教事务管理人员共同监管的时候,它不太容易支撑一个高水平的僧团——支持更多僧侣出国游学,攻读巴利语经典,通过高级僧阶考试。基层的僧人不得不埋首于各种社会仪式之中,在各种大小赕的节日里疲于奔命。目前地方政府、社会和佛教内部都有重整僧团戒律的呼声,从西双版纳总佛寺也传来一些积极改变的努力,究竟结果如何还有待时日方见端倪。

尽管如此,"赕"这个词已经深入到勐混人的骨子里,成为一种民族气质或民族精神。地方知识分子不断书写它,民众不断实践它。人们说傣家人一生是赕,相信奉献是积累善的功德,为有更好的来世。只要这种期盼没有消失,社会就依然有整合的动力,就有机会去缓解现代性的种种焦虑。

此外,在"赕"的行为背后潜藏的关于公平和包容的社会伦理,散布在许多日常生活细节里并传承下来。比如地方政府之所以热衷于申报和评选各种文明家庭,其实表明这是当地社会的一种"特产"。当地社会对老人非常尊重,无论何种人生礼仪如出家、建房、结婚、生子等都必须先请老人拴线,以求得到老人的祝福;在关门节期间,送老人们到佛寺听经,给他们送饭;社区大事需要有老人们一起商量,听从他们指导。一个普通人,当他/她开始被人称为"波涛"/"咪涛"(意为老人家)的时候,当他/她在关门节期间去佛寺听经而人们对此没有疑议的时候,无论他/她是没到 50 岁还是已过 70 岁,他/她在社会中已经进入老人群体,不需要再劳动了。与此同时,他/她受到大家的尊敬,如果是曾经当过二佛爷后还俗的老人,在地方事务中说话的分量很重,村委会决定一些大事的时候经常会请他们参与。

若站在现代社会的角度来看,可能会觉得这像是一种权威型的社会,由老人来支配。但是老人们其实并不掌握社会的政治经济权力,反而与之疏离。他们不会像年轻时那样拼命挣钱养家,也不去操心子女的经济问题或者孙辈的抚养问题,更多时间呆在佛寺里,呆在各种佛事活动现场。他们与这个社会的关系若即若离,不再承担什么具体的社会义务。从这个意义来说,保障个人老年时候的生活,给他充分享受生命的时间和空间以补偿他过去对社会付出的劳动,不也是一种社会公平的体现吗?

至此,本书大概描摹了西双版纳社会在现代化过程中,社会结构和社会心态上的变与不变。通过"双重时间体系"表现出来的是以西双版纳为中心的这个文明区域的文化精神特点。这种精神气质是由封建时代的政治和宗教实践,化入社会结构的底层,与社会基本的经济结构相互融合,所形成的一套对于版纳社会生活节奏、人观及宇宙观的统一表述。它使版纳社会传统的公共生活具备整体性,赋予村落—家庭—个体互动关系以充分的秩序感,同时也是一种独特的时间美感。而本章所讨论的版纳社会当下面临的巨大经济变革,则是更重要的问题。它势必给这套文化结构带来前所未有的挑战。

从民国时期至今,勐混的"双重性"不断面对着国家政治的变化。国家的控制和治理带有强烈的现代化意识,对地方社会的冲击和改变是深刻的。从总体来说,改革开放以来,版纳社会的经济活力在各类产业、教育、文化等方面得到充分的激活释放,有力地证明了中国边疆策略的合理性。

但是也要看到,作为一个仍在变迁中尚未达到平衡的发展过程,其中亦不乏社会问题,需要我们更仔细地甄别。比如作为"双重时间体系"的基础之一,稻作周期从进入—抗拒—最终接受的这个改变,表明了社会对此种现代性的接纳。这种压力作用在"双重时间体系"上并非平均分布的。

首先,现代性追求的个体主义和经济理性对社会的整体性而言是一种破坏性的力量。诸如大量年轻人外出打工、原有的社会等级瓦解、村寨集体和个人的等级身份逐渐失去社会中的优势地位等,都是明显表现。不过,由于佛教的影响,西双版纳社会原本的个体主义也相当发达。在双重宗教关系结构之中,这种个体主义和社会的整体主义很早结成了相互依赖和转化的关系。从这个角度来说,意图瓦解社会整体性的现代性的个体主义,也间接对佛教造成了压力。

其次,这种世俗的个体主义直接侵蚀着佛教对个体进行解脱的那种超越性。所以佛教所面临的压力其实更大。在拥有教会基础的民族社会中,20世纪80年代以来的宗教复兴运动是依托社会重建教会得以实现的。教会的重建是关键所在。佛教抓住了这个机会,一方面教会的恢复正在试图承担起维护社会整体性的任务,另一方面,随着佛教的社会声望和社会影响的不断壮大,它也开始试图重建僧团的知识传统,以"禅修"等方式重建自身的宗教神圣感。

在这个过程中,由地方教会不断选拔的僧侣人才经过出国留学成为了第一代、第二代僧团的核心人物。当这些教育轨道建设起来之后,僧团内部流动也得以重建,地方教会的僧侣有望晋升到更核心的寺庙和教派团体中。因此在地方上的修行正在变成一件有盼头的事情,年轻一代的僧人已不再满足于做一名地方仪式专家和山村教师,而渴望到更大的知识传播中心去。可以预期的是,一个南传上座部佛教的知识中心,或者一个更大规模的僧院组织未来可能会在西双版纳的政治中心景洪出现。

第六章 结论：多重宗教体系影响下的边疆社会

在 20 世纪 30 年代末 40 年代初中国社会科学家开始陆续会聚云南之时，对边疆史地的研究出现了一个高峰。西双版纳这个历史上中央帝国羁縻的最南端，从 12 世纪内附于大理之后，它作为大理与缅甸双方势力的交接地带之身份更为明确，而其确切的边界概念依旧模糊不清。大理灭亡之后，元明清继续推行土司制度，将它当成化内之地，但这种模糊的边界状态随着 19 世纪末英国对缅甸的侵占逐渐被清政府意识到其需要变革。到了 1935 年民国政府照会英国欲重勘中缅边界南段之时，西双版纳始获学界重视，及至 1942 年日本侵入东南亚造成中国南线持续的紧张，迫使西双版纳地区实地研究基本停顿。这段时期对西双版纳的研究主要集中在历史与社会两方面，1936 年李拂一最早编订《泐史》，其后方国瑜实际是在李拂一影响下走访滇西南孟连、耿马等地。陶云逵也在同时期进入西双版纳，晚些时候则是江应樑和田汝康到德宏傣族地区调查。他们的调查地点虽然不在西双版纳，但是这两地同处一个文化区域内，社会性质、宗教文化、族群组成都基本相同。

至 20 世纪 50 年代，作为民族地区社会历史调查的一部分，关于西双版纳的民族研究和社会性质研究开始成为主流。其中西双版纳的土地制度和封建制度是学界讨论最集中的问题。例如马曜的《西双版纳份地制与西周井田制比较》，由朱德普、马曜等参与并担任主要执笔者的《傣族社会历史调查》(共 8 卷)等。

"文革"期间全国社会科学研究活动几乎全面被迫停止，一直到 20 世纪 80 年代随着学科重建，社会科学研究以及地方史志得到恢复，出现了一批与西双版纳地方文化研究、文化遗产保护有关的文献翻译整理工作和田野调查。这些研究无一例外都关注傣族社会所信奉的南传上座部佛教，探讨其仪式特点和信仰内容，以及南传佛教与教育、经济、社会、法律、历法等之间的关系。例如张公瑾《傣族宗教与文化》(2002)、谭乐山《南传上座部佛教与傣族村社经济——对中国西南西双版纳的比较研究》(2005)、岩香宰《说煞道佛：西双版纳傣族宗教研究》(2006)、龚锐《圣俗之间——西双版纳傣族赕佛世俗化的研究》(2009)、曹成章《傣族村社文化研究》(2006)、艾菊红《水之意蕴：傣族水文化研究》(2010)、高立士《傣族竜林文化研究》(2010)等。近年来，由于官方的推动，西双版纳文化遗产的发掘和保护运动成为热点。2010 年，由西双版纳政府主持的大型丛书《中国贝叶经全集》的翻译出版，将这一运动推至高峰。

可以说，西双版纳是人类学民族学田野工作的"熟地"，产生过一批有重要影响的经典著作；同时当地的文史研究非常发达，目前仍旧在不断产生着傣文和汉文的文史作品。

相对而言，由于接连受到战乱和政治因素的影响，国际学界对西双版纳的田野调查并不多；他们往往对周边的泰国、缅甸等地的掸人或泰人(Tai)进行研究，也会侧面触及西双版纳的问题。他们当中有不少人因为东南亚人类学研究而著名,例如坦拜雅(Stanley J. Tambiah)、利奇(Edmund Leach)、格尔兹(Clifford Geertz)、克什(Thomas Kirsch)等。

在这些研究中,不少也在关心宗教、社会、国家等议题,它们构成了本书得以对话和继续思考的基础。从前述分析中,西双版纳社会的双重性来自它外部的中印两大文明,这两大文明通过宗教、政治和意识形态多种方式影响西双版纳社会的形成。西双版纳所显示的双重宗教体系的特点,有助于我们思考边疆地区的社会构成。实际上,无论从西南、西部到西北或者东北,边疆地区都是由多重宗教重叠影响下形成的大小社会组成的。许多研究都注意到这一点,但遗憾的是它们并没有充分意识到这种特点对于边疆治理的积极意义。

第一节 对国家学的反思:保持"社会"的独立性

20世纪初期,瑞士历史学家布克哈特(Jacob Burckhardt,1811—1897)在其《世界历史沉思录》中提出一种从人的精神世界的角度考察历史变化的历史学研究,他反对黑格尔以普遍理性的概念来组织历史过程,从而把人的多样化的历史活动变成哲学的附庸。布克哈特认为可以从文化、国家和宗教三个潜能的关系来看历史,这三对潜能构成了六组相互制约的关系:文化受国家的制约、文化受宗教的制约、国家受宗教的制约、国家受文化的制约、宗教受国家的制约和宗教受文化的制约(布克哈特,2007:77—152)。

在他看来,文化、国家和宗教三者各自具有独立性,并且相互之间很难协调,国家和宗教是适应政治和超验的需求而产生的,它们至少对相关民族来说具有普遍的效力,甚至可以说对整个世界有效力;文化与物质和精神的需求紧密相关,它包含了所有促进物质发展的因素,所有为了表达人们精神和道德生活而产生的东西,但它并非一定具有普遍性,因为它不是强加在人们身上的(布克哈特,2007:25)。

布克哈特认为,文化是精神本能发展的总和,具有成千上万不同形式的变化过程,在这些过程中,一个种族原始的行为转化为思维的能力,转化为思维的最后和最高端即科学,或哲学,也就是纯粹的思维。从广义上讲,相对于国家和宗教而言,文化作为一个整体,其外部表现形式就是社会(布克哈特,2007:51)。而他所说的宗教主要指的是古希腊、罗马的宗教,以及在保罗的时代基督教开始发展出的一种仿照理想国家的组织——教会(布克哈特,2007:130)。在不同时代和不同区域,我们总能发现这六种制约关系。

无独有偶,特勒尔奇在1911年出版的《基督教社会思想史》一书中,通过教会史的研究,将国家、宗教与社会的关系同样作为核心议题提了出来。和布克哈特的思考相似的是,特勒尔奇也将教会与社会两个范畴严格区分开来,并且反驳了颇为流行的错误观点——认为基督教不仅含有一种社会精神,一种吸引人们并且把他们联合起来的力量,并且也因此为人类的自然划分奠定了某些原则——如性别与年龄的关系、生活环境的关系等(特勒尔奇,1991:5)。特勒尔奇认为,基督教的团契精神对人与群体之间的关系确实间或有调整作用,也确实是一种基本的社会理论,但是这些影响有时候强,有时候弱,并不能被视为决定"社会"的全部。而且,基于劳动分工的"社会"总是独立的,具有它本身在社会学上的基础。有意义的是,"社会"作为在现代理论中与"国家"区分才获得独立性的概念,当与基督教教会关联在一起的时候,实际又产生了许多新鲜的内容;而这需要通过在历史中考察基督教在各种不同的社会团体中产生的具体影响才能看到(特勒尔奇,1991:10)。

相比布克哈特,特勒尔奇更明确地提供了从社会学角度而不是从文化史学角度来辨析观念史和制度史之间辩证关系的路径,其方法论更具有借鉴意义。同时,他也丰富了布克哈特所说的"相互制约"关系,发现其中相互亲和的可能性。

布克哈特和特勒尔奇所关注的虽然都是西方世界基督教教会与社会的关系,并不直接关涉本书讨论的南传上座部佛教在西双版纳社会的情况,但是他们对于教会与社会关系的论述在今天看来仍旧很有力量。无论布克哈特还是特勒尔奇,在承认国家和社会之间的对立共生的同时,其实也做出了保持"社会"这一概念独立性的努力。在布克哈特那里,试图用"文化"界定和保护"社会",在特勒尔奇那里,则是用"教会"来涵养和维持"社会"。

这种努力的意义在于,将"社会"概念从依附于以权力为核心的"国家"的境地中解放出来,同样有助于我们今天重新思考"国家"。因为在布克哈特和特勒尔奇那里,"国家"作为一种政治理性的社会性团体,它与"社会"和"家庭"等一样,作为相互关联的社会组合,其实不是单独的社会性的全体,简单地说,只有"国家"与"社会"组合的方式才能作为权力流通的通道,而不是由"国家"把"社会"范畴吞并。"教会"在其中的作用,实际是同时包含了对"国家"

和"社会"的理论思考,并且在现实中努力实现对二者的双向建设,我们通过它能够最直观地看到具体的民族社会对"国家"与"社会"的理解和实践。

进入现代历史的西双版纳不可避免地要在这种政治性的"国家"的语境中得到表述。在许多前人关于西双版纳的研究中,这个问题始终是核心之一。根据他们对当地治理问题的主张,我们大致可以将其分为三类:一类是侧重从扩张"国家"的范畴出发,并未将"社会"置入讨论视野中,例如江应樑、方国瑜;一类侧重从巩固"社会"范畴的界线出发,但同时还要将"社会"放入"国家"范畴之内,例如李拂一以及高立士等一批地方志作者;还有一类承认"国家"与"社会"的关联,同时通过"文化"对"国家"的超越来保持"社会"的独立性。

一、从扩展"国家"范畴出发的单一治理思路

1937 年,民族学家江应樑由中山大学研究院派遣到云南德宏调查傣族,遍历芒市、遮放、勐卯、陇川、干崖、南甸几个土司境;从 1938 年到 1945 年间又游历耿马、孟定和西双版纳,并于 1946 年写出了有关傣族的专著,但由于客观的历史原因,这些书稿大多遗失,到 1983 年他凭记忆和仅存的旧稿最终完成了《傣族史》的写作(江应樑,1983:17—18)。他的设想是"把人类学和民族史结合起来研究少数民族"(江应樑,1983:18)。由此说来,《傣族史》一书是结合 20 世纪三四十年代与五十年代两个时期的人类学民族学研究特点的作品(江应樑,1983:651)。

江应樑曾于 1945—1948 年间担任车里县长,在 1945 年,他上

书云南省民政厅厅长陆崇仁要求废除车里县土司制度,并附有废除计划书(云南省档案馆,1945;征鹏,2003:65)。在此前2年,车里宣慰土司刀栋梁病故,国民政府欲趁机改土归流,但最终没有成功(云南省档案馆藏,1943)。当时国民政府并没有具体的改土设流的方法,而江应樑则提出了明确的改革办法(云南省档案馆藏,1945)。他的改革计划是将土司制度改成现代政府,宣慰使职能直接转化成县政府职能,议事庭转为参议会,培养土司后代为地方行政人员(云南省档案馆藏,1945)。在《傣族史》中,江应樑再次对土司制度表达同样的批判,但是或许是客观环境使然,在他原来计划中包含的对当地历史延续性的某种程度的考虑,比如思考土司等贵族及其后代如何实现在现代科层制度中的转化,都没有再提及,而代之以20世纪50年代主流的阶级分析模式。

江应樑主要依据中文史料来构拟傣族源流和发展的历史,其叙述沿着两条线索展开,一条是中原王朝对西双版纳地的逐渐认识和治理方略,另一条是东南亚地区包括西双版纳出现过的傣语民族独立王国长久以来接受印度文化的濡养。从纪元前数年,印度商人和冒险家从海上东来,进入马来半岛、缅甸和暹罗等地,随后是大量婆罗门教徒,再后是佛教进入(江应樑,1983:15)。他虽然宣称"傣族居住的地区,自古以来就是祖国不可分割的领土",但却对民族跨地域、跨国境的历史流动给予高度承认(江应樑,1983:14)。在梳理史料的过程中,江应樑并没有忽略其中包含着"华夷之辨"的因素,而与陶云逵不同的是,他并不认为傣族社会文明程度已经达到很高的程度,而是认为其长期处在封建制度下,当地的政治制度及土地制度得到相应的发展,但是民间的生活其实比较简单,以农耕为主,商业、手工业并未从农业中独立出来,虽然与其他区域交流频繁——比如当地茶叶主要供给西藏,但还远未形成高度的专业化生产模式(江应樑,1983:474—514)。

对江应樑来说,西双版纳和西南边地任何少数民族土司治地并无根本的不同,而只有文化要素上的差异。佛教和本土宗教只是傣语民族文化内容的一部分,尤其是佛教属于日常生活的礼俗规范(江应樑,1983:528—549)。

在他看来,土司制度是一种民国时期还在延续的封建领主制,"召片领是西双版纳土地之主,也是西双版纳政治、经济、军事、法律上的最高统治者……召片领为首,以血缘宗法为纽带,组成一个严密的领主集团"(江应樑,1983:429)。作为统治集团,分为"孟"(宣慰使的血亲)、"翁"(宣慰使的家臣及姻亲)和"鲁郎道叭"(宣慰使家臣的亲戚)三个等级,与之配合的有议事庭制度、成文法典及武装力量。而被统治的人民,也划分为三等人:"傣勐"、"滚很召"和"卡召"(江应樑,1983:429—438)。"傣勐"意思指"本地人",被认为是最早到当地开垦的地主,在承担封建领主的官租和劳役方面有自己的特点:(1) 他们不属于土司家奴,负担官租较少;(2) 他们承担的劳役主要在公共建设方面,比如养路、架桥和水利;(3) 历史上他们承担全部兵役,是当地武装的主要构成力量;(4) 他们承担向中原封建朝廷纳税;(5) 在政治上他们比其他被统治阶层优越,村寨头人通常从他们中间产生;(6) 宗教上祭祀"勐神"的主祭必须由他们担任,在祭祀时要将土司关起,禁止他说话,否则任何一个傣勐都可以打他的耳光(江应樑,1983:438—440)。"滚很召"和"卡召"都是由后来到当地的流民组成,他们很多成为宣慰使、土司或官佛寺的家奴，不同的寨子通常负担不同的劳役功能，如园丁、养牛、厨艺等（江应樑，1983：440—442）。

　　江应樑看到的等级制度实际混合了几种形态，颇像利奇所讨论的上缅甸人的"贡扎"制度———种在"贡龙"（强调无政府主义和平等主义的议会制）和"专制政治"（即封建制度）之间的居中状态（利奇，2003）。不过江应樑并没有很好地解释作为地主的"傣勐"与号称"土地主人"的召片领之间到底有何关系，而将其归为阶级压迫。"傣勐"头人实际上很可能即陶云逵所说的"巫官"。利奇在上缅甸也看到了寨子里有类似"傣勐"的人群，他称为"首要世系群"（利奇，2003：126），认为他们的头人也属于"山官"阶层，不同的是，土地所有权与幼子继承制联系在一起，但是其神圣性是可以购买和转让的，也就是祭祀"勐神"的权力可以转移到另一个世系中（利奇，2003：167—171）。如果说江应樑看到的嫡长子继承制的确立，也曾经历过幼子继承制的转化，则必须从幼子那里获得祭祀权，而由于这个祭祀权的正统实际是属于幼子的世系，因此"巫官"祭祀勐神的时候监禁土司实际是一种仪式性的谋杀，将正统再度恢复。"巫官"可能最初是替代幼子执行祭祀仪式，并因此获得封建分封的。

　　江应樑用一个扁平的等级模型解释摆夷社会，用民族国家的时间体系来观察当地，因此他的改革计划把土司制度视为一个单一的落后的历史产物加以抛弃。"民族"作为他的核心词汇，是与民族-国家的观念联系在一起的，在一种松散的文化观下，不同人群之间的交往和冲突成为连接这些松散部分的唯一可能。因而，他虽强调制度的上下关联作用，但是缺乏道德内涵的制度其实太单薄了。史料对他来说是服务于他的现代化民族国家这一历史目的的。

历史学家方国瑜在 1936 年因友人建议,萌生了到边疆实地考察的念头,后参加国民政府外交部重勘滇缅边境的考察团,将其行路笔记和案边考证结合在一起,遂成《滇西边区考察记》一书。他的路线是从昆明向西南走,经孟定至镇康摆夷土司地(方国瑜,2008),行迹均在今天临沧市内。当时所勘边境线正是在这附近一带,毗邻萨尔温江。

方国瑜是以做方志的思路来考察地方的。每到一地均先简要描绘当地自然环境,而后是民族构成与分布、当地重要的时事动向等。在他笔下,展开的是一幅乱世景象:土司没落,土司与军阀、流官之间的斗争和战争,山上的野卡人缺乏管束而频繁掠夺杀人,基督教组织买通野卡人焚毁佛寺,英国殖民者虎视眈眈,对地方上的土司进行威逼利诱,甚至有传闻要谋杀中方勘界人员。这种局势下,勘查边境其实不是他的主要兴趣所在,其意在考勤边政。他在游历中看到各地土司其具体的生活方式、治理地方的态度和手段,以及他们对中央政府的看法,其中孟定、孟连和耿马三个同级的土司是他着墨较多的。孟定和耿马这两个土司历史上"自麓川分支,今并姓罕为同宗,且屡世姻亲,然以利害时有冲突,而光绪间之战最为激烈。"(方国瑜,2008:129)这引起他强烈的兴趣,为此走访了当年参与此事的几个关键人物。这场战争导致原本号称边地第一城的孟定土司衙门焚毁殆尽,边乱长达十年未息,更重要的是这预示着孟定土司的一蹶不振(方国瑜,2008:130)。

在方国瑜看来,土司因为争利而发生战争带来如此巨大的破坏,说明这种基层政治已经产生了糟糕的影响,而与此同时社会变迁正不可阻挡地发生着。以汉语文为主的现代教育经过近十年筚路蓝缕之功已经在下一代的儿童当中打下基础。"孟定全境学校,惟此与土署所设者而已;土署仅贵族子弟三四人,此则平民学校也。余等初至之日,小学生提灯欢迎,游街唱歌,在边境睹此,亦饶有意味也。"(方国瑜,2008:130)方国瑜从极细致的地方呈现了土司制度衰败的历史过程,这不仅仅是文化接触和濡化的问题,还涉及土司的精神气质衰落不复担当地方道德的因素,在这些层面上呈现的均是地方与整个中华帝国命运的千丝万缕的联系。

实际上,方国瑜的实地考察乃是他的地方史研究的一个注脚。他与西双版纳当地文史专家李拂一交情不浅,并曾为李拂一编译的《泐史》一书作序。此次走访滇西南实际受李拂一影响,但是两人对历史研究的看法却有不同。李拂一在编译《泐史》自叙以"土族原文文献""期得一首尾完具之本,以校补残缺,然后再合中外有关记录,触通互证,原原本本成一边疆真实史料,然迄未能如愿。"①他的设想实承清末以来传统经学史学的剧烈变化,有"眼光向下"和"扩充史料"的意思。而方国瑜则相反,坚持以正史为主,以官修史志对勘土司家谱,认为"大抵土司家乘,不免以情感更易事迹,且既无定本,后来篡改,尤不可免。拂一先生所见众本,多相

① 原文为:"畴昔国内学人,于边裔土族,多存鄙视之念,土族原文文献,自不为所注意。边事著录,大都仅据汉文片面资料为已足,支离附会,难究原委。西方汉学家治吾边裔史者,对土族原文文献珍视逾恒,多有成就。余居边二十余年,窃师其意,所至搜访,不遗余力,但所获殊寥寥,难以自满。胜利后,复多方访求,期得一首尾完具之本,以校补残缺,然后再合中外有关记录,触通互证,原原本本成一边疆真实史料,然迄未能如愿。"可见李拂一是要从地方重建中国历史,意图完成从传统史学向现代史学的过渡(李拂一,1983a:10)。

抵牾,可以知之。至于汉文记录,虽据当日文书,然不免因避嫌谎报,或互讪诬词,掌书记者,无由得实,又岂可尽信。故合正史家乘而观之,或相得益彰,或互补阙文,或校正伪误;然犹有抵牾不辩得失者,则或征之他籍,或参邻邦记载,或访求遗闻,而后事迹详瞻,因革可考。"(李拂一,1983a:4)李拂一和方国瑜两者背后的差异,一是从实地建设的经验和眼光而来,一是从对传统士大夫的道统坚持而来。换言之,方国瑜眼中的历史其实已经终结在清朝灭亡之时,现存的土司制度不过是一个腐朽的尾巴,他的历史目的论是向后的。

在方国瑜这里呈现出的两种"时间体系",一种属于当地的、传统的政治理想,另一种属于现代国家的政治理想,在客观历史上他认为两种时间不相冲突也不应关联起来,但他在内心却又不能完全投向现代民族国家的怀抱,内中的矛盾始终难以解决。

无论江应樑还是方国瑜,他们对西双版纳的考察主要以"国家"为出发点,这并不是说他们没有关注到地方社会的各种特点,而是说地方社会作为整体性的表达并不是他们讨论的核心。在他们眼中,各种社会性的表现需要受到"国家"的支配,通过制度轨道取得符合"国家"理想的合理的安排。

二、从"社会"出发的治理思路

最早编译西双版纳地方历史《泐史》的李拂一,是清末民初开发西双版纳的柯树勋之女婿。柯树勋治理西双版纳期间,改流十余年,实业渐兴,商旅络绎不绝,边境封闭状况有所改变。又提倡新学,先在版纳办起第一所汉族学校做示范,聘任热心教育人士为劝学所长,以古六大茶山倚邦、易武一带为重点兴办学校作示范,劝导各民族子女入学,成绩渐显,民化日开(西双版纳傣族自治州地方志编纂委员会,2001b:768)。李拂一为柯树勋治理版纳提出过不少建议,尤其在推广新式教育方面;并且十分热衷地方文史资料的搜集、保存和翻译。除了编译《泐史》之外,还编译校订了《车里宣慰世系考订》一书。

1934年,李拂一任佛海县教育局长,增设小学,扩大教员规模。他认为要让少数民族儿童读汉书,首先应培养本民族师资人才,建议在勐海大佛寺中开办少数民族师资培训班。不仅如此,李拂一因与当地绅商交好,得佛海县商会会长周文卿大力支持出资办公共图书馆,由李拂一出任馆长。此后李拂一陆续从国内外购入大量书籍达9000多册,其中有一套用20两黄金购买的原版清史稿536卷,计136大册,十分珍贵。此外,他还购买乐器,参与组织音乐会;购买观测气候仪器,在家中设立小型测候所;购买昂贵的医疗器械,筹建医院;还为纺织厂的原料和机器四处奔波,等等(李拂一、刘献廷,1998:151—159)。

从其所作所为来看,李拂一身上带有浓重的传统中国绅士的特点,不仅参与地方政治、热心地方公共建设,而且还自觉承担地方历史的撰写,延续并革新地方的文化精神。正如他在《泐史》的序言中所说:

> 云南土族,旧分百数十种;迩来学人,就其语系,归纳为四系二十余语族。此二十余语族中,原有文字者,仅麽些、倮罗及摆夷三语族。……惟有摆夷族之拼音文字,其组织最称完

备。所用字母源自梵文,书体则遵缅文法式。……应用广泛,
举凡宗教哲学自然社会语文史地医药艺术艺文,以至书牍账
册巫占星相之类,莫不应有尽有。文艺作品,尤为丰富,文化
于各土族中,最称灿烂。傣泐文通行于车里宣慰司辖境,亦即
十二版纳范围,兼及缅甸孟艮,越属整欠。车里于明为六宣慰
司之一,与缅甸、八百、木邦、孟养、老挝,为西南六大土邦。固
今已式微,人才凋零,其古代遗留之辉煌文化,已鲜人注意。
古代作品,散失残缺,无人整理!(李拂一,1983a:7)

在这段话中,李拂一对西双版纳文明的成就给予高度评价,从
他对地方传统的维护与引进新文化建设的种种做法可见,他的考
量其实不仅仅是地方重建,还包含国家重建。在传统士人的心态
中,地方性和国家是不分的;他们所谈论和热衷的地方社会事务,
也就是国家事务。这种"国家"与"地方"范畴不分的观念,是来自
历史传统的遗产,不同于现代宪法性的国家观念以及和它构成区
别的社会观念。

　　然而另一方面,李拂一对新时代国家转型亦有敏感的体会,他
大力促进各种现代科学技术、文化观念的引进,这些行动渐渐积累
的效果其实也改变了社会的现状,连带改变了现实中社会与国家
的关系,使其逐渐脱离那种混合一体的状态。关于这一点其实李
拂一自己也有体会,他曾主张要大力借助海外华侨的力量,引进橡
胶种植、茶叶贸易、纺织行业,意图发挥西双版纳处于中缅边境通
道的优势,使当地社会向商业社会转型。这些做法使得社会自身
日渐获得独立,与"国家"之间的职能分工、权力划分等也要求更为

清晰。换句话说,现代国家观念其实随着李拂一等人的地方建设而逐渐进入西双版纳的社会生活中。

这两种观念在心态上是有矛盾的,李拂一要弥合这两种国家观的差距,诉诸的方式是一种国族的认同,即傣族作为现代国家的实体之一,在国家中占据政治合法性的地位,其民族所在地域为国家的领土,民族历史也即国家历史。

由李拂一首开西双版纳地方史志翻译整理的先河。其后,在中华人民共和国成立之后主要由政府来主持西双版纳的方志编纂工作。经过李拂一等人十余年的开垦,以及后来政府继续推行社会建设,西双版纳出现了一批地方学者,纷纷对版纳的宗教、历史、文化、经济、风土、人物等进行研究,他们的著述成果往往也被吸纳到地方志之中。例如高立士对傣族社会"竜林"文化的挖掘和整理工作,在当代比较引人注目。

高立士从文化与生态的角度关注西双版纳的勐神崇拜与水利工程的关系,他通过大量的田野调查和史料研究,提出傣族文化传统对人与自然的关系做出适当的安排,"竜林"的设置发挥的一项重要功能,是防止人砍伐森林、过度攫取自然资源,有利于保护生态。高立士也指出了竜山的神圣性与王权之间的关联,宣慰使每年必须朝觐最大的竜山以祈祷丰产,这意味着竜山具有高于王权的神圣性,王权要受到竜山崇拜这一宗教形式的制约。此外特别精彩的是,他指出从社区外的竜山到社区内的稻田灌溉,由水利体系构建的立体生态布局,体现了当地独特的宇宙观。在承认这种宇宙观的前提下,构成了王权对土地进行统治和占有的合法权。(高立士,1999)

　　高立士所关心的文化可以视为傣族社会的观念体系，他的资料表明传统文化对王权的制约这一点，包含着对现代国家观念的挑战，但可惜他没有进一步展开。他把文化作为傣族特有的实践工具，而没有看到社会才是文化机制得以发生作用的场所，因此在应对现代变迁的问题时会显得乏力。

　　无论之前的李拂一，还是后来一批地方史志研究者，对西双版纳社会都倾注了认同感。他们强调当地社会具有自己的历史特点、丰富的自然文化资源以及道德规范传统，能够与现代文明融洽。同时，他们也自觉把对西双版纳社会的描述放在"国家"的视野之中，以它对政治权力的依附性作为前提。高立士的研究虽然没有明确对"国家"有所讨论，但是他所在的史志脉络已经由李拂一预先奠定了问题意识，即是要重新恢复和建构在现代的西双版纳与国家之间的关联；而李拂一所具有的国族意识使他在考察地方社会的时候，已经将政治纽带视为最核心的历史关联。

　　这种思路与江应樑等人有契合之处，其实都是在同一种类型的国家—社会关系中处理西双版纳治理问题。这种政治性的关系类型使西双版纳社会成为国家的一个有机组成部分，譬如人之四肢与头脑。在这种权力支配关系中，不存在"社会"与"国家"协商合作的可能性，只存在治理渠道通畅与否的问题。因此只要还在这种类型的框架中思考"国家"与"社会"，高立士等史志作者极力书写的地方文化的独特性就是无法得到保障。

三、以"文化"超越"国家"的治理思路

　　与江应樑同时期的人类学家陶云逵，是当时投身边政学和推

行边政建设的一位重要学者,1944 年他因病去世之时,《边政公论》曾出版一期专刊刊载各位学者纪念他的悼文(梁吉生,2004)。

1940 年,陶云逵在接手南开大学边疆人文研究室时就意识到,他有义务对边疆社会的变革问题提出符合现实的冷静思考,这是中国知识分子所面对的现实使命(南开大学校史研究室,2004b:343)①。但是,陶云逵对国家的思考并不是直接从政治和制度对地方的控制来谈的,而是建立在如何保全文化、社会和个人的生存空间的基础之上。他的意图并不是要在权力上超越"国家",而是追求以历史文化为主体建立知识体系,追求"文化"对政治的超越。从他的民族志和边政学思考中,我们可以看到"文化"对"国家—社会"的制约关系。

1941 年,陶云逵在《论边政人员专门训练之必需》一文中较为系统地阐述了他的边政学思路。首先,"边疆"(frontiers)含义甚广,通常一国之内毗邻的政治边界(boundary)之地带称为边疆,一国的国民移民他处自成一社区,其居住地亦可以称为其国之社会的边疆。因此边疆包含两国毗邻的边界地带和海外社区。其中,虽同属边疆,江浙闽粤和蒙藏滇桂的边疆问题又有不同,在后者这些地方,居住着若干非汉语人群,各自有其独有的语言与文化模式(culture pattern),这若干种人群即可称为边疆社会或边疆民族,构成了一种"文化的边区"(cultural marginal area);而海外华侨社会则是"社会的边疆"(social frontier),分布在一国疆界诸省则是

---

① 在其中"南开大学文学院边疆人文研究室章程及文件"的章程中写道:"本室以边疆人文为工作范围,以实地调查为途径,以协助推进边疆教育为目的。"这与吴文藻主要从政治出发的观点构成鲜明对比。

政治的边疆(political frontier)。

其次,边政的重心在于造就一个统一的文化体,这是民族国家的要求。但是,陶云逵认为这种统一不等于同质化或文化同化,而是需要将一种以现代化为特点的文化理想型,与各非汉语民族社会并接,以促成其社会的变迁。他强调,在这方面,必须由经过专业训练的边政人员来操作和建策。由于社会变迁并不是纯粹的制度或技术问题,这些专业人员也并不只掌握某种技术,还要能够对一个社会或一个文化有充分的理解能力,文化人类学在这方面可以提供帮助。如他所说,在实施政策之前,"我们要考虑到这政策要实施在什么一个地方,怎样的一个社会。同一政策,欲求其在同一个文化的社会中各不同的阶级与团体里推行,我们不能用同一方法与手段,因为一个社会中各个阶级跟团体的旨趣不同,生活中若干方式不同,对此政策之了解程度也不同。我们必须选择适宜于此个别社团的个别方法与技术,才能使政策顺利而迅速地实现"。

确切地说,陶云逵对社会变迁的设想,是要通过这些专业训练人员进入边疆地带,带来文化的改变,通过这个改变进而影响其社会制度和社会整合方式。他强烈反对任何文化同化的意图,这种意图常简单地表现为移民塞边。实际上大规模的移民垦殖往往带来另外一种文化的整体侵入,反而会强化社会边界,激起文化对抗。因此对陶云逵而言,引导边疆社会变迁的前提,恰恰可能是控制汉地移民的进入。

陶云逵明确反对国家以制度和权力的方式直接改造边疆社会,认为这将造成对边疆社会的破坏,进而强化当地文化的自主性,刺激其产生排外和敌对意识。他提出更为和缓的以文化对接为中心的变迁方案,要求控制大规模的汉地移民,而以少数受过专门培训的知识分子作为文化介质进入当地社会,影响其社会的各种知识体系,从而使其对文化图式的理解逐渐产生新的表达、采用新的途径。简言之,这种社会发展和改造要以充分尊重当地社会为前提,以当地社会为主体。

他以 16 世纪车里宣慰使司在中缅之间的礼仪朝贡体系为例,说明在这种边疆地带,文化与政治的双重性古已有之,像车里这样政治上偏向中原,而社会上偏向缅甸,与其说两者互相排斥,不如说互相牵制且互相支持。基于这种双重心态,车里为保持在双方之间的独立性,不会完全以政治取代社会或者反之。但是,经过近代以来边疆的收缩和固定化,民国政府大力推行保甲制度等强力控制,以及战乱和疾病的侵害,车里社会已经崩溃,这种双重心态便会要求对政治的抵抗,其抵抗的力量来自增强文化的泰化倾向,或说回归"文化母体"的渴望。在陶云逵看来,国家应意识到自身权力的有限性并有意识地控制自己的扩张欲望,只有承认并允许边疆地带这种双重心态才是合理的,也是现实的。

对西双版纳的现代化转型应充分考虑到这种双重性的影响。陶云逵例举了政治、教育、宗教和战争等各方面的变迁措施,要点是对文化和社会制度的存去有所选择,大概是说充分发现当地文化和制度中已有的发挥着与现代社会相同功能的部分,去除现实中已经难以继续存在的部分——比如土司制度。比较值得注意的是他对宗教部分的讨论。他看到佛寺在当地承担了教育、宗教、礼仪等功能,认为新式教育可以就原有寺院作为施教地点,在佛寺原有教育中增加一两门新教材,不宜即刻废止佛寺,另起新校。

　　在文化上，陶云逵认为要保存和发扬一切艺术、饮食、舞蹈、服饰等，这些部分他认为与现代化无关。在经济上，可以由纺织技工到摆夷社会中原有手工纺织的家庭中传授，渐渐使当地人接受这种技能和观念，然后才开设技术学校。过去摆夷各小土司属地之间常有小型战争，假如民国政府派军警镇压的话只会适得其反。陶云逵认为，可以对这种敌对情绪加以引导，使其意识到他们面对着更大的外来族群压力——例如日本侵略。总的来说，陶云逵想要加以促成的是摆夷的团结，然后是与汉人的团结，而这种当地族群的团结与其说想要造成一个实体民族，不如说是要造成"社会"这一形态的繁荣。一个合整的社会，在他看来是文化的理想型和社会制度之间趋向吻合，并且历史变迁本质上被视为教育过程，所以他的设想中对制度的变化考虑极细微，并延伸至文化观念的变迁中。

　　在陶云逵看来，"文化""社会"和"个人"在他的文化理论中一个也不能少，没有任何一个能够单独保全。其中"社会"作为居中调节的因素或机制具有特殊的意义。

　　由于有"社会"的运作机制存在，"文化"并非一个替代"国家"而支配"社会"的权力，一方面"文化"不经过"社会"无法呈现自身；另一方面，不是所有的"文化"因素都能够被"社会"所接纳，从而对"社会"产生影响的。这就避免了像萨林斯那样，因为要独尊"文化"而使"社会"被消化成一种文化图式的"镜像"（萨林斯，2002：272—275），在"社会"自己独立存在的价值仍得以保全。这种价值一方面表现为不同社会在历史中通过理解自身与他者的关系，不断调整它呈现文化的观念图式之方式；另一方面也体现为培育个人，使之能够合理地把文化图式转化为规范、礼仪等行为再表现出来。

在陶云逵的文化理论中，"文化"对"国家—社会"的制约体现在"文化"自身独立的精神追求引导着社会的价值体系和组织方式，这在理论上赋予"社会"以充分自主性和良性循环的可能。在他的民族志中，"文化"作为一种实践理性，赋予车里社会在两种文明夹缝中间生存的策略，从宇宙观到政治实践都既接受了国家征服，又仍旧保持社会的自我。

史学家陈序经也曾经从文化角度对西双版纳进行过讨论，他也追求用"文化"超越"国家"，但是和陶云逵的思考有所不同的是，在陈序经眼中，"文化"是决定"国家"的源头。

他对李拂一《泐史》的考证及探讨结合了自己对东南亚古史的研究成果，并将《泐史》与李拂一著《〈车里宣慰世系〉考订》、《明史》进行对勘，认为如果能在西双版纳或东南亚等地搜集翻译当地故事传说、历史以及考古发现，将会更完整地补充这本《泐史》（陈序经，1994：3）。陈序经《泐史漫笔：西双版纳历史释补》这本书完成于1964年，对《泐史》中的神话和传说要比方国瑜更为正视。不同于《泐史》仅简述车里土司世系，陈序经在书中增加了一章，基于包括西双版纳在内的区域和整个东南亚的历史来讨论自后汉时代（1世纪中叶至2世纪末叶）至宋元以后（10世纪以后）的时间内，古泰族人建立的一系列王国（陈序经，1994：11）。他认为："现在的保山一带或是古代的永昌与其附近地方，这就是古代的哀牢所在地，是后来的暹国、八百媳妇、老挝与越南西北部的泰族，以及部分——可能是小部分的缅甸的掸族发祥地。"（陈序经，1994：10）他认为西双版纳是哀牢人向东南迁徙路过之地。宋代时有一部分哀牢人抵达湄南河上游,为当时强大的真腊帝国所统治,到 13 世纪中叶真腊势力日衰,他们起而反叛建立了速古台王朝,称为暹国。1292 年又与清线的哀牢人一起联合,打败了在南奔的女王国,建立八百媳妇国。14 世纪中叶,身处老挝的哀牢人在真腊的帮助下,建立了南掌。这三个国家互相也有战争,到 19 世纪之时八百媳妇为暹罗吞并,南掌也被迫成为暹罗的属国。此外,沿着红河向越南西北的哀牢人由于红河下游早就有深染中国文化的越族所居,故难以再向东南移进,就散居在这一带山区,既少受中国文化影响,也少受印度化的文化影响,在历史上也没有建立国家。再者,哀牢人向南迁徙者直接与缅甸北部的掸族接触,两族原本同源,故终究同化起来(陈序经,1994:14—18)。

　　通过这些描述,陈序经总结道:自哀牢灭亡之后,其民族或留或迁,或在现在的云南的境内,或迁到今泰国、老挝与越南西北部以至缅甸的北部,有的零星散居,有的组成部落。但在唐代能建立较大的政治团体或国家的极为罕见,其原因可能是南诏强盛对周边民族的制约。因此当时在云南境内,还没有这种傣族的组织,而泰国与老挝的泰族大致受制于真腊帝国(陈序经,1994:18—19)。在他看来,民族团体的迁徙并不像散沙一样散布各地,而是带着简单形态的政治社会组织集体迁徙,在落入某个地方的时候,会逐渐生存、发展、扩大,在合适的机缘下就成为国家(陈序经,1994:19)。根据上述民族迁徙和建立王国的线索,他依序考订 36 位车里宣慰使的在位时间、统治区域、与中央王朝及邻邦的关系等,并试图对《泐史》中记载早期宣慰使的一些神话和传说都做出合社会史的解释(陈序经,1994:44)。

陈序经的历史研究带着明显的文化传播论色彩，他眼中的历史是在摆夷文化最初的时间体系不断与其他时间体系接触之中形成的。这其中也有德国文化概念的影响。但是陈序经的兴趣后来更多在于开拓一种针对"文化"内部来研究的"文化学"，把"文化"视为国家的精神源头，因此在他的有关中西文化比较的讨论中，一度流露出对国家主义和民族主义的肯定。这种"文化"研究的路径实际并没有真正超越"国家"，反而为"国家"取得神圣权力提供了合法性，其旨归与陶云逵实属南辕北辙。

从上述三条路径来看，大约陶云逵的思路是相对折衷可取的，他更接近布克哈特的努力，通过培养"文化"来保持"社会"的独立性；在现实实践中，从社会主体出发进行现代化设计与改造。同时，他的田野调查显示出佛教这种制度性宗教与地方组织的形成有密切的关系，但还没有触及特勒尔奇的问题，没有解答"文化"与"社会"之间如何触发关系。

正是在这一方面，本书构成了对陶云逵的补充和延伸。通过对西双版纳历史与变迁的结构考察，我们所看到的是教会曾经作为知识体系的存贮地，充当着"文化"的发生器，将其灌注到社会之中，这个渠道主要是佛寺教育；同时也作为社会的骨架，把"文化"的意图有所选择地进行表现，例如年度周期仪式、神话、地景等。

不仅如此，教会也为文化在面对国家之时争取了空间。通过佛寺体系与封建体系的盘根错节的联系，宗教取得了制衡王权武力的力量。但是由于双重宗教体系的存在，教会并没有能垄断一切知识体系，也就是说还有另一种与巫的宗教相联系的文化对当地社会产生影响，后者并没有教会组织可依托，而是依靠王权的。

这意味着当教会对王权的制约越大,巫的文化对佛教教会的抗衡也越大。

另一方面在现代变迁的语境下,宗教教会重建出现了与国家行政体系结合的趋势,同时也与地方社会结合得更为紧密。在这些新的条件下,巫的知识地位大大衰落,基本被当成"封建迷信",而教会意图重振自己的知识传统,所汲取的资源早已不是地方性的,而是作为一个跨国境的宗教体系超越了"国家"对权力的垄断。

第二节　等级结构与"社会"的再发现

本书试图详细论证"双重时间体系"背后起作用的是一套普遍存在于中国文明边疆地带的等级结构。虽然,我们将其特点归纳为"双重性",但是需要说明的是,这是基于现象本身大大简化的一种讲法,实际上"双重性"之中涵盖了多重等级关系。而这些等级关系可能属性不同,无法相互统一,而且超出"社会"所能表述的范围。

召片领、大头人和村寨之间的等级关系,核心是基于土地制度的法律和政治关系。20世纪50年代的社会历史调查充分揭示了这一点。概括来说,土地改革前的西双版纳土地制度特点包括:(1)村寨主要分为"傣勐"和"滚很召"两大类型,在份地面积、地租类型和人格身份上均不同。当地傣话说,"先有傣勐后有召"。傣勐是本地人、土著之意,它们占有的土地称为纳哈滚,是固定在家族内部流转和分配的份地。这部分土地继承各地情况不同,有的地方是母系家族掌握继承权,有的地方是子女按比例分配继承。傣勐主要负责村社的公共事务"甘勐",如水利、祭祀部落神"批勐",以及代耕领主直属土地。与纳哈滚相对的是纳倘,即领主份地——凡是村社中结婚成家的成年男女,都要领份地,承担封建地租和相应的劳役;迁离村寨时,要交还份地。滚很召寨子均是这类土地。他们不负担"甘勐",但是要为大小领主提供家内服役,并分为不同等级。(2)滚很召的土地都是从傣勐村社划出的;为达到监视目的,领主将滚很召寨子安插到傣勐寨子中间,形成间错居住。纳哈滚比例比较高的如勐混和勐笼两个大勐,家族势力比较强大,家族土地非常集中,族长基本都是地方头人。(3)领主直属土地占全版纳土地30%,这些土地有一部分划分给大小家臣作为食邑,形成各类头人田。(4)"召庄"是召片领或召勐、大臣的远亲子孙,他们在城子附近建寨,除了侍卫职责之外,不出其他任何负担。他们所占有的土地不受领主庄园法支配,可以自由买卖出租。但他们并不务农,多从事手工业或商业。(5)"波郎""鲁郎道叭"是领主家臣官职的通称,是各级议事庭重要成员,他们被派驻各勐甚至村寨,有权加封和推荐所辖村社内大小头人。各村社农民,有事必须通过波郎处理,村社头人亦不能越过波郎直接向议事庭要求解决。(6)村社一级有自己的行政、司法、保卫制度(没有军队,只有武士一职),设有波曼和咩曼两个头人,并常设村社议事会(波郎不参加)(马曜,1983:1—45)。

调查者认为,西双版纳是一种封建领主所有制,领主侵占了原始农村公社土地,将村社变成了负担单位。历史过程也许如此,但是这个说法不够准确。在韦伯看来,中国的封建制度与西方封建制度虽然在外表上看来很相似,但内在不同。从秦代开始成立了固定的俸禄等级,采邑秩序与官僚制对应而不再与世袭卡里斯玛品性对应,因此封建采邑转变为土地俸禄。封建采邑的一个重要特征,是由诸侯掌握的骑士常备军,它们来源其实是武装氏族(韦伯,2010:73—74)。并没有充分证据表明,西双版纳的召勐或傣勐老寨头人能够自行蓄养常备军,尽管一些地方大家族的势力足以和召片领抗衡,如勐笼近百年来发生多次杀死召勐和头人的斗争(马曜,1983:22),但是,这也有可能是因为傣勐寨子属于之前势力强大的封建领主,拒不服从召片领派驻人管辖。召庄、鲁郎道叭有明显的武士贵族特点,但是他们已经不在庄园里活跃,而是进城变成土地食利阶层。

因此版纳存在的与其说是封建制度,不如更准确地说是封建租佃关系——在这个意义上,20 世纪 50 年代的中国学者也没有说错。它是在封建制度解体后,经由国家税收原则和官僚制度重新结合在一起,造成一种农民与国家之间的密不可分的直接联系。农民对土地的义务和对土地的依附关系,以及土地定期重新分配的平等要求,都与传统国家经济经营的精神追求一体化了。这种经济经营的焦点,是官吏、君主与氏族对于赋税分成的争夺,而非对于市场的兴趣。

而佛教与村寨的关系则有不同属性。佛教与村寨的根本联结,其实是救赎经济和救赎伦理这一套经济结构。在历史上,佛教与王权曾产生密切的互动,它们的等级竞争是在地缘政治的历史过程中发展出来的策略,这套策略与底层的社会经济逻辑相互配合。但是前者并不直接决定后者,而且在实践中,前者往往更被动。如书中已经讨论的"赕""茶山经济"等内容所示,佛教的救赎经济和救赎伦理曾给定了社会发展自身的目标。田汝康曾详细论述过,通过做摆所获得的称号有六个等级之多(田汝康,2008:64),这个精细的等级体系确保村寨对佛教的供养能与不同时节、不同人生阶段、不同团体组织相协调。

也就是说,一旦我们考虑到等级制度,社会就不再是铁板一块,不同部分之间联系的性质需要首先得到判断。在这个意义上,一种强调整体性的"社会"概念可能是不够的,容易掩盖其中多重等级关系的复杂性。这并不是说"社会"因此不可用,而是说,我们需要在实践中具体观察"社会"是什么,需要聚焦于真实的政治、经济和宗教等关系,而不是着急论证一种毫无瑕疵的统一性和整合程度极高的"社会"。

第三节　知识分子作为不同社会相互理解的"中间人"

费孝通先生在晚年曾经提出,文化自觉不仅意味着对自己的历史和文化有所了解,也意味着需要尊重他人的文化,他将不同文化、不同社会之间相互理解视为知识分子的责任,认为不仅要看到我们自己的社会有能够反思本文化的知识分子,也要承认其他社会有能够思考其自身、思考我们的知识分子,因此他期待 21 世纪各国出现自己的孔子,通过知识的相互理解和交流,超越国与国之间的斗争状态(费孝通,1999)。

费孝通的这个思考超出了历史上从儒学进入西南以来惯有的

教化和改造的思路,提出了跨文化理解的关键问题。在 2001 年一篇关于玉器的研究中,费孝通通过玉器从上古萨满的神器到后来士大夫的礼器这一转变,指出玉器的演变背后意味着社会阶层的变化,巫与士大夫两种知识分子实际具有同源性(费孝通,2001)。这个发现是对他的中华民族"多元一体格局"的一大推进,表明儒家知识分子与少数民族知识分子之间有能够互相理解的历史基础(杨清媚,2010)。不过遗憾的是,费孝通还未来得及进一步讨论,在本土知识分子之外,外来知识分子如何在文化交流中达成相互理解的机制。

作为多重宗教影响下的边疆社会,西双版纳也可以视为是在多重知识体系架构影响下所形成的。在 20 世纪 50 年代以前,南传佛教教会并没有垄断所有的知识体系,巫的知识体系与其形成了制衡关系。佛爷与巫官通过在仪式中合作达成两种知识体系的相互沟通。巫官作为与土地相关的神灵崇拜的祭司,很容易具备本土社会的身份,而佛教则一直没有彻底本地化,佛爷作为外来的陌生人形象在神话表述中持续保留下来。因此,双重时间体系的建构其实是两种知识体系在一个社会中的分工合作,也就是说,佛爷和巫官构成了不同社会相互理解的中间桥梁。

在其中,巫官更具有仪式化的特点,其形而上学的部分是相对欠缺的。而南传佛教在传播到西双版纳的时候,已经开始具备它对世俗世界的一整套理论雏形。在它从印度、斯里兰卡到缅甸的几个世纪传播中,它从一种不关心世俗社会的形而上学思考,转变为一套与王权结合的领主制,也相应从教团发展出了教会(韦伯,2005:332—333)。得益于这个"身体"的出现,佛教成为西双版纳社会主导的知识体系。当地社会对这种外来知识体系的接纳还有一些保留，就是在巫所掌握的勐神祭祀仪式中锁闭寨门，其实是不让寨子外的佛爷进来，意图使寨子回到佛教之前的时间之中，那是文明之前的混沌和自然的社会。

　　西双版纳的这个个案表明，外来知识分子在当地知识体系中所取得的地位不单纯靠文化征服、文明教化；双方是在互相承认对方的宗教地位的前提下，通过社会具体的组织形态获得各自的社会地位的。

　　也许，在这个意义上，本书试图沿着费孝通先生的思考，为边疆治理提供一些建议。首先，对边疆社会的开发和建设需要从当地社会的主体出发，了解社会自身的发展传统，对其发展程度做出综合的判断。其次，重视边疆地区的宗教问题，尤其是以制度性宗教为主导宗教的民族地区，不能简单将其视为地方文化进行处理；关于这些地区的宗教、社会与经济的关系其实应该是我们未来研究的重点问题。最后，重视发挥知识分子在治理边疆时的作用，尤其要关注未受官僚制度习气浸染的、对地方传统有深刻理解的当地知识分子。

附录1 勐混镇宗教活动场所分布统计表（节选）①

村委会名称	宗教场所名称	佛爷姓名	年龄	小和尚人数	阿章姓名	年龄	宗教组长姓名	年龄	成员总数	联系电话
曼扫村委会	曼列佛寺	都甲	44	1	康朗甲	39	岩甲	61	2	******
	曼英佛寺	都乙	23	5	康朗乙	40	岩乙	56	2	******
	曼扫佛寺	都丙	25	4	康朗丙	39	岩丙	56	3	******
	曼贺佛寺	都丁	49	7	康朗丁	45	岩戊	49	2	******
	曼召佛寺	都戊	20	24	康朗戊	46	岩戊	55	3	******
曼赛村委会	曼采玖佛寺	都己	46	9	康朗己	48	岩己	69	3	******
	曼扁佛寺	都庚	24	12	康朗庚	46	波章庚	56	3	******
	曼广图佛寺	都辛	27	4	康朗辛	57	岩辛	50	2	******
	曼南嘎佛寺	都壬	64	1	康朗壬	46	岩壬	56	3	******
	曼板佛寺	都癸	26	11	康朗癸	48	岩癸	42	3	......
......	......	......	......	......				......	......	......

① 该表所涉及人名皆用化名。

附录2 勐混镇宗教教职人员登记表

姓名	岩三	曾用名	祜巴龙三	照片	
性别	男	民族	傣族		
教别及教派	佛教	籍贯	勐海勐混城子10队		
出生年月	1909.9	入教时间	1919.2	学历	大学

简历:1919年2月—1929年4月入寺当小和尚,接受沙弥戒。以前的老佛寺就在现在镇政府所在地,他作为首届僧人创始人的教职长老,被大家称为"都龙三"。
1929年4月—1939年2月,一直为佛爷教职。

在职情况:该祜巴龙三10岁就出家当小和尚10年,接着又晋升当佛爷教职20年。到40岁就开始当大都龙在勐混分管各佛寺。于1966年"文革"期间被强行还俗2年,回生产队并安排在养鸡场养鸡,直到满52岁。

政治安排:于1980年开始恢复重建宗教活动场所,到1981年2月大家又推选进城子佛寺,继续当僧人马帕赛(老大)。1985年被选为勐海政协委员一届,曾经到过南京、北京、上海等几大城市参观学习过。1986年被选为勐海县佛协会常务理事担任会长一届,2005年4月又被大家给与晋升为勐混祜巴龙庄勐直至去世。该长老于2009年10月31日病故,11月8日送葬于小白塔。

推荐语:

备注:勐混镇勐混村委会城子10队(中心佛寺)

填报单位:勐混镇人民政府	填写日期:2011年5月15日

附录 3 云南省佛教教职人员登记基础数据表[①]

登记人法名:帕龙甲(大和尚)　报送寺院:曼纳佛寺

报送村委:曼纳村民小组　填报日期:2011 年 10 月 20 日

姓名(身份证用名):岩甲　民族:傣族

出生日期:1991 年 4 月　出家寺院:缅甸勐汞佛寺

拟登记教职身份(仅南传佛教填写):佛爷教职(境外缅甸勐汞)

籍贯:云南勐海　邮编:666209

通信地址:勐混镇曼国村委会曼纳小组　身份证号码:

联系电话:****************　电子信箱:

个人简历(最多八条,按何年何月至何年何月,在何地何单位,从事何工作的顺序填写,包括受教育简历)。

1. 2011 年 5 月份自愿到勐混镇曼国村委会。

2. 曼纳村民小组佛寺担任佛爷教职至今,并与该小组共同签

---

① 本表中所涉及人名为化名。

定"合同协议书"三年时间。（其他条款可酌情约定）

填写说明：

1. 本表填写对象必须符合下述条件：

汉传佛教：在云南省寺院常住，2011 年 7 月 1 日前圆具三坛大戒并获得戒牒的教职人员；

南传佛教：在云南省寺院常住，2011 年 7 月 1 日前按照南传佛教教义教规认可的具有比库（都、法、召章）、帕希提（吴巴赛）、帕萨米、帕祜巴称号的教职人员。

2. 登记人除填写本表外，另需提供下列材料：

（1）1 寸免冠僧装白底彩色近期照片 1 张，照片背面写清名字和所在寺院；

（2）户籍证明复印件（户口簿户主页和登记人页）；

（3）如申请人户籍不在云南省的，还需要提供户籍所在地派出所近期出具的户籍证明（出具证明日期不得早于填报日期 60 日）。

附录4 合同协议书①

甲方:勐混镇贺开村委会曼贺纳村小组佛寺

乙方:打洛镇曼蚌村委会曼齐列小组佛寺都甲(现年23岁)

为了强化对僧人(佛爷、小和尚)进行严格依法管理,同时提高佛寺主人翁意识并共同来维护我镇各佛寺的整体利益,并提高比丘(佛爷)、沙弥(和尚)的思想整体素质,根据《西双版纳傣族自治州僧伽管理若干规定》和《云南省宗教事务管理规定》以及县制定的有关规定制度及其法律、法规。现有甲、乙双方要本着学生能积极到学校接受教育和互相尊重民族的风俗习惯的原则,并双方达成如下合同协议书。

一、乙方:必须在村民小组干部和佛协管理员和阿章的监督下,进行严格管理好佛寺各种事宜,如有事情要及时向小组长汇报。

二、乙方:在担任教职三年内的生活费用,全部由甲方负责,决不允许出现生活方面的问题,一定要保证开展正常的宗教活动,生

---

① 合同中所涉及人名均为化名。

活费用要看教职的各种表现而定。

三、乙方:在担任教职三年期间要求认真给予沙弥(小和尚)传教傣文和各种知识,提高他们的傣文和汉文双语的文化知识。

四、乙方:要执行请销假制度,无论到哪里都要向宗教管理员请假,更不允许参与吸毒或者参与偷盗的行为,否则就按照《西双版纳傣族自治州僧伽的管理规定》和《宗教事务条例管理规定》给予还俗,并清除出佛门。

五、乙方:必须要按照休息时间的规定,要严格执行每晚上11:30为正式睡觉,12:00到4:00决不允许有僧人(佛爷、小和尚)外出与社会上青年在豆腐摊谈笑风声,更不能骑摩托车带着姑娘在公路上到处闲逛和谈情说爱,出了事要追究刑事责任,后果自负。

六、乙方要向甲方保证,①要保持寺内的环境卫生清洁;②不允许存在着"脏、乱、差"的现象;③要严格要求小和尚,一定要禁止佛爷、小和尚参与赌博搞三批活动,违者罚款200—300元,如违反三次者,就强行还俗并给予清除出佛门。

七、乙方必须要坚持满三年时间,如果中间自动离开佛寺,或者到其他佛寺担任教职的,就按照勐混镇《宗教事务条例》给予处理,同时,还要给予处罚500—1000元人民币。

八、乙方属于自然生病的医药费用,由甲方负责,如果乙方请示村民小组干部外出办事,由甲方承担50%的医药费。如果不请示村干部和佛协管理人员,出门事故等自己解决全部医药费。时间:定在12:00以后算外出事故。

九、此合同协议书一式三份,甲、乙双方各持一份,送镇统战宗教办公室一份,这份合同协议书于 2011 年 8 月 10 日有效。

甲方:勐混镇宗教办　　　　　　　乙方:都甲

岩甲(组长)　岩乙(管理组长)

岩丙(成员)　阿章(康朗丁)

参考文献

包见捷,1998,《缅甸始末》,载方国瑜主编,《云南史料丛刊》第4卷,昆明:云南大学
　　出版社。

贝波再,2001,《小乘佛教空间的幻化——浅议老挝寺院的总体布局及氛围》,《新建
　　筑》第6期。

布克哈特,2007,《世界历史沉思录》,金寿福译,北京:北京大学出版社。

蔡毓荣,2001,《筹滇十疏》,载方国瑜主编,《云南史料丛刊》第8卷,昆明:云南大学
　　出版社。

陈久金,2008,《中国少数民族天文学史》,北京:中国科学技术出版社。

陈心林,2006,《族群理论与中国的族群研究》,《青海民族研究》第1期。

陈序经,1994,《猛史漫笔:西双版纳历史释补》,广州:中山大学出版社。

崔明德,2005,《中国古代和亲史》,北京:人民出版社。

刀国栋、吴宇涛译,1983,《叭贞以后各代的历史记载——根据勐康土司藏本》,载
　　"民族问题五种丛书"云南省编辑委员会编,《傣族社会历史调查·西双版纳之
　　三》,昆明:云南民族出版社。

刀国栋等,1983a,《西双版纳召片领封建统治组织有关调查资料》,徐加仁整理,载
　　"民族问题五种丛书"云南省编辑委员会编,《傣族社会历史调查·西双版纳之
　　四》,昆明:云南民族出版社。

刀国栋等,1983b,《西双版纳傣族宗教情况初步调查》,载"民族问题五种丛书"云南省
　　编辑委员会编,《傣族社会历史调查·西双版纳之三》,昆明:云南民族出版社。

方国瑜,2001a,《明实录云南事迹纂要》,载方国瑜主编,《云南史料丛刊》第 4 卷,昆明:云南大学出版社。

方国瑜,2001b,《清史稿有关云南事迹摘抄》,载方国瑜主编,《云南史料丛刊》第 8 卷,昆明:云南大学出版社。

方国瑜,2008,《滇西边区考察记》,昆明:云南人民出版社。

费孝通,1999,《孔林片思》,载《费孝通文集》第 12 卷,北京:群言出版社。

费孝通,2000,《顾颉刚先生百年祭》,载《费孝通文集》第 13 卷,北京:群言出版社。

费孝通,2001,《再论中国古代玉器和传统文化》,载《费孝通文集》第 15 卷,北京:群言出版社。

费孝通,2008,《序》,载田汝康,《芒市边民的摆》,昆明:云南人民出版社。

傅斯年,2004,《夷夏东西说》,载《史学方法导论》,雷颐点校,北京:中国人民大学出版社。

高立士,1999,《西双版纳傣族传统灌溉与环保研究》,何昌邑等译,昆明:云南民族出版社。

高立士,2010,《傣族竜林文化研究》,王静、龚珊、李志凌译,昆明:云南民族出版社。

葛兆光,2011,《宅兹中国:重建有关中国的历史论述》,北京:中华书局。

龚锐,2008,《圣俗之间:西双版纳傣族赕佛世俗化的人类学研究》,昆明:云南人民出版社。

龚荫,1992,《中国土司制度》,昆明:云南民族出版社。

古正美,2003,《从天王传统到佛王传统:中国中世佛教治国意识形态研究》,台北:商周出版。

郭家骥,1998,《西双版纳傣族的稻作文化研究》,张文力译,昆明:云南大学出版社。

哈威,1973a,《缅甸史》下册,姚梓良译,北京:商务印书馆。

哈威,1973b,《缅甸史》下册,姚梓良译,北京:商务印书馆。

郝瑞,2002,《再谈"民族"与"族群"——回应李绍明教授》,《民族研究》第 6 期。

郝瑞、彭文斌,2009,《田野、同行与中国人类学西南研究》,《西南民族大学学报》(人文社科版)第 10 期。

何伟亚,2002,《怀柔远人:马嘎尔尼使华的中英礼仪冲突》,邓常春译,北京:社会科学文献出版社。

赫兹菲尔德,2005,《什么是人类常识:社会和文化领域中的人类学理论实践》,刘珩、石毅、李昌银译,北京:华夏出版社。

黄金有编著,2007,《"召景哈"的春天》,岩温胆、玉伦译,昆明:云南民族出版社。

江应樑,1983,《傣族史》,成都:四川民族出版社。

康朗叫,2012,《西双版纳总佛寺基本情况》(打印稿),2 月田野搜集。

昆冈等,2001,《钦定大清会典事例·学校》,载方国瑜主编,《云南史料丛刊》第 8 卷,昆明:云南大学出版社。

拉铁摩尔,2005,《中国的亚洲内陆边疆》,唐晓峰译,南京:江苏人民出版社。

李拂一编译,1983a,《泐史》,台北:辅仁书屋。

李拂一,1983b,《车里宣慰使世系考订稿》,台北:辅仁书屋。

李拂一,1983c,《自序》,载李拂一编译,《泐史》,台北:辅仁书屋。

李拂一,1990,《佛海茶叶概况》,载中国人民政治协商会议云南省勐海县委员会文史资料委员会主编,《勐海文史资料》第 1 集,思茅:思茅方华印刷有限公司。

李拂一、刘献廷,1998,《民国时期佛海县教育文化科技》,载中国人民政治协商会议勐海县委员会、文史资料委员会主编,《勐海文史资料》第 4 集,思茅:思茅方华印刷有限公司。

李绍明,2002,《从中国彝族的认同谈族体理论——与郝瑞教授商榷》,《民族研究》第 2 期。

李世愉,1998,《清代土司制度论考》,北京:中国社会科学出版社。

李尧东整理,1983,《佛海县情况》,载《民族问题五种丛书》云南省编辑委员会编,《傣族社会历史调查·西双版纳之一》,昆明:云南民族出版社。

利奇,2003,《上缅甸诸政治体制:克钦社会结构之研究》,张恭启、黄道琳译,台北:
　　唐山出版社。

梁吉生,2004,《陶云逵献身边疆人文研究的一生》,载南开大学校史研究室编,《联
　　大岁月与边疆人文》,天津:南开大学出版社。

刘献廷,2007,《解放前佛海县短期师资培训班简况》,载中国人民政治协商会议云
　　南省勐海县委员会文史资料委员会主编,《勐海文史资料》第 1 集,思茅:思茅
　　方华印刷有限公司。

柳诒徵,2007,《中国文化史》(上),上海:上海三联书店。

马曜,1983,《西双版纳傣族社会经济调查总结报告》,载"民族问题五种丛书"云南
　　省编辑委员会主编,《傣族社会历史调查·西双版纳之二》,昆明:云南民族出
　　版社。

马曜、缪鸾和,2001,《西双版纳份地制与西周井田制比较研究》,昆明:云南人民出
　　版社。

勐海县地方志办公室主编,2009,《勐海县乡镇年鉴2007》,内部资料。

勐混镇宗教工作领导小组,2011,《勐混镇新时期信教群众及统战理论研究的调研
　　工作情况汇报》。

勐马寨人,2008,《勐马档案》,北京:文物出版社。

莫斯,2007,《巫术的一般理论》,杨渝东译,桂林:广西师范大学出版社。

徐文德、木芹、郑志惠校订,1998,《明实录》,载方国瑜主编,《云南史料丛刊》第 4
　　卷,昆明:云南大学出版社。

南开大学校史研究室编,2004a,《陶云逵致冯文潜函(1942 年 8 月)》,载《联大岁月
　　与边疆人文》,天津:南开大学出版社。

南开大学校史研究室编,2004b,《南开大学文学院边疆人文研究室章程及文件》,载
　　《联大岁月与边疆人文》,天津:南开大学出版社。

钱穆,1994,《中国文化史导论》,北京:商务印书馆。

秦和平、冉琳闻，2007，《四川民族地区民主改革大事记》，北京：民族出版社。

萨林斯，2002，《文化与实践理性》，赵丙祥译，上海：上海人民出版社。

萨林斯，2009a，《陌生人-王，或者说，政治生活的基本形式》，刘琪译，黄剑波校，载王铭铭主编，《中国人类学评论》第 9 辑，北京：世界图书出版公司。

萨林斯，2009b，《整体即部分：秩序与变迁的跨文化政治》，刘永华译，载王铭铭主编，《中国人类学评论》第 9 辑，北京：世界图书出版公司。

沈德符，1998，《万历野获编云南事迹》，徐文德、木芹、郑志惠校订，载方国瑜主编，《云南史料丛刊》第 5 卷，昆明：云南大学出版社。

斯科特，2008，《文明缘何难上山》，载王铭铭主编，《中国人类学评论》第 6 辑，北京：世界图书出版公司。

宋立道，2000，《神圣与世俗：南传佛教国家的宗教与政治》，北京：宗教文化出版社。

谭乐山，2005，《南传上座部佛教与傣族村社经济：对中国西南西双版纳的比较研究》，昆明：云南大学出版社。

汤芸，2006，《从〈野鬼的年代〉看西南中国》，《西北民族研究》第 1 期。

陶云逵，1941，《论边政人员专门训练之必需》，《边政公论》第 3—4 期。

陶云逵，1944，《十六世纪车里宣慰使司与缅王室的礼聘往还》，《边政公论》第 1 期。

陶云逵，2005，《车里摆夷生命环》，载李文海编，《民国时期社会调查丛编·少数民族卷》，福州：福建教育出版社。

特勒尔奇，1991，《基督教社会思想史》，戴盛虞、赵振嵩译，章文新、许牧世校，香港：基督教文艺出版社。

田汝康，2008，《芒市边民的摆》，昆明：云南人民出版社。

铁锋、岩温胆主编，2006，《西双版纳秘史》，昆明：云南民族出版社。

涂尔干，2006，《宗教生活的基本形式》，渠东、汲喆译，上海：上海人民出版社。

王昶，2001，《征缅纪闻》，徐文德、木芹、郑志惠校订，载方国瑜主编，《云南史料丛刊》第 8 卷，昆明：云南大学出版社。

王菊,2009,《斯蒂文·郝瑞的中国西南彝族研究》,《思想战线》第5期。

王明珂,2007,《由族群到民族——中国西南历史经验》,《西南民族大学学报》(人文社科版)第11期。

王斯福,2008,《文明的概念》,郑少雄译,载王铭铭主编,《中国人类学评论》第5期。

韦伯,2005,《印度的宗教:印度教与佛教》,康乐、简惠美译,桂林:广西师范大学出版社。

韦伯,2010,《中国的宗教:儒教与道教》,康乐、简惠美译,桂林:广西师范大学出版社。

维慈,2006,《中国佛教的复兴》,王雷泉、包胜勇、林倩等译,上海:上海古籍出版社。

魏源,2001,《雍正西南改流记》,刘本军校注,载方国瑜主编,《云南史料丛刊》第8卷,昆明:云南大学出版社。

吴文藻,1990,《民族与国家》,载《吴文藻人类学社会学研究文集》,北京:民族出版社。

西边工委土改办公室,1956a,《西双版纳傣族自治州和平协商土地改革的情况和经验》,云南省西双版纳州档案馆藏,"统战部档案(1956)",全宗6号,目录1,卷号5。

西边工委土改办公室,1956b,《西双版纳傣族自治州土地改革条例(草案)》,云南省西双版纳州档案馆藏,"统战部档案(1956)",全宗6号,目录1,卷号5。

西双版纳傣族自治州地方志编纂委员会编,2001a,《西双版纳傣族自治州志》上册,北京:新华出版社。

西双版纳傣族自治州地方志编纂委员会编,2001b,《西双版纳傣族自治州志》下册,北京:新华出版社。

许长林,2007a,《解放前佛海县学校教育概况》,载中国人民政治协商会议云南省勐海县委员会文史资料委员会主编,《勐海文史资料》第1集,思茅:思茅方华印刷有限公司。

许长林,2007b,《艰苦创业,勤俭办学——回忆五十年代勐遮的教育工作》,载中国

　　人民政治协商会议云南省勐海县委员会文史资料委员会主编,《勐海文史资

　　料》第1集,思茅:思茅方华印刷有限公司。

岩吨,2009a,《勐混镇塔龙景恩基本情况简介说明》,手稿,3月28日。

岩吨,2009b,《勐混镇曼赛村委会曼南嘎基本情况简介说明》,手稿,3月28日。

岩吨,2011,《简报:组织宣传法律法规活动》,12月1日。

岩吨,2012a,《勐混镇2011年度民族宗教工作总结(3月26日)》,打印稿。

岩吨,2012b,《勐混镇2011年度统战与民族宗教工作总结(打印稿)》,2月搜集。

岩峰、王松、刀保尧,1995,《傣族文学史》,昆明:云南民族出版社。

岩罕恩,2011,《"佛光之家"工作简讯》,http://aizaidai. blog. 163. com/blog/

　　static/1136122922011103010112807/。

岩香宰主编,2006,《说煞道佛:西双版纳傣族宗教研究》,西娜撰文,昆明:云南人民

　　出版社。

杨清媚,2009,《最后的绅士:以费孝通为个案的人类学史研究》,北京:世界图书出

　　版公司。

杨清媚,2010a,《从几种傣族研究看"双重时间体系"与"中间圈"的文明》,载王铭铭

　　主编,《中国人类学评论》第16辑,北京:世界图书出版公司。

杨清媚,2010b,《知识分子心史——从ethnos看费孝通的社区研究与民族研究》,

　　《社会学研究》第4期。

杨清媚,2012,《16世纪车里宣慰使的婚礼——对西南边疆联姻与土司制度的历史

　　人类学考察》,《云南师范大学学报》(哲学社会科学版)第2期。

杨学政、韩学军、李荣昆,1993,《云南境内的世界三大宗教——地域宗教比较研

　　究》,昆明:云南人民出版社。

杨一堂,1981,《中共云南省委统战部杨一堂副部长在全省佛教和基督教第二届代

　　表会议上的讲话(1981年6月29日)》,云南省西双版纳州档案馆藏,"统战部

　　档案(1981)",全宗 6 号,目录 1,卷号 29。

姚荷生,2003,《水摆夷风土记》,昆明:云南人民出版社。

伊利亚德,2000,《宇宙与历史:永恒回归的神话》,杨儒宾译,台北:联经出版事业
　　公司。

伊利亚德,2004,《宗教思想史》,晏可佳、吴效群、姚蓓琴译,上海:上海社会科学院
　　出版社。

于贝尔、莫斯,2007,《巫术的一般理论 献祭的性质与功能》,杨渝东、梁永佳、赵丙祥
　　译,桂林:广西师范大学出版社。

云南省档案馆藏,1943,"民国档案",全宗 51,目录 4,卷 152。

云南省档案馆藏,1945,"民国档案",全宗 11,目录 8,卷 317。

云南省勐海县地方志编纂委员会,1997,《勐海县志》,昆明:云南人民出版社。

云南省社会科学院宗教研究所主编,1999,《云南宗教史》,昆明:云南人民出版社。

张公谨,1986,《傣族文化》,长春:吉林教育出版社。

张寒光等调查整理,1983,《勐混傣族社会经济情况调查》,载云南省编辑委员会主
　　编,《傣族社会历史调查·西双版纳之五》,昆明:云南民族出版社。

张丕昌,2021,《创办车里省小的经过》,云南省西双版纳州档案馆藏,民国卷第
　　29 页。

张小军,2003,《史学的人类学化和人类学的历史化——兼论被史学"抢注"的历史
　　人类学》,《历史人类学学刊》第 1 期。

张亚辉,2010,《萨满式文明——从巫的延续看"多元一体格局"》,载王铭铭主编,
　　《中国人类学评论》第 17 辑,北京:世界图书出版公司。

赵尔巽,2001,徐文德、木芹、郑志惠校订,《清史稿》,载方国瑜主编,《云南史料丛
　　刊》第 7 卷,昆明:云南大学出版社。

征鹏,2003,《从领主到公仆》,昆明:云南美术出版社。

中共勐海县委统战部,1961,《关于 1960 年统战工作总结及 1961 年工作几点意见

的报告(1961 年 1 月 3 日)》,云南省西双版纳州档案馆藏,"统战部档案(1961)",全宗 6 号,目录 1,卷号 10。

中共西双版纳州傣族自治州统战部,1956a,《关于勐笼区宗教问题的调查》,云南省西双版纳州档案馆藏,"统战部档案(1956)",全宗 6 号,目录 1,卷号 10。

中共西双版纳州傣族自治州统战部,1956b,《西双版纳傣族宗教情况》,云南省西双版纳州档案馆藏,"统战部档案(1956)",全宗 6 号,目录 1,卷号 6。

中共西双版纳州傣族自治州统战部,1958—1959,《西双版纳全州民族上层统计》,云南省西双版纳州档案馆藏,"统战部档案(1958—1959)",全宗 6 号,目录 1,卷号 8。

周海丽,2007,《周文卿先生二三事》,载中国人民政治协商会议云南省勐海县委员会文史资料委员会主编,《勐海文史资料》第 1 集,思茅:思茅方华印刷有限公司。

周文玖、张锦鹏,2007,《关于"中华民族是一个"学术论辩的考察》,《民族研究》第 3 期。

周裕,2001,《从征缅甸日记》,徐文德、木芹、郑志惠校订,载方国瑜主编,《云南史料丛刊》第 8 卷,昆明:云南大学出版社。

Dumézil, Gorge, 1970, *Archaic Roman Religion* (*with An Appendix on the Religion of the Etruscans*), Philip Krapp trans. , Chicago: The University of Chicago Press.

Fuller, Dorian, Mike Rowland, 2009, "Towards A Long-Term Macro-Geography of Cultural Substances: Food and Sacrifice Traditions in East, West and South Asia", 载王铭铭主编,《中国人类学评论》第 12 期,北京:世界图书出版公司。

Harrel, Stevan, 1995, "Introduction", in Steven Harrel eds. , *Cultural Encounters on China's Ethnic Frontiers*, Seattle: University of Washington Press, 1995.

Ingersoll, Jasper, 1975, "Merit and Identity in Village Thailand", in G. Skinner,

A. Kirsch eds. , *Change and Persistence in Thai Society*, Ithaca: Cornell U-
niversity Press, 1975.

Keyes, Charles, 1983, "Economic Action and Buddhist Morality in A Thai Vil-
lage", *Journal of Asian Studies*, Vol. 42, No. 4.

Spiro, Melford, 1966, "Buddhism and Economic Action in Burma", *American An-
thropologist*, *New Series*, Vol. 68, No. 5.

后 记

这部书欠了很多人的人情。首先最应该感谢的是我的博士后导师李汉林教授,他一直尊重和关心我做的人类学研究,对我去版纳做田野给予大力支持与鼓励。这次田野调查的经费也是他了解到我对版纳田野的兴趣之后,建议我去申请"西南边疆项目"子课题试试看,幸运申请成功所得,也算没有辜负他的期望。2009年秋,我因答应给王铭铭老师组织的讲座做翻译而到了昆明,便希望讲座结束后开始跑自己的田野,正好顺路。于是送别王老师他们之后,我独自拿着介绍信来到西双版纳自治州,从州里往县里再往镇里一层层向基层介绍。至今我仍记得,想当天就从北京落到村子里不太可能,飞机到景洪之后即便马上扎到勐海,也已经是下午,而从勐海到镇上的小面包车大概5点半就停运了。从这里往镇里去一路都是盘山路,7座的小面包甩得像滚筒洗衣机。我拎着行李下车的时候,玉姐骑着摩托车来接我。夕阳如血,她瘦小的身躯骑着大车,轰鸣着穿过尘土飞扬的镇头,非常酷。没想到她是这样一位傣族公主。

书稿初稿大约是在2015年春夏之际完成的。草就之后,我一直觉得自己的田野深度不够,广度也欠缺,离人类学应有的田野训练还差得比较远,便立下宏愿要再做田野之后补充完善。不料,此后经年，诸事缠身，田野和写作一延再延，本书竟成我的一个心结。这几年写了一些学术史的文章，仍觉得田野总是有遗憾。时下中国人类学学科遇到的时代变迁之巨前所未有，而我们似乎还没能总结中国人类学的主要特色是什么，宏观的理论关怀是什么，真正有中国特点的问题意识是什么。但是似乎大家都有一种共同的感觉，就是这样的突破就在眼前，即将出现，就像夏日北京凌晨 4 点的天空，朝霞笼着将出未出的旭日，既真切又曚昽。所以也许，学术史研究和经验研究仍旧必要，或者比以前更紧迫，需要更深层次的开掘。如今下决心想出版这本书稿，绝不是因为它已经完善了，而是觉得拖欠了很多朋友的人情，包括对我的田野的亏欠，因此总得有一个阶段的总结，然后才能走进下一个阶段。

在这项研究中，最重要的人物是在我田野过程中给予我无私帮助的版纳朋友们，玉姐、二哥、岩吨、美琼……；还有各位领导，请原谅我隐去你们的名字。同样重要的是关心本书写作并提出各种批评及建设性意见的师友们，在这里我不好意思一一列出，因为本书并没有真正达到各位的要求。但我会送书的。同时，特别感谢商务印书馆工作人员的大力支持，你们的出色工作使这本不太成熟的书稿提高了不止一个层次。

杨清媚

2021 年 6 月

图书在版编目（CIP）数据

双重时间体系：一个滇缅边境社会的历史与人类学
研究 / 杨清媚著. — 北京：商务印书馆，2021
ISBN 978-7-100-20404-0

Ⅰ. ①双… Ⅱ. ①杨… Ⅲ. ①边疆地区—民族人类学
—研究—云南 Ⅳ. ① K280.74

中国版本图书馆 CIP 数据核字（2021）第 194998 号

双重时间体系

一个滇缅边境社会的历史与人类学研究

杨清媚　著

商 务 印 书 馆 出 版
（北京王府井大街 36 号　邮政编码 100710）
商 务 印 书 馆 发 行
南京新洲印刷有限公司印刷
ISBN　978-7-100-20404-0

2021 年 8 月第 1 版　　　开本 889×1194　1/32
2021 年 8 月第 1 次印刷　　印张 8¾

定价：48.00 元